मेरी प्रतिनिधि लघुकथाएँ

मेरी प्रतिनिधि लघुकथाएँ

कीर्तिकुमार सिंह

वाणी प्रकाशन

वाणी प्रकाशन
4695, 21-ए, दरियागंज, नयी दिल्ली 110 002
फ़ोन : +91 11 23273167 फ़ैक्स : +91 11 23275710
शाखाएँ
अशोक राजपथ, पटना 800 004, बिहार
कॉफ़ी हाउस कैम्पस, महात्मा गांधी मार्ग, इलाहाबाद 211 001, उत्तर प्रदेश
महात्मा गांधी अन्तरराष्ट्रीय हिन्दी विश्वविद्यालय, वर्धा 442 001, महाराष्ट्र
www.vaniprakashan.in
marketing@vaniprakashan.in
sales@vaniprakashan.in

MERI PRATINIDHI LAGHUKATHAYEN
by Kirtikumar Singh

ISBN : 978-93-88684-62-0
Collection of Short Stories

प्रथम संस्करण 2019

मूल्य : ₹ 495

सिटी प्रेस, दिल्ली-110 095 में मुद्रित

वाणी प्रकाशन का लोगो मक़बूल फ़िदा हुसेन की कूची से

त्वदीयं वस्तु श्रीदुर्गे तुभ्यमेव समर्पये

भूमिका

'लघुकथा' विधा साहित्य की सबसे सरल विधा दिखायी पड़ती है, लेकिन मूलतः वह है साहित्य की सबसे कठिन विधा। यही कारण है कि हिन्दी के बहुत कम कथाकारों ने इस विधा में हाथ डालने की हिम्मत की। हिन्दी के एक नामचीन कथाकार ने एक बार लघुकथाएँ लिखनी शुरू कीं। सात लघुकथाएँ लिखने के बाद उनकी हिम्मत जवाव दे गयी। उन्होंने कहा कि लघुकथाएँ लिख पाना मेरे बस का नहीं है। दरअसल दो-चार लघुकथाएँ लिखने में समस्या नहीं आती। समस्या तब आती है, जब आप एक लघुकथा संग्रह लिखना चाहें। मान लीजिए आप तय करते हैं कि मैं पूरे संग्रह के लिए कुल सौ लघुकथाएँ लिखूँगा। अब समस्या यह खड़ी होगी कि लघुकथाएँ लिखने के लिए आपको सौ विषय चाहिए। सौ कथावस्तु वही ढूँढ़ पायेगा, जिसका अनुभव क्षेत्र बहुत व्यापक हो और जो हर चीज को पैनी नज़र से देखता हो। मान लीजिए, आप कुल पाँच लघुकथा संग्रह लिखना चाहते हैं। अब आपको चाहिए चार-पाँच सौ कथ्य। इसीलिए लघुकथा-लेखन से कथाकार के पाँव उखड़ जाते हैं। मैंने अब तक एक लघुकथा संग्रह, दो लघुकथा संग्रह, तीन लघुकथा संग्रह लिखने वाले तो देखे हैं, उससे ज्यादा नहीं। लंबी कहानियाँ लिखना आसान होता है। एक विषय उठाइए और उस पर दस पृष्ठ, पन्द्रह पृष्ठ, बीस पृष्ठ, पचीस पृष्ठ-जितना मन हो लिखिए। लम्बी कहानियाँ लिखते समय मैं तो पहले ही तय कर लेता हूँ कि इसे कितने पृष्ठ में पूरा कर देना है, अन्यथा मेरी कहानी रुकने का नम ही नहीं लेती।

कहानी और लघुकथा के बारे में एक विचित्र चीज देखने को मिलती है। आम लोग दोनों को अँगरेज़ी में 'शार्ट स्टोरी' कहते हैं। इससे बड़ी समस्या खड़ी हो जाती है। मेरे हिसाब से लघुकथा को 'लिटिल स्टोरी' कहा जाना चाहिए, अन्यथा भ्रम की स्थिति पैदा हो जाती है।

कथाकारों की लघुकथाएँ पढ़कर मुझे कभी-कभी एक चीज खटकती है। प्रायः लधुकथाएँ घर-परिवार की देहरी नहीं लाँघ पातीं। पति-पत्नी, सास-बहू, देवर-जेठ,

सुसर-बहू, भाई-बहन, ननद-भाभी, माँ-बेटा, बाप-बेटी इत्यादि विषयों के इर्द-गिर्द ही सारी लघु-कथाएँ नाचती रहती हैं। कथाकार का दायरा बहुत संकुचित और सिमटा हुआ सा दिखता है। खैर, इसमें कथाकार का बहुत दोष मुझे नहीं दिखायी पड़ता। किसी भी सच्चे साहित्यकार की एक बहुत बड़ी विशेषता होती है कि उसके अन्दर आत्मसम्मान और स्वाभिमान की भावना कूट-कूटकर भरी होती है। वह चारों तरफ घूम-घूमकर समाज के विभिन्न क्षेत्रों के महाबलियों को तेल लगाने की अपेक्षा चुपचाप अपनी कुटिया में पड़े रहना ज्यादा पसन्द करता है। यह समस्या मेरे सामने भी आती है। कुछ व्यक्तिगत कारणों से मैं बहुत सामजिकता नहीं निभा पाता। हो सकता है, इसके चलते मुझे कुछ लोग अहंकारी समझते हों। अधिक से अधिक कथावस्तुएँ प्राप्त करने के लिए मैंने एक बहुत मज़ेदार तरीका निकाला है। जिन लोगों को समाज अच्छी निगाह से नहीं देखता, उनसे दोस्ती गाँठने का कोई अवसर मैं नहीं चूकता। एक से एक उठाईगीर, नशेड़ी, लम्पट, चोर इत्यादि मेरे परिचितों में शामिल हैं। वे देश-दुनिया की ऐसी-ऐसी खबरें बताते हैं कि दाँतों तले उँगली दबा लेनी पड़ती है। वे एक से एक अनोखे कथावस्तु की जानकारी देते रहते हैं। उनके पास भाँति-भाँति की बातों का भण्डार होता है। उनकी बतायी गयी बात पर कहानी लिख दीजिए तो उसे पढकर वे प्रसन्न भी होते हैं। उनकी संगति का मेरे ऊपर कोई दुष्प्रभाव नहीं पड़ता, उल्टे वे ही काफी सुधर जाते हैं, मेरी संगति में रहते-रहते—

कह रहीम उत्तम प्रकृति, का करि सकत कुसंग।
चन्दन विष व्यापत नहीं, लिपटे रहत भुजंग।।

लघुकथाएँ लिखने में एक चीज का ध्यान रखता हूँ। भाषा और शैली ऐसी हो कि आम पाठक उसे पढ़कर समझ सके। मैं पाठकों के लिए लिखने का प्रयास करता हूँ, अलोचकों के लिए नहीं। मेरी लघुकथा पढ़कर पाठक को या तो कुछ सीख मिलती है या उसका भरपूर मनोरंजन होता है। कभी-कभी ऐसा भी होता है कि एक ही लघुकथा में दोनों चीजें सध जाती हैं। आपकी रचनाएँ अगर पाठक पढ़ते रहेंगे तो आपकी रचनाएँ लम्बे समय तक जीवित रहेंगी। आलोचकों द्वारा की जाने वाली प्रशंसा लम्बे समय तक रचना को नहीं जिलाये रख पाती। हिन्दी में एक से एक अच्छे कथाकार और उपन्यासकार हुए। उनकी रचनाओं को आलोचकों ने खूब प्रशंसा की। रचनाएँ यथार्थ का बारीकी से पड़ताल करती थीं। वे अत्यन्त साहित्यिक रचनाएँ थीं आदि। आज वे सारी रचनाएँ परिदृश्य से गायब हो चुकी हैं और आउट ऑफ प्रिन्ट हो चुकी हैं। इसका कारण यह है कि वे रचनाएँ आम पाठक की क़सौटी पर खरी नहीं उतरीं। रचनाओं को जब पाठक पढ़ेंगे ही नहीं

तो आलोचक की वाहवाही किस काम की। आज प्रेमचन्द हिन्दी के प्रख्यात और लोकप्रिय कथाकार बने हुए हैं। वे आलोचकों के कारण प्रख्यात कथाकार नहीं बने हुए हैं। वे प्रख्यात कथाकार पाठकों के बल पर बने हुए हैं। पाठक उनकी रचनाओं को पढ़ते और पसन्द करते हैं। बहुत सारे आलोचक तो बेमन से प्रेमचन्द को बड़ा कथाकार मानते हैं। कुछ खूँखार आलोचक तो आपसी बातचीत में कहते हैं कि प्रेमचन्द की कहानियाँ बच्चों के लिए लिखी गयी कहानियों जैसी हैं। वे लगभग बाल कथाएँ हैं। परन्तु अगर वे यह सब लिख दें तो पाठक उन्हें खारिज कर देंगे। इसलिए प्रेमचन्द अपनी जगह पर जस के तस डटे हुए हैं।

आलोचकों की पसन्द और आम लोगों की पसन्द में कैसा अन्तर होता है, इसका मैंने एक बहुत मजेदार उदाहरण देखा है। उस समय मैं एम.ए. का छात्र था। एक पिक्चर आयी—सारांश। 'धर्मयुग' इत्यादि सभी प्रसिद्ध पत्र-पत्रिकाओं में उसकी तारीफ़ में कई-कई पृष्ठ के लेख छपे। विद्वान लोग फिल्म की बड़ी प्रशंसा कर रहे थे। इलाहाबाद में वह फिल्म पैलेस सिनेमा हॉल में लगी। चारों तरफ प्रशंसा ही प्रशंसा पढ़कर सबके मन में उत्सुकता पैदा हो गयी थी। मैं भी उस फिल्म को देखने गया। पूरा सिनेमाहाल खचाखच भरा हुआ था। फिल्म शुरू हुई। लोग प्रतीक्षा कर रहे थे कि अब फिल्म का जोरदार भाग शुरू होगा, अब फिल्म का जोरदार भाग शुरू होगा। लोगों की प्रतीक्षा पूरी नहीं हुई और फिल्म समाप्त भी हो गयी। सिनेमाहॉल से हर व्यक्ति गाली देते हुए निकल रहा था। फिल्म शायद ही किसी को पसन्द आयी। दूसरी तरफ मुगले आजम, पाकीजा और शोले जैसी फिल्में हैं, जिनके बारे आलोचक मन में चाहे जो सोचें; जन-दबाव में उन्हें इनको श्रेष्ठ मानना पड़ेगा। ये ऐसी फिल्में हैं जिनके लोग पहले भी दीवाने थे और अब भी हैं। आलोचक के विचार के साथ जन-समूह के विचार का भी महत्त्व होता है। किसी भी क्षेत्र की उत्कृष्ट रचना वही हो सकती है, जिसमें जन-रुचि और श्रेष्ठ शास्त्रीय मान्यताओं, दोनों का ध्यान रखा जाय। आलोचकों-समीक्षकों को भी यह समझना चाहिए कि जो चीजें आम जनमानस में पसन्द की जाती हैं, वे हमेशा हेय और दोयम दर्जे की ही नहीं होतीं। कला में भी सामन्तवादी मानसिकता की बू नज़र आती है इसमें। हर चीज में इस तरह का अलगाव कि सम्भ्रान्त जनों के लिए दूसरी चीजें और आम लोगों के लिए दूसरी चीजें, स्वीकार्य नहीं हो सकतीं। आर्थिक सम्भ्रान्तता की जगह यहाँ बौद्धिक सम्भ्रान्तता का मामला है।

'लघुकथा' को प्रायः पश्चिमी सभ्यता की देन माना जाता है। हम इतने समय तक गुलाम रहे कि हर भारतीय हीनता-बोध से भर गया। अँगरेज़ो की वेशभूषा, उनका रहन-सहन, उनका चिन्तन, उनकी भाषा-सब हमें उत्कृष्ट लगने लगे और

अपनी हर चीज हमें बहुत साधारण किस्म की प्रतीत होने लगी। 'लघुकथा' के मामले में यह बात पचास प्रतिशत ही सही है। आज हिन्दी में जो लघुकथाएँ लिखी जा रही हैं, उसकी शुरुआत पश्चिम के प्रभाव से ही हुई। परन्तु यह भी सत्य है कि छोटी-छोटी कहानियों की भारत में बड़ी समृद्ध परम्परा रही है। पंचतन्त्र इसका एक श्रेष्ठ उदाहरण है। पश्चिम की लघुकथाओं और पंचतन्त्र की लघुकथाओं में हमें जो शैलीगत भिन्नता दिखायी देती है उसका कारण यह है कि हर सभ्यता का वातावरण, परिस्थितियाँ, अभिव्यक्ति का स्वरूप आदि भिन्न होते हैं। भारतीय संगीत अलग तरह का होता है, पश्चिमी संगीत अलग तरह का होता है। हमारे भारतीय नाटकों का स्वरूप अलग था, पश्चिमी नाटकों का स्वरूप अलग था। पंचतन्त्र इत्यादि की लघुकथाएँ कुछ अर्थों में असाधारण हैं। वे कहानी पढ़ने या सुनने का सुख तो देती ही हैं, साथ ही मूलतः वे शिक्षा प्रदान करने की पुस्तकें हैं। आज जो कहा जाता है कि बच्चों को खेल-खेल में शिक्षा दी जानी चाहिए अथवा वे बिना ऊबे, रुचिपूर्वक शिक्षा ग्रहण करें; 'पंचतन्त्र' इन उद्देश्यों को पूरा करता है। पश्चिमी शिक्षा पद्धति पर आधारित हमारे देश की शिक्षा पद्धति छात्रों को सिर्फ किताबी ज्ञान देती है। आधुनिक शिक्षा पद्धति से पढ़े कभी-कभी टॉपर भी सामाजिक दृष्टि से बकलोल दिखायी पड़ते हैं। पंचतन्त्र छोटी-छोटी कहानियों के माध्यम से कम उम्र के छात्रों को भी सामाजिक और राजनैतिक दृष्टि से भरपूर सचेत और शिक्षित कर देती है। इसलिए हम कह सकते हैं कि पंचतन्त्र लघुकथाओं की भी पुस्तक है। हम केवल इतना नहीं कह सकते कि पंचतन्त्र लघुकथाओं की ही पुस्तक है।

एक बात और है। आलोचक उस लघुकथा को ज्यादा उत्कृष्ट मानते हैं, जिसे उत्कृष्ट शैली में लिखा गया हो। यहाँ एक बात समझ लेनी चाहिए कि हर लघुकथा अत्यन्त उत्कृष्ट अर्थात् चमत्कृत कर देने वाली शैली में नहीं लिखी जा सकती। भाषा में शुद्धता और पैनापन हो, शैली में कसाव हो, इतना पर्याप्त है। लघुकथा ढीली-ढाली ओर लस्टम-पस्टम न हो। जब मैं लघुकथाएँ लिखता हूँ तो कुछ बातें साफ-साफ समझ में आती हैं। जब कोई लम्बी बात कहनी होती है तो सारा प्रयास बात को समेटने के लिए ही करना पड़ता है। बात लघुकथा के साँचे में समा जाय अर्थात् प्रयत्न शब्दों की काँट-छाँट और मितव्ययिता के लिए करना पड़ता है। वहाँ शिल्पगत चमत्कार दिखाने की गुंजाइश ही नहीं होती। जब बहुत छोटी बात कहने की जरूरत होती है, वहाँ भरपूर अवसर रहता है। चाहे जितना शिल्पगत चमत्कार और बाजीगरी दिखायी जाय। मैं इस बात के प्रति सचेत रहता हूँ कि शिल्पगत बाजीगरी के चलते लघुकथा उलझाव भरी या दुरूह न होने पाये। पता चला कि वह कुछ की समझ में आयी और कुछ की समझ में नहीं आयी। मेरे लिए ऐसी

लघुकथा बेकार है, क्योंकि मैं अपनी लघुकथा की श्रेष्ठता या अश्रेष्ठता का निर्णायक पाठक को मानता हूँ, आलोचक को नहीं। पाठकों की रुचि और अपनी रुचि, दोनों का ध्यान रखता हूँ। मेरी रुचि की लघुकथाएँ वे होती हैं, जिन्हें मैं खूब मस्ती के मूड में उन्हीं में डूबकर लिखता हूँ। उदाहरण के लिए पाठकों को ध्यान में रखकर मैं 'नियम' जैसी लघुकथाएँ लिखता हूँ और अपने लिए मैं 'कहानी का पात्र' और 'वीभत्स रस' जैसी लघुकथाएँ लिखता हूँ। सोचता हूँ, क्या पता मेरी जैसी रुचि रखने वाले पाठक भी होते हों। वहाँ पर 'ई का लिखे हयऽ महराज' जैसा कहने वालों से कन्नी काट जाता हूँ।

'मेरी प्रतिनिधि लघुकथाएँ' लिखने का मेरा कोई इरादा नहीं था। मैं लघुकथा-संग्रह लिखने में ही मशगूल था। 'अधूरी दास्तान', 'एक टुकड़ा रोशनी', 'छोटी सी बात', 'बस इतना', 'दास्तान दर दास्तान', 'बूँद बूँद बतरस'—इतने लघुकथा संग्रह हो चुके हैं। इस समय सातवाँ लघुकथा संग्रह लिख रहा हूँ। मैं अपने लघुकथा संग्रह को जो शीर्षक देता हूँ, वह काव्यात्मक रूप से यह बताता है कि लघुकथा क्या होती है या लघुकथा संग्रह क्या होता है? मेरे प्रिय मित्र और एक ढंग से छोटे भाई डॉ. प्रभाकर सिंह (एसोसिएट प्रोफेसर हिन्दी विभाग, काशी हिन्दू विश्वविद्यालय वाराणसी) ने मुझे नया लघुकथा संग्रह लिखने से रोक दिया और मुझसे अनुरोध किया कि पहले आप 'मेरी प्रतिनिधि लघुकथाएँ' लिख दीजिए, जिसमें लगभग सौ लघुकथाएँ होनी चाहिए। अपने छोटों का प्रेमपूर्ण अनुरोध आदेश हो जाता है, अतः मैं अपना सारा लेखन स्थगित कर यह पुस्तक तैयार करने में लग गया। प्रभाकर सिंह चाहते थे कि छात्रों, आम पाठकों और शोधार्थियों को मेरी अधिकांश महत्त्वपूर्ण लघुकथाएँ एक ही जगह पर मिल जायँ, जिससे उन्हें काफी सुविधा हो जाएगी।

मुझे लगता है कि लघुकथा भविष्य में हिन्दी साहित्य की सबसे महत्त्वपूर्ण विधाओं में से एक होगी। आज लोगों के पास बहुत समयाभाव है और लोग हर काम कम से कम समय में करना चाहते हैं। साहित्य पढ़ना भी। नये समय और परिस्थिति के हिसाब से लघुकथा सबसे उपयुक्त विधा है। टी.वी. और मोबाइल फोन के आ जाने से साहित्य हाशिये पर चला गया है। जब टी.वी. नहीं था तो अखबार और पत्रिकाएँ ही मनोरंजन का साधन थीं। तब इतनी अधिक पत्रिकाएँ छपती थीं कि पूछिए मत। ऐसी बहुत सारी पत्रिकाएँ थीं, जो एक लाख प्रतियों से ज्यादा छपती थीं। बच्चों के लिए 'पराग', 'नन्दन', 'चन्दामामा' और 'चंपक' जैसी पत्रिकाएँ थीं। बड़ों के लिए 'धर्मयुग', 'साप्ताहिक हिन्दुस्तान', 'सारिका', 'दिनमान' जैसी पत्रिकाएँ थीं।साहित्य समाज के केन्द्र में था। पत्रिकाओं में भरपूर साहित्यिक सामग्री छपती थी। तब हर प्रतिष्ठित समाचार-पत्र रविवार को दो पन्ने अर्थात् चार पृष्ठ का अतिरिक्त

अंक अवश्य छापता था, जिसमें बड़ों से लेकर बच्चों तक के लिए कहानियाँ और कविताएँ रहती थीं। बहुत से समाचार-पत्र रविवार के अंक में धारावाहिक रूप से उपन्यास भी छापते थे। समाज में साहित्य केन्द्र में था, अतः सामज में अपराध बहुत कम था। लोगों में धनार्जन के बजाय यशार्जन की कामना थी। इलाहाबाद में हर छोटे और बड़े कार्यक्रम में मुख्य अतिथि कोई न कोई साहित्यकार ही होता था। अधिकांश साहित्यकार अपने आत्मसम्मान और स्वाभिमान से किसी भी कीमत पर समझौता नहीं करते थे। तब बड़ा से बड़ा नेता सपने में भी यह नहीं सोच सकता था कि कोई साहित्यकार उसके साथ मंच साझा करेगा। शहर के साहित्यिकारों के बीच फिराक़ गोरखपुरी बहुत हेय दृष्टि से देखे जाते थे क्योंकि वे नेहरू परिवार के साथ नज़दीकी बनाकर रखते थे। समय का चक्र है। अपनी गति से चलता रहता है। वह जब चाहता है, चीजों को उलट-पुलटकर रख देता है। अपनी बात यही समाप्त करता हूँ। लघुकथाएँ पढ़कर आप आनन्दित हों, यही कामना है।

शारदीय नवरात्र : 2018

कीर्तिकुमार सिंह

15/6, स्टैनली रोड, सिविल लाइन्स,

इलाहाबाद-211001

चलभाष : 09415094253

अनुक्रम

राम नाम संकीर्तन

जमुनाप्रसाद शहर के सबसे प्रभावशाली लोगों में थे। पूरा जिला प्रशासन उनके आगे सिर झुकाता था। वे अपने जिले से तीन बार सांसद रह चुके थे। लोग उनकी कृपादृष्टि पाने के लिए तरसते थे। उनके टुकड़ों पर सैकड़ों गुर्गे पलते थे, लेकिन वे गुर्गे उनके लिए कुछ भी करने के लिए तैयार भी रहते थे।

एक बार न जाने क्यों जमुनाप्रसाद के मन में बड़ी भक्ति उमड़ी। उन्होंने दर्जनों विशेषज्ञ पण्डितों को बुलाया। उन्होंने पण्डितों के सामने अपने मन की बात रखी और जानना चाहा कि ऐसी कौन सी पूजा करवायी जाय, जो एक महीने चले। कुछ पण्डितों ने उन्हें सलाह दी कि आप एक महीने तक राम नाम का अखण्ड संकीर्तन करवाइए। बात जमुना प्रसाद को जँच गयी और उन्होंने पण्डितों से इसकी भव्य व्यवस्था कराने को कहा।

एक विशाल पण्डाल बनाया गया। चारों तरफ घोषित कर दिया गया कि एक महीने तक अखण्ड रूप से राम नाम का संकीर्तन होगा। उसके बाद एक विशाल भण्डारा होगा। मुख्य यजमान जमुनाप्रसाद जी होंगे। विशिष्ट लोगों को छपा हुआ निमंत्रण-पत्र भेजा गया। लगुवों-भगुओं को मान लिया गया कि वे खुद ही आ जाएँगे।

संकीर्तन शुरू हो गया। हरे राम हरे राम, राम राम हरे हरे। हरे कृष्ण हरे कृष्ण, कृष्ण कृष्ण हरे हरे। चूँकि मुख्य यजमान जमुना प्रसाद थे, इसलिए पूरे शहर में हल्ला हो गया। हर वर्ग के लोग पूजा में आने लगे। कुछ लोग ईश्वर के प्रति श्रद्धा के कारण ईश्वर को मुँह दिखाने आ रहे थे। कुछ चापलूसी में, जमुनाप्रसाद को मुँह दिखाने आ रहे थे। शहर के बड़े लोग इसलिए आ रहे थे कि वे सादर आमंत्रित थे। उनका यथोचित स्वागत-सत्कार भी हो रहा था।

एक महीने पूरे हो गये। पूजा सम्पन्न हुई। विशाल भण्डारा आयोजित हुआ, जिसमें हर वर्ग के लोग भोजन करने के लिए आमंत्रित थे। प्रातःकाल से लेकर पूरी रात तक लोग खाते रहे। सब कुछ सम्पन्न हो जाने पर जमुनाप्रसाद को बड़ा आत्मिक सन्तोष हुआ।

संयोग से एक महीने बाद जमुना प्रसाद को हत्या के एक पुराने प्रकरण में गिरफ्तार करके जेल भेज दिया गया। बहुत प्रयास करने पर भी जमानत नहीं हुई और उन्हें केन्द्रीय जेल में बन्द कर दिया गया। जमुनाप्रसाद बहुत परेशान हुए। उन्होंने अपने एक पण्डित को बुलाया। पूछा, "पण्डित जी, मैंने इतना पूजा-पाठ करवाया। पूजा में कोई त्रुटि हो गयी क्या जो मुझे जेल में आना पड़ा?" पण्डित जी बोले, "यजमान, नाराज़ न हों तो मैं कुछ कहूँ?" "हाँ-हाँ, आप बिना किसी डर और संकोच के बोलिए।" "आपके जेल जाने का मतलब हुआ कि आपकी पूजा सफल हुई।" पण्डित जी ने कहा। "क्या?" जमुनाप्रसाद की भौंहें टेढ़ी हो गयीं। पण्डित जी बोले, "यजमान, गुस्ताखी माफ़ हो! भगवान कोई सरकारी कर्मचारी नहीं हैं कि आप उन्हें पूजा के रूप में कुछ रिश्वत दे दें और वे आपका हर काम लहा दें। आपके पाप का घड़ा बहुत भर गया था। आपकी पूजा से भगवान प्रसन्न हुए और उन्होंने आपके कुछ पाप काटने की सोची। इसीलिए उन्होंने आपको जेल भेज दिया। भगवान आपका जितना पाप काटना चाह रहे होंगे, उतने दिन आपको जेल में रहना पड़ेगा।"

घूँघट

प्रोफेसर श्याम किशोर शास्त्री संस्कृत के प्रकाण्ड विद्वान थे। विद्वत्ता के साथ उनका आचार-विचार, सब सन्तुलित था। विद्वत्ता और सच्चरित्रता के कारण उन्हें समाज में बड़ा सम्मान प्राप्त था। उनकी पत्नी पाँचवीं कक्षा तक ही पढ़ी थी, लेकिन दोनों में बड़ा तालमेल था।

शास्त्री जी का इकलौता बेटा था, पुरुषोत्तम। पढ़ने में अच्छा था। पढ़-लिखकर इंजीनियर बन गया। शास्त्री जी ने देख-समझकर एक अच्छी लड़की से शादी कर दी। शास्त्री जी अभी नौकरी कर रहे थे, फिर भी अपनी समस्त सांसारिक जिम्मेदारियों से मुक्त हो गये।

शास्त्री जी की बहू बड़ी सुशील थी। रोज सवेरे उठकर सबसे पहले सास-ससुर का पैर छूती। उसके बाद घर के कामों में लग जाती। शास्त्री जी को देखकर वह एक हाथ का घूँघट निकाल लेती। उनके सामने हमेशा घूँघट में रहती। थोड़ा सा घूँघट तो वह हमेशा किये रहती। शास्त्री जी उसे बहुत समझाते, "बेटी, तुम पढ़ी-लिखी लड़की हो। आज के इस आधुनिक युग में एक हाथ का घूँघट निकाले रहना शोभा नहीं देता। सामान्य ढंग से रहा करो। लोग सोचेंगे कि शास्त्री जी बड़े रूढ़िवादी और पिछड़े हुए आदमी हैं। वही अपनी बहू को घूँघट में रहने के लिए बाध्य करते होंगे।"

बहू पर कोई असर नहीं होता था। वह उसी तरह रहती थी। शास्त्री जी और उनकी पत्नी दोनों ही बहुत प्रभावित थे। उन्हें लगता था कि इतनी संस्कारी बहू शायद ही किसी की होगी। सबसे वे अपनी बहू ही बहुत तारीफ़ करते थे।

पुरुषोत्तम दिल्ली में नौकरी करता था। एक बार वह घर आया। उसने माता-पिता से पत्नी को साथ ले जाने की अनुमति माँगी। शास्त्री जी और उनकी पत्नी ने खुशी-खुशी अनुमति दे दी। दोनों के मन में एक कसक जरूर हुई कि घर सूना हो जाएगा।

पुरुषोत्तम और बहू को गये छः महीने बीत गये। शास्त्री जी ने सोचा कि

दिल्ली जाकर दोनों को एक बार देख आऊँ। दोनों को बिना कोई सूचना दिये वे दिल्ली पहुँच गये।

वहाँ पहुँचकर शास्त्री जी ने ऐसा दृश्य देखा कि वे स्तब्ध रह गये। बहू घर के बाहर खड़ी दो औरतों से बात कर रही थी। ऊपर उसने कुछ ब्लाउजनुमा पहन रखा था और नीचे कुछ लुंगीनुमा। शास्त्री जी को बड़ा आघात लगा, लेकिन बोले कुछ नहीं। वे दो दिन वहाँ रहे। बहू फिर साड़ी और घूँघट में आ गयी।

वे लौटकर घर आये। पत्नी ने दिल्ली का हालचाल पूछा। वे फट पड़े, "अरे पुरुषोत्तम की माँ! बहू तो बहुत नाटकबाज है। यहाँ घर के अन्दर एक हाथ घूँघट किये रहती है और दिल्ली में सड़क पर लुंगी पहनकर घूमती है। यहाँ मैं घूँघट करने से मना करता था, लेकिन ऐसा नाटक करती थी जैसे वह घूँघट के साथ पैदा ही हुई है। वहाँ दिल्ली में? राम-राम, श्रीराम! न तो मुझे हमेशा घूँघट निकाले रहना पसंद है और न लुंगी पहनकर घूमना। यह नयी पीढ़ी? भगवान बचाये इससे।"

मिठाई और पहुँच

एक राजकीय स्नातकोत्तर महाविद्यालय के प्राचार्य डॉ. शर्मा उच्च शिक्षा निदेशालय में पधारे। वे डिग्री सेवा के बड़े बाबू के पास पहुँचे। बड़े बाबू का चरण स्पर्श करके दाँत दिखाते हुए सामने बैठ गये। बड़े बाबू ने उन्हें आशीर्वाद देते हुए आने का कारण पूछा। शर्मा जी बोले, "बड़े बाबू मेरा एक कागज बहुत दिनों से आपके यहाँ आया है। आपकी कृपा दृष्टि हो जाती तो मेरा काम बन जाता।" बड़े बाबू ने अपनी आँखें बड़ी गम्भीरता से एक फाइल में गड़ा दीं, "आजकल बहुत व्यस्तता चल रही है। अभी छः महीने तक कोई भी काम हो पाना संभव नहीं है।" शर्मा जी ने पान का बीड़ा बँधवाकर हाथ में ले रखा था। एक बीड़ा अपने मुँह में डालकर एक बीड़ा उन्होंने बड़े बाबू की ओर बढ़ा दिया, "बड़े बाबू आप निश्चिन्त रहें। आप जैसे कहेंगे वैसे आपकी मिठाई करवा दूँगा।" बड़े बाबू बोले, "अच्छा, मेरे साथ बाहर चाय की दुकान पर चलिए।"

बड़े बाबू ने चाय की दुकान पर बताया कि दस हजार की मिठाई करानी पड़ेगी। शर्मा जी सहर्ष तैयार हो गये। उन्होंने दस हजार रुपये अपने बैग से निकाले और बड़े बाबू को पकड़ा दिया। बड़े बाबू ने मुस्कराते हुए पैसा जेब के हवाले किया, "शर्मा जी, आप निश्चिन्त होकर जाइए। एक सप्ताह के अन्दर आपका काम हो जाएगा और सूचना आपके महाविद्यालय में पहुँच जाएगी।"

शर्मा जी ने फिर से बड़े बाबू के चरण छुए और चल दिये। बड़े बाबू आकर फिर से अपनी कुर्सी पर विराजमान हो गये।

कुछ देर में फिर किसी महाविद्यालय से एक प्राध्यापक बड़े बाबू के पास आ टपके। उम्र तीस के आसपास। स्वभाव से कुछ तेज तर्रार! वे बड़े बाबू से बोले, "बड़े बाबू मेरा नाम डॉ. ज्ञानचन्द्र है। मेरा एक काम बहुत दिनों से आपके पास अटका हुआ है। प्रदेश के परिवहन मंत्री जी ने आपके पास यह पत्र भेजा है।" ज्ञानचन्द्र ने परिवहन मंत्री का पत्र बड़े बाबू को पकड़ा दिया। बड़े बाबू ने पूरा पत्र पढ़ा। उसमें ज्ञानचन्द्र का काम कर देने के लिए लिखा था। पत्र को एक ओर फेंकते हुए बड़े

बाबू बोले, "इस तरह के पत्र न जाने कितने लोग लेकर आते रहते हैं। प्रदेश के बहुत सारे महत्वपूर्ण काम मेरे जिम्मे हैं। एक आपका काम ही नहीं है।" ज्ञानचन्द्र ने अपने मोबाइल से परिवहन मंत्री को फोन मिलाया, "सर, यहाँ के बड़े बाबू ने आपका पत्र उठाकर फेंक दिया। कह रहे हैं कि काम नहीं हो पायेगा।" ज्ञानचन्द्र ने मुस्कराते हुए बड़े बाबू से कहा, "माननीय मंत्री जी आपसे बात करना चाह रहे हैं।" बड़े बाबू ने काँपते हाथों से फोन लिया। मंत्री ने उनको लाखों गालियाँ दीं। आदेश दिया कि एक घण्टे के अन्दर ज्ञानचन्द्र का काम करके आदेश उनके हाथ में पकड़ा दो वरना अंजाम भुगतने के लिए तैयार रहो।

बड़े बाबू सारा काम छोड़कर ज्ञानचन्द्र के काम पर पिल पड़े। एक घण्टे के अन्दर उन्होंने काम निबटाकर ही दम लिया। उन्होंने ज्ञानचन्द्र को आदेश पकड़ा दिया। जाते समय उन्होंने ज्ञानचन्द्र को प्रणाम भी किया।

ज्ञानचन्द्र चले गये। उनके जाते ही बड़े बाबू लगे गालियाँ बकने। उनके बगल बैठे उनके कनिष्ठ ने पूछा, "क्या हो गया बड़े बाबू?"

बड़े बाबू कहने लगे, "कोई आदमी काम करवाने के लिए सिफारिश लेकर आता है तो खून खौल उठता है। सिफारिश और पहुँच के बल पर काम कराने कोई पहुँचता है तो मन करता है उसका गला घोंट दूँ। एक शर्मा जी भी काम कराने आये थे। कितने भले और अच्छे इंसान थे। ऐसे लोगों का काम करके दिल खुश हो जाता है।"

ईश्वर का विधान

एक व्यक्ति के कोई संतान नहीं थी। इस बात को लेकर वह बहुत दुःखी रहता था। एक बार उसके गाँव में एक सिद्ध महात्मा आये। व्यक्ति अपना दुखड़ा लेकर महात्मा जी के पास पहुँचा।

महात्मा ने उस पर एक करुणा भरी दृष्टि डाली। फिर बोले, "वत्स, तुम इस संसार की माया में बुरी तरह जकड़े हुए हो। संसार के मायामोह से ऊपर उठकर देखो। फिर तुम्हें पता चलेगा कि संतान का होना या न होना, अन्य किसी सगे-सम्बन्धी का होना न होना कोई अर्थ नहीं रखता।

फिर क्या तुम्हें पता है कि तुम्हारे कोई संतान क्यों नहीं है? अपने पूर्व-जन्मों में किये गये कर्मों के फल के कारण इस जन्म में तुम संतान से वंचित हो। एक बात का ध्यान रखो। व्यक्ति द्वारा आसक्ति पूर्वक किये गये किसी भी कर्म के फल का नाश नहीं होता।

कृतप्रणाश और अकृताभ्युपगम कभी नहीं होता। कृतप्रणाश का अर्थ है—किये हुए कर्म के फल का नष्ट हो जाना और अकृताभ्युपगम का अर्थ है किसी ऐसे कर्म का फल प्राप्त होना जो कर्म व्यक्ति ने न किया हो। इसी तरह किये हुए कर्म के फल को भोग कर ही नष्ट किया जा सकता है।

तपस्या और योग-साधना द्वारा अधिक से अधिक संचित कर्मों के फल को नष्ट किया जा सकता है, प्रारब्ध कर्म अर्थात् जो कर्म अपना फल देना प्रारम्भ कर चुके हैं, उन्हें योगी और साधक भी नष्ट नहीं कर सकते।

मुझे देखो! साधना द्वारा मैं मुक्ति प्राप्त कर चुका हूँ, परन्तु दुःखों का भोग कराने वाले अपने इस शरीर को मैं चाह कर भी नहीं छोड़ सकता। अपने प्रारब्ध कर्मों को भोगकर नष्ट करने के लिये यह शरीर धारण किये हुए हूँ। अगर मैं यह शरीर त्याग दूँ तो इस कर्मफल भोग के लिए मुझे फिर अगला जन्म लेना पड़ेगा। अतः इस शरीर को धारणा करने के लिए मैं विवश हूँ।

मैं अपनी साधना के बल पर तुम्हें संतान की प्राप्ति करा सकता हूँ, परन्तु

एक बात याद रखो। कोई व्यक्ति जब एक टोकरी मिट्टी लाता है तो कहीं न कहीं वह एक टोकरी मिट्टी के बराबर गड्ढा अवश्य कर देता है। एक टोकरी मिट्टी हवा में नहीं पैदा हो जाती।

तुम्हें संतान अवश्य प्राप्त हो जायेगी, परन्तु इस कर्मफलभोग को तुम्हें अन्यत्र स्थानान्तरित करना होगा। संतान प्राप्ति के एवज में तुम्हें जीवन भर रोगी बनकर बिस्तर पर पड़े रहना होगा। तुम चलने-फिरने में भी लाचार रहोंगे। क्या यह तुम्हें स्वीकार है?''

व्यक्ति ने संतान के बदले रोगी होना स्वीकार नहीं किया। महात्मा की बातों से वह पूर्णतया संतुष्ट हो गया और संतान न होने का उसका दुःख समाप्त हो गया। वह महात्मा को प्रणाम करके अपने घर लौट गया।

नियम

मैडम आकांक्षा उस राजकीय महाविद्यालय की प्राचार्या थीं। कार्यवाहक प्राचार्या! कार्यवाहक इसलिए कि दो वर्षों से महाविद्यालय में कोई पूर्णकालिक प्राचार्य नहीं था। चूँकि महाविद्यालय के अध्यापकों में सबसे वरिष्ठ थीं, अतः ताज उनके सिर। कानूनची इतनी कि उनकी नाक पर मक्खी भी बैठने से घबराती थी। न तो शादी हुई थी और न माँ-बाप थे। यानी आगे नाथ न पीछे पगहा वाली स्थिति।

मैडम सुजाता ने कॉलेज में पैर रखा नहीं था कि उनके मायके से एक आदमी दौड़ा-दौड़ा आया। मैडम-मैडम आपके भाई की मौत हो गयी। मैडम सुजाता पछाड़ खाकर गिर पड़ीं। पूरे महाविद्यालय में खबर फैल गयी। सभी दौड़े-दौड़े पहुँचे। कोई उन्हें सम्हालने लगा। कोई सान्त्वना देने लगा। तब तक मैडम आकांक्षा भी पहुँची गयीं, "क्यों यहाँ पर आप सब लोगों ने भीड़ लगा रखी है?"

"जी, मैडम सुजाता के भाई का देहांत....."

"तो?" मैडम आकांक्षा चिल्लायीं, "पता है मुझे भी। आप लोग अपनी-अपनी क्लास में जाइए। चलिए!"

सभी अध्यापक चले गये। सुजाता जी ने मैडम आकांक्षा के आगे हाथ जोड़ दिये, "मैडम! मुझे घर जाने दीजिए।"

"यू.जी.सी. के नियमों के तहत महाविद्यालय आने के बाद तुम्हें कम से कम साढ़े तीन घण्टे महाविद्यालय में रहना अनिवार्य है!" आकांक्षा ने रूखे स्वर में कहा।

"तो मैडम मैं छुट्टी ले लूँगी।" सुजाता जी बिलखते हुए बोलीं।

मैडम आकांक्षा गुर्रायीं, "कौन सी छुट्टी लेंगी आप? राजकीय महाविद्यालय में सिर्फ सी.एल. मिलती है। वह भी साल में सिर्फ चौदह। सारी सी.एल. तो आप पहले ही ले चुकी हैं। मेडिकल तो आप ले नहीं सकतीं। कोई अस्वस्थ तो हैं नहीं आप।"

मैडम आकांक्षा के पीछे-पीछे उनकी दूती रेखा मैडम भी पहुँच चुकी थीं। उन्होंने मैडम आकांक्षा का जोर से समर्थन किया, "और क्या मैडम, और क्या!" सुजाता जी ने दुःखी होकर किंचित् रोष में कहा, "मैडम! नियम आदमी के लिए

होते हैं या आदमी नियम के लिए?'' आकांक्षा ने अपना चश्मा नाक पर चढ़ाते हुए जोर से घूरा, ''नियम नियम होता है, समझी।'' सुजाता जी रोती-बिलखती अपनी क्लास में चली गयीं।

उच्च शिक्षा निदेशालय से महाविद्यालय में अगले महीने ही पत्र आया। डॉ. जयंत महाविद्यालय के पूर्णकालिक प्राचार्य बनाकर भेजे जा रहे हैं। डॉ. जयंत ने आकर महाविद्यालय के प्राचार्य का कार्यभार ग्रहण कर लिया। मैडम आकांक्षा फिर सिर्फ एक प्राध्यापक की हैसियत में पहुँच गयीं।

हफ्ते भर भी नहीं बीता था कि मैडम आकांक्षा के घर से तार आ गया। भाई की मौत!

मैडम आकांक्षा ने बिलख-बिलखकर सारा महाविद्यालय सिर पर उठा लिया। सभी प्राध्यापक पहुँच गये। डॉ. जयंत भी पहुँचे। मैडम आकांक्षा गिड़गिड़ायी, ''सर! घर जाना है।''

डॉ. जयंत ने सख्ती से कहा, ''नहीं! साढ़े तीन घण्टे के पहले नहीं! यू.जी.सी. का नियम है।''

''तो छुट्टी ही दे दीजिए सर!'' मैडम आकांक्षा पुनः गिड़गिड़ायीं।

''सारी सी.एल. तो आप पहले ही ले चुकी हैं। और आप बीमार तो दिख नहीं रही हैं। कौन सी छुट्टी दूँ?'' डॉ. जयंत ने उसी स्वर में जवाब दिया।

मैडम आकांक्षा कातर हो आयीं, ''सर! नियम आदमी के लिए होते हैं। आदमी नियम के लिए नहीं होता।''

''नियम नियम होता है मैडम...और अब आप अपनी क्लास से जाइए!'' डॉ. जयंत ने रूखे स्वर में कहा और प्रिंसिपल चेम्बर की ओर चल दिये।

कहानी का पात्र

मेरा पहला कहानी-संग्रह प्रकाशित हुआ तो उसकी दो प्रतियाँ मैं अपने महाविद्यालय में ले आया। संग्रह में लम्बी-लम्बी पाँच कहानियाँ संग्रहीत थीं। महाविद्यालय के सभी साथी प्राध्यापकों ने पहला कहानी-संग्रह प्रकाशित होने पर मुझे बधाई दी।

संग्रह की दोनों प्रतियाँ महाविद्यालय में नाचने लगीं। एक-एक करके पहले सभी अध्यापकों ने पढ़ीं। इसके बाद बाबुओं का नम्बर लगा। बाबुओं से मुक्त होने पर चपरासियों के हाथ में वे टहलने लगीं। उनसे भी मुक्त होने पर उन्हें पुस्तकालय में रख दिया गया।

बात धीरे-धीरे छात्रों में भी फैल गयी। छात्रों को नहीं पता था कि सर कहानी भी लिखते हैं। पुस्तकालय से लेकर कुछ छात्र भी उन्हें पढ़ने लगे।

महाविद्यालय में छात्रसंघ नहीं था। फिर भी विमलेन्दु नाम का एक छात्र महाविद्यालय के समस्त छात्र-छात्राओं का स्वयंभू अध्यक्ष था। विमलेन्दु आधा नेता था और आधा फिल्मी हीरो। भाषण ठीक-ठाक दे लेता था और सभा-समारोहों के संचालन में उसे महारत हासिल थी। कुर्ता-पायजामा वह नहीं पहनता था। सम्भवतः लड़कियों में छवि खराब होने के डर से। एक से एक चमचमाती पैंट-शर्ट निकालता रहता था।

मेरा कहानी संग्रह उसने भी पढ़ा। इसके बाद वह अक्सर मेरे आस-पास घूमने लगा। जहाँ भी मुझे देखता लपककर मेरा पैर छूता और दाँत निकालते हुए कुछ दूर तक पीछे-पीछे चलता। साथी प्राध्यापकों ने मुझे चेताया, "आजकल वह बहुत आपके आगे-पीछे घूम रहा है। जरा दूर ही रहिएगा उससे। बड़ा दुष्ट लड़का है।"

एक दिन उसने अपनी मंशा प्रकट कर दी, "सर, एक कहानी मेरे ऊपर भी लिख दीजिए। आप तो अच्छी कहानियाँ लिखते हैं। मुझे भी लोग थोड़ा सा जान जायेंगे। हें-हें-हें।" मैंने उसे आश्वासन देकर टरका दिया।

एक दिन वह मेरे कमरे पर एक झोला लेकर प्रकट हुआ। झोले में तीन-चार बेल थे। उसने दाँत निकाले, "सर, आपके लिए बेल लाया हूँ। घर के हैं।"

"अरे, इसकी क्या जरूरत थी?" मैं घबरा गया। मुझे अपनी कविता बार-बार याद आने लगी-सुकुरुआ ने आज छुआ/पहली बार/मेरा पैर/भावी विपत्ति की आशंका से/मेरा दिल/ बैठा जा रहा है। मैंने बहुत लौटाना चाहा लेकिन वह बेल देकर ही गया।

इसके बाद कभी दही तो कभी बेल। कभी-कभी और कुछ। साथ में वह मुझे याद दिलाना नहीं भूलता, "सर, आपने अभी तक मेरे ऊपर कहानी नहीं लिखी।" मैं उसे आश्वासन देता, "मेरे दिमाग में अभी तुम्हारे ऊपर बहुत ज्यादा सामग्री नहीं है। जैसे ही पर्याप्त सामग्री हो जायेगी, लिख दूँगा।"

धीरे-धीरे लगभग एक साल बीत गये। विमलेन्दु महाविद्यालय में अपनी अन्तिम परीक्षा देकर महाविद्यालय से निकल गया। एक दिन वह मेरे कमरे पर खाली हाथ प्रकट हुआ। बोला, "सर, आजकल मैं एकदम खाली हूँ। मुझे पढ़ने का बहुत शौक है। अपने विषय की आठ-दस अच्छी किताबें दे दीजिए। पढ़कर लौटा दूँगा।"

मुझे यह जानकर बड़ी प्रसन्नता हुई कि वह पढ़ने का शौकीन है। मैंने छाँट-छाँट कर दस कीमती और स्तरीय किताबें निकालीं। उसे देकर बोला, "ये किताबें ले जाकर पढ़ो। इन किताबों को पढ़कर सचमुच तुम्हारा ज्ञान बढ़ेगा।" किताबें लेकर वह चला गया।

एक दिन उसके मुहल्ले का मेरा एक छात्र मुझसे बोला, "सर, विमलेन्दु आपको गाली दे रहा था।" मुझे बड़ा आश्चर्य हुआ, "क्या कह रहा था?" "आपको कह रहा था कि मेरे ऊपर कहानी लिखने के नाम पर ससुर साल भर से मुझे चूतिया बना रहे हैं और दौड़ा रहे हैं। बहुत बेल, दही, अमरूद और गुड़ खाये हैं मेरा। मैं भी उनकी दस किताबें उठा लाया हूँ। अब ठेंगा मैं किताबें वापस करूँगा।" लड़के ने बताया।

मैं एकदम से हतप्रभ रह गया। मेरी इतनी कीमती और अच्छी किताबें वह उठा ले गया था। मुझे लगा जैसे किसी ने मेरे सिर पर बेल दे मारा हो और दही की मटकी मेरे ऊपर फोड़ दी हो।

एक से बढ़कर एक

वह खूबसूरत युवक ट्रेन में पहले से बैठा था। स्टेशन पर जैसे ही ट्रेन रुकी, उसी डिब्बे में एक सुन्दर लड़की चढ़ी। लड़की बहुत सुन्दर थी। ट्रेन काफी खाली-खाली थी। लड़की उस युवक के ठीक सामने वाली सीट पर आकर बैठ गयी।

युवक लड़की को देखता रह गया। लग रहा था, जैसे इतनी सुन्दर लड़की जीवन में इसके पहले उसने नहीं देखी थी। वह अपलक लड़की को देखे जा रहा था।

ट्रेन चल दी। लड़की अच्छी तरह समझ रही थी कि सामने बैठा युवक उसे मुग्ध भाव से इकटक देखे जा रहा है, परन्तु वह सिर झुकाये बैठी थी। आसपास और कोई नहीं था। अचानक लड़की ने सिर उठाकर युवक की ओर देखा। इतना खूबसूरत युवक! वह भी उसे देखती रह गयी। फिर शर्माकर मुस्करायी और सिर झुका लिया।

युवक का हौसल बढ़ा। बोला, "क्या मैं आपका नाम पूछ सकता हूँ?" "किरन।" लड़की शरमाती हुई बोली। "मुझे अरुण कहते हैं। मैं दिल्ली में इंजीनियर हूँ। मेरे पिता जी रिटायर्ड एस.पी. हैं। अपने माँ-बाप का इकलौता लड़का हूँ।" युवक ने बात आगे बढ़ायी।

लड़की अभी भी शरमा रही थी, परन्तु अब वह युवक की ओर देखने लगी थी। "अपने बारे में कुछ बताइये न!" युवक बोला। "मैं इंगलिश से एम.ए. कर रही हूँ। मेरे पिताजी रेलवे में स्टेशन मास्टर हैं। मेरा एक भाई भी है।" लड़की खुलने लगी।

कुछ देर की खामोशी के बाद युवक बोला, "मेरी शादी अभी नहीं हुई है। बहुत सारे प्रस्ताव आ रहे हैं, लेकिन कोई लड़की मुझे पसन्द नहीं आ रही है। आप-आप बहुत ही सुन्दर हैं। बहुत-बहुत सुन्दर। क्या आप मुझसे शादी करना पसन्द करेंगी?"

इस तरह एकदम से शादी का प्रस्ताव सुनकर लड़की स्तब्ध रह गयी। वह अविश्वास के भाव से युवक की ओर देखने लगी। युवक आकर लड़की के पास

बैठ गया। उसके कन्धे पर हाथ रखते हुए, उसके दोनों हाथों को अपने हाथों में ले लिया। लड़की ने विरोध नहीं किया।

"प्लीज! हाँ कर हो न! मेरी जिन्दगी स्वर्ग बन जायेगी।" युवक ने लड़की को अपनी बाँहों में भर लिया और उसके होठों पर अपना होठ रख दिया। लड़की कुछ नहीं बोली। वह भी युवक के प्यार में खो गयी।

दोनों यूँ ही एक दूसरे में बड़ी देर तक खोये रहे। अचानक लड़की बोली, "मुझे प्यास लगी है। थोड़ा सा पानी पी लेने दीजिए।" युवक ने उसे छोड़ दिया

लड़की ने थरमस अपने पास खिसकाया। अपना एयर बैग खोलकर उसमें से बिस्कुट का पैकेट निकाला। एक बिस्कुट अपने बाँयें हाथ में पकड़ा। एक बिस्कुट निकालकर युवक की ओर बढ़ा दिया।

युवक बिस्कुट को खाने ही जा रहा था कि अचानक चौंक पड़ा। वह बिस्कुट को आँखो के काफी नजदीक ले जाकर उसे गौर से देखने लगा। उसने लड़की को घूरकर देखा, "तो लोगों को जहरीला बिस्कुट खिलाकर उन्हें लूटने वाले गैंग की तुम सदस्य हो?" इस प्रश्न से लड़की एकदम से बौखला गयी। घबराकर वहाँ से भागने लगी। युवक ने मजबूती से उसकी कलाई पकड़ ली, "भागने की जरूरत नहीं है। मैं भी लड़कियों को शादी के जाल में फँसाकर उन्हें बेचने वाले गिरोह का सदस्य हूँ।"

युवक ने लड़की के दोनों हाथ पकड़कर उसे सीट पर पटक दिया और वहाँ से उठकर तेजी से चला गया।

अल्पसंख्यकों का मसीहा

उनके चुनाव-प्रचार में पूरे क्षेत्र के अल्पसंख्यक उत्साह के साथ जुटे हुए थे। जुटते भी क्यों न! दूर-दूर तक वे अल्पसंख्यकों के मसीहा के रूप में विख्यात थे। अपने क्षेत्र के अल्पसंख्यकों के हर दुःख-सुख में वे सबसे पहले उनके दरवाजे पर पहुँचते थे। धनाढ्य व्यक्ति थे। मुसीबत में क्षेत्र के अल्पसंख्यकों की रुपये-पैसे से भी मदद करते थे। यही कारण था कि क्षेत्र के अल्पसंख्यकों का वोट उन्हें थोक में मिलता था। अल्पसंख्यकों के वोट के बल पर ही पिछले कई चुनावों से वे अपने क्षेत्र से लगातार जीतते चले आ रहे थे। इस बात से कोई फर्क नहीं पड़ता था कि किस चुनाव में वे किस पार्टी से उम्मीदवार हैं। अल्पसंख्यकों को केवल उनके नाम से मतलब था। चाहे जो पार्टी हो, चाहे जो चुनाव चिन्ह हो।

इस चुनाव में भी उन्होंने पार्टी बदल ली थी। कोई फर्क नहीं था। अल्पसंख्यक समुदाय के लोग उसी उत्साह से टम्पो हाई और जिन्दाबाद कर रहे थे।

चुनाव सम्पन्न हुए। मतगणना हुई। फिर वही हुआ। अपने सारे विरोधियों को पटखनी देते हुए वे फिर निर्वाचित घोषित हुए।

मैं उन्हें बधाई देने पहुँचा। बधाई के जवाब में मिठाइयाँ खाने को मिलीं। मैं बोला, "क्षेत्र के अल्पसंख्यकों ने आपके लिए बड़ी मेहनत की।" "खाक मेहनत की!" वे दबी जबान में उखड़ते हुए बोले, "मेरे पास दस विदेशी कारें थीं। सालों ने दसों कारों का कबाड़ा बना डाला। चुनाव प्रचार के समय वे इस तरह उतरते-चढ़ते और उपयोग कर रहे थे जैसे विदेशी कार न होकर ट्रैक्टर हो गयी। देख-देखकर मेरा तो कलेजा मुँह को आ जाता था, लेकिन खून का घूँट पीकर रह जाना पड़ता था। चुनाव का मामला था नहीं तो सालों को दस-दस लात मारकर भगा देता। यह चुनाव ससुर भी बहुत वहियात चीज है। अन्दर से दाँत पीसते हुए बाहर से हाथ जोड़कर खींसें निपोरते रहो।...और ये साले अल्पसंख्यक की औलाद? क्या कहें। लोकतन्त्र...ऐसी चीज है कि जिसका मुँह ने देखना चाहो उसकी...भी देखनी पड़ती है।"

मैं उनका मुँह ताकता रह गया। मसीहा का यह रूप मैंने पहली बार देखा।

चाय-पानी

"मैडम अमोनकर हैं?" मैंने बाबू से पूछा।

"हाँ हैं, क्यों?" बाबू ने मुझे नीचे से ऊपर तक देखकर जवाब दिया।

"जरा उनसे मिलना है।"

"क्या काम है?"

"यह मैं मैडम को ही बताऊँगा।" मैंने किंचित् उपेक्षा से कहा।

बाबू ने मुझे जोर से घूरा फिर बगल वाले कमरे की ओर इशारा कर दिया, "उस कमरे में हैं। जाकर मिल लीजिए।"

पाँच वर्षों से मेरे महाविद्यालय के अध्यापकों का "स्थानान्तरण यात्रा-भत्ता" बकाया था। रकम भी कुल मिलाकर चालीस हजार रुपये। पाँच वर्षों से महाविद्यालय शिक्षा निदेशालय से पत्र-व्यवहार कर रहा था और "स्थानान्तरण यात्रा-भत्ता" के लिए बजट माँग रहा था। बजट था कि स्वीकृत होने का नाम ही नहीं ले रहा था।

इस वर्ष मैं महाविद्यालय में स्थानान्तरित होकर आया। प्राचार्य ने समस्या मेरे सामने रखी। शिक्षा निदेशालय इलाहाबाद में था और मैं भी इलाहाबाद का था। प्राचार्य को उम्मीद थी कि अपनी जान-पहचान के बूते मैं बजट स्वीकृत करा लूँगा। मैंने जिम्मेदारी स्वीकार कर ली।

मैडम अमोनकर शिक्षा निदेशालय की वित्त नियंत्रक थीं। मेरी उनसे थोड़ी बहुत जान-पहचान भी थी। मैंने सीधे उन्हीं से मिलना उचित समझा क्योंकि बजट उन्हीं को स्वीकृत करना था।

मैं मैडम अमोनकर के कमरे में घुसा। वे सामने ही बैठी हुई कोई फाइल देख रही थीं। मैंने नमस्कार किया। वे हौले से मुस्करायीं और बैठने को कहा। "कहिए, कैसे आना हुआ?" मैडम ने पूछा। मैंने उन्हें पूरी समस्या से अगवत कराया। उन्होंने मुझसे बजट का कागज माँगा। मैंने उन्हें प्राचार्य का औपचारिक पत्र और बजट का कागज दिया। उन्होंने बजट का कागज देखा और उस पर स्वीकृत लिखकर हस्ताक्षर कर दिया।

मैडम ने घंटी बजायी। वही बाबू कमरे में आया जिससे मेरी पहले ही मुलाकात हो चुकी थी। मैडम ने बाबू को बजट का कागज सौंप दिया। बाबू ने एक नजर कागज पर डाली और एक नजर मुझ पर। इसके बाद वह मुस्कराता हुआ चला गया। मैडम ने मुझे आश्वस्त किया, "चिन्ता मत करिए। दो महीने में बजट आपके यहाँ पहुँच जायेगा।"

दो महीने क्या चार महीने बीत गये। बजट नहीं आया। मैं फिर बजट के कागज-पत्तर लेकर इलाहाबाद पहुँचा। फिर उसी बाबू से मुलाकात हुई। मुझे देखते ही वह व्यंग्यात्मक तरीके से मुस्कराया, "मैडम हैं अन्दर। जाकर मिल लीजिए।"

मैंने मैडम से मिलकर उन्हें पुरानी बात याद दिलायी। मैडम ने मुझसे बजट का कागज लेकर उस पर आदेश लिखा और आश्वस्त किया, "अबकी बार अवश्य दो महीने के अन्दर बजट पहुँच जायेगा।"

फिर तो यह रूटीन हो गया। मैं हर दूसरे-तीसरे महीने निदेशालय पहुँचता। उसी बाबू की व्यंग्यात्मक मुस्कान झेलता। मैडम अमोनकर से आश्वासन लेता और लौट जाता।

डेढ़ साल हो गये। मैं आजिज आ गया। आखिर में मैंने व्यंग्यात्मक मुस्कान की छुरी चलाने वाले बाबू से कहा, "भाई, तुम्हीं कोई रास्ता बताओ!" "जाकर मैडम से करा लीजिए न!" उसने व्यंग्यात्मक लहजे में कहा। "मैडम के पास दौड़ते-दौड़ते तो मैं थक चुका हूँ।" मैंने उसके आगे हथियार डाल दिये।

वह मुस्कराया, "कुछ चाय-पानी कराइए, आपका काम हो जायेगा।"

"किसे चाय-पानी कराना पड़ेगा?" मैंने पूछा

'मुझे!' उसने बेशर्मी से जवाब दिया।

"कितना लगेगा चाय-पानी में?"

"पाँच नीली पत्तियाँ।"

मैंने सौ-सौ के पाँच नोट निकाले और उसे पकड़ा दिये।

अबकी बार दो महीने में "स्थानान्तरण यात्रा-भत्ता" का बजट [illegible]ालय में पहुँच गया।

संस्कृत का प्रैक्टिकल

महाविद्यालय में शर्मा जी संस्कृत विभाग के एकमात्र अध्यापक थे और वही प्रवेश-समिति के अध्यक्ष भी थे। संस्कृत साहित्य का अध्येता होने के कारण रसिकता उनको विरासत में मिली थी। बी.ए. प्रथम वर्ष के प्रवेश के समय वे प्रवेश-समिति की अध्यक्षता करने के बजाय प्रवेश-समिति के बाबू की तरह जमकर बैठ जाते थे। एक-एक प्रवेशार्थी का जमकर इन्टरव्यू लेते थे। कोई लड़का संस्कृत विषय लेने का प्रयास करता तो पूरी प्रवेश-समिति के समाने ही वे उसकी बनियान-लँगोट उतार लेते—'आकाश में पक्षी उड़ते हैं' का संस्कृत में अनुवाद करो! ऋग्वेद का कोई एक मंत्र सुनाओ! कोई एक श्लोक सुनाओ! इस श्लोक का अर्थ बताओ! इस श्लोक में फलाँ देवता की ही स्तुति क्यों की गयी है?

लड़का जब हारकर बोल देता कि मैं संस्कृत नहीं लूँगा सर, तब जाकर शर्मा जी को संतोष होता। वे एक विजेता की भाँति गर्व से भर उठते और छाती फुलाकर प्रवेश-समिति के एक-एक सदस्य की ओर देखते।

कोई सुंदर लड़की साक्षात्कार के लिए उपस्थित होती तो वह बिना संस्कृत विषय लिए बचकर नहीं निकल सकती थी—संस्कृत पढ़ने में क्या समस्या है? तुमने इंटर में संस्कृत ले रखी है, तुम्हें संस्कृत लेनी ही पड़ेगी। तुमने इंटर में संस्कृत नहीं पढ़ी तो क्या हुआ? मैं हूँ न! मैं तुम्हें रोज एक घंटे अपने घर पर संस्कृत पढ़ाऊँगा। रोज मेरे कमरे पर आ जाया करना। बहुत आसान है संस्कृत। चार महीने में रटाकर तुम्हें विद्वान् बना दूँगा।

लगभग हर साल यही होता कि संस्कृत विषय में केवल लड़कियों का ही प्रवेश होता। एक भी लड़का संस्कृत विषय का मुँह नहीं देख पाता था।

शर्मा जी लड़कियों को पढ़ने के लिए अपने कमरे पर जरूर बुलाते थे, परन्तु लड़कियाँ उनके कमरे पर जाने से बहुत कतराती थीं। शर्मा जी अपने कमरे पर अकेले रहते थे, परिवार साथ नहीं रखते थे। दूसरे कक्षा में शर्मा जी इतने सरस ढंग से पढ़ाते थे कि लड़कियों की रूह काँप जाती थी—निर्वस्त्र होकर जलक्रीड़ा

करती हुई सुंदरियाँ ऐसी प्रतीत हो रही थीं मानो अपने कठोर स्तनों से वे पानी की चट्टानों को तोड़ रही हैं।

इस वर्ष बी.ए. प्रथम वर्ष में एक अत्यन्त सुन्दर लड़की ने प्रवेश लिया था। शर्मा जी उसे पढ़ने के लिए रोज अपने कमरे पर बुलाते परन्तु वह रोज टाल जाती थी। एक दिन शर्मा जी ने क्रुद्ध होकर उसे चेतावनी दी, ''आज शाम को अगर तुम मेरे कमरे पर पढ़ने नहीं आयी तो तुम्हारा नाम इस महाविद्यालय से कट जायेगा। कोई पुछल्ला अपने साथ मत बाँधकर लाना। कोई और साथ में रहता है तो पढ़ाने में मुझे बहुत दिक्कत होती है।''

मरता क्या न करता। लड़की शाम को शर्मा जी के कमरे पर पहुँची। अकेले ही। शर्मा जी उसे पढ़ाने के बजाय, इधर-उधर की हरकत करने की कोशिश करने लगे। लड़की भड़क गयी, ''यह क्या कर रहे हैं सर?'' शर्मा जी ने उसे समझाया, ''देखो, क्या भूगोल में प्रैक्टिकल नहीं कराया जाता? मनोविज्ञान में प्रैक्टिकल नहीं कराया जाता? संस्कृत में भी वैसे ही प्रैक्टिकल करना पड़ता है। मैं तुम्हें अभिज्ञानशाकुंतलम् का प्रैक्टिकल समझा रहा हूँ।'' लड़की ने पलटकर जवाब दिया, ''ऐसा है सर, अभिज्ञानशाकुंतलम् का प्रैक्टिकल मैं अपने प्रेमी के साथ कर लूँगी। आप मुझे सिर्फ थ्योरी समझाइये।'' प्रेमी की बात सुनकर शर्मा जी को धक्का लगा। वे इस बात को नहीं बर्दाश्त कर पाये कि इस सुंदर लड़की का कोई प्रेमी भी है। फिर भी मन मसोसकर वे बोले, ''तुम्हारे प्रेमी को संस्कृत के शास्त्रों का ज्ञान नहीं होगा। मैं तुम्हें ज्यादा अच्छी तरह प्रैक्टिकल करा सकता हूँ।'' और इसके साथ ही वे फिर इधर-उधर की हरकत करने की कोशिश करने लगे।

''सर, शास्त्रों में लिखा है कि संस्कृत का प्रैक्टिकल कभी पिता के साथ नहीं करना चाहिए और गुरु पिता के तुल्य होता है।'' लड़की ने शर्मा जी को जोर का धक्का मारा और किताबें-कॉपियाँ उठाकर चलती बनी।

ईमानदार

डॉ. सुरेश बड़े ईमानदार प्राचार्य थे। महाविद्यालय तो महाविद्यालय, पूरे क्षेत्र में उनकी ईमानदारी की हनक थी। महाविद्यालय चूँकि सरकारी था, अतः प्रबन्ध-तंत्र का कोई लफड़ा नहीं था। महाविद्यालय के सारे वित्तीय अधिकार प्राचार्य के पास ही थे, अतः एक-एक पैसे का पूरा-पूरा सदुपयोग होता था। चूँकि प्राचार्य ही ईमानदार था, अतः नीचे के लोगों की बेईमानी करने की हिम्मत नहीं थी।

एक दिन डॉ. सुरेश ने एक चपरासी से दो बोतल गोंद मँगाया। चपरासी बाजार से दो बोतल गोंद ले आया। कीमत बतायी ढाई सौ रुपये। सुरेश जी को कुछ शक हुआ। उन्होंने चपरासी से उस दुकान का नाम पूछा, जहाँ से वह गोंद ले आया था। चपरासी ने दुकान का नाम बता दिया। सुरेश जी ने चपरासी से एक कागज पर यह लिखवा लिया कि गोंद की बोतलें ढाई सौ में मिली हैं।

शाम को सुरेश जी उस दुकान पर पहुँचे। दुकानदार से गोंद के दाम के सम्बन्ध में पूछ-ताछ की। पता चला गोंद दो सौ रुपये का था। उन्होंने दुकानदार से लिखवाकर ले लिया कि उसने गोंद दो सौ रुपये में दिया था।

अगले दिन उन्होंने चपरासी को नोटिस पकड़ा दी कि क्यों न सरकारी पैसे का गबन करने के आरोप में उसके विरुद्ध कार्रवाई की जाय? चपरासी परेशान हो गया। नोटिस लेकर वकीलों के पास दौड़-भाग करने लगा।

अगले दिन रविवार था। यूँ ही मिलने के लिए विद्यालय के पुस्तकालयाध्यक्ष सबेरे-सबेरे प्राचार्य जी के घर पहुँच गये। प्राचार्य जी एक रद्दीवाले को पकड़कर रद्दी तौला रहे थे। पुस्तकालयाध्यक्ष कृपाल जी ने देखा कि रद्दी में बहुत सारी किताबें भी थीं। उन्होंने रद्दी वाले को डाँटा, "अबे ओ! सारी किताबें एक तरफ निकाल दे। उनको नहीं तौलना।" 'क्यों?' "प्राचार्य जी की समझ में नहीं आया।" "रद्दीवाले को जाने दीजिए, तब आपको बताता हूँ" कहकर कृपाल जी बैठ गये।

रद्दीवाला चला गया। कृपाल जी काम की बात पर आये, "अरे क्या अनर्थ कर रहे थे सर? इतनी महँगी किताबें रद्दी में बेंच रहे थे। इन पर जो दाम छपा है,

उसका दस परसेंट काटकर उन्हें पुस्तकालय में रखवा देते हैं।'' ''हें-हें-हें-क्या आप भी मजाक कर रहे हैं कृपाल जी। रद्दी की किताबें पुस्तकालय में रखवा रहे हैं।'' प्राचार्य सुरेश जी झेंप गये। ''इसमें मजाक की क्या बात है सर? कल मैं इन सारी किताबों को पुस्तकालय में मँगा लूँगा। किसी को कानोंकान खबर नहीं होगी।'' कृपाल जी ने उन्हें समझाया। सुरेश जी किंचित् संकोच से बोले, ''लेकिन जिन किताबों के कवर फट गये हैं?'' ''पुस्तकालय द्वारा खरीद के बाद पुस्तकालय की तरफ से उनकी जिल्दसाजी करवा दी जायेगी।'' कृपाल जी ने उन्हें आश्वस्त किया।

कृपाल जी के आश्वासन के अनुसार सारी रद्दी के पुस्तकें पुस्तकालय में खप गयीं। प्राचार्य डॉ. सुरेश को पुस्तकालय के मद से कुल दस हजार रुपये मिले। उधर पचास रुपये के पीछे चपरासी अदालत के चक्कर काट रहा था।

शहीदों की चिताओं पर

राज्यपाल का कार्यक्रम बहुत ही शानदार रहा। खूब भीड़ जुटी थी। पूरा शहीद पार्क खचाखच भरा हुआ था। खूब तालियाँ बजीं। तालियों की गड़गड़ाहट ने राज्यपाल में जोश भर दिया और उन्होंने मंच से ही शहीद स्मारक ट्रस्ट को तीस लाख रुपये देने की घोषणा कर डाली।

राज्यपाल के चले जाने के बाद राय साहब, सिंह साहब और मिश्रा जी प्रफुल्लित होकर गले मिले। यही तीनों शहीद स्मारक ट्रस्ट के कर्ता-धर्ता थे। कार्यक्रम पूरी तरह सफल रहा। राज्यपाल स्वागत से अभिभूत होकर गये। अब यह तो हो गया कि दुबारा बुलाये जाने पर वे फिर यहाँ आयेंगे।

तीनों की एक कमरे में मीटिंग होने लगी। राय साहब बोले, "ये तीस लाख मेरे रहे। मैं पहले से ही आप लोगों से कह रहा हूँ कि मुझे घर बनवाना है। भूमि पूजन हो ही चुका है। अब घर भी बन जायेगा।" मिश्रा जी भड़क गये, "अरे वाह! राज्यपाल का कार्यक्रम लगवाने के लिये सारी दौड़-भाग मैंने की और पैसा ले जायेंगे आप? मैंने अपनी लड़की की शादी एक जगह देख रखी है। लड़का एस.डी.एम. है। बीस लाख तो नकद लड़के का बाप माँग रहा है।" राय साहब को भी ताव आ गया, "वाह भाई वाह! पिछली बार मुख्यमंत्री पच्चीस लाख रुपये देकर गये तो उसे सिंह साहब गड़प कर गये। इस बार आप ले लीजिये। मैं तो बेवकूफ हूँ जो इस शहीद स्मारक ट्रस्ट के पीछे मर-खप रहा हूँ।"

अपना नाम घसीटे जाने से सिंह साहब नाराज हो गये। उन्होंने आँखें तरेरीं, "जबान सम्हाल के राय साहब! आपको तीस लाख चाहिए तो मकान बनवाने के लिये और मैंने पच्चीस लाख ले लिया तो गड़प कर लिया। अरे मुझे भी बैंक का कर्ज जमा करना था। कर्ज न अदा करता तो मेरा घर-द्वार न नीलाम होता?" राय साहब नरम पड़ गये, "मैं ये कहाँ कह रहा हूँ कि आपको जरूरत नहीं थी, लेकिन आप ही बताइये, मैं भूमि पूजन करके जमीन छोड़े रहूँ? मेरा घर न बने?" "और मेरी बेटी की शादी? बात काफी आगे बढ़ गयी है। पैसा नहीं मिलेगा तो मैं शादी

कैसे करूँगा। अगर यह लड़का हाथ से निकल गया तो जल्दी फिर ऐसा लड़का नहीं मिलेगा।'' मिश्रा जी ने जोर देते हुए अपना पक्ष रखा।

अन्ततः सिंह साहब दोनों में बीच-बचाव करते हुए बोले, ''देखिए राय साहब! मिश्रा जी की लड़की की शादी ज्यादा जरूरी है। फिलहाल तो ये पैसा इन्हें ले लेने दीजिए। मकान के लिये तो आप कुछ दिन रुक भी सकते हैं। हम जल्दी ही यहाँ प्रधानमंत्री का कार्यक्रम लेने की कोशिश करेंगे। शहीदों के नाम पर कार्यक्रम के लिये प्रधानमंत्री मना नहीं कर पायेंगे। प्रधानमंत्री शहीद स्मारक ट्रस्ट को जो भी पैसा देंगे, वह सारा आप ले लीजियेगा। जब प्रधानमंत्री को हम बतायेंगे कि मुख्यमंत्री यहाँ पर पच्चीस लाख और राज्यपाल तीस लाख देकर गये हैं तो वे उनसे ज्यादा ही देकर जायेंगे।''

बात राय साहब की समझ में अच्छी तरह आ गयी। मुस्कराकर बोले, ''ठीक है भाई! मिश्रा जी की लड़की की शादी अगर इतनी ही जरूरी है तो मैं कुछ दिनों के लिए रुक जाता हूँ और जब फिर आप भी कर रहे हैं...''

समस्या सुलझ गयी। तीनों मित्र प्रसन्न हो गये। मिश्रा जी ने सिंह साहब की पीठ पर धप्पा जमाया, ''शहीदों की चिताओं पर लगेंगे हर बरस मेले।'' सिंह साहब ने राय साहब की पीठ पर धप्पा जमाया, ''बनाकर ट्रस्ट हलुवा पूड़ी खूब खायेंगे चेले।'' कमरे में जोर का ठहाका लगा।

औकात

"मेरा बेटा एक सफल व्यवसायी है।" पहली औरत ने गर्व से कहा। "मेरा बेटा विश्वविद्यालय में प्रोफेसर है।" दूसरी औरत भी अकड़कर बोली। "मेरा बेटा आई.ए.एस. अधिकारी है।" तीसरी औरत ने कुछ रोब सा झाड़ते हुए कहा। मानो कह रही हो कि मेरे बेटे के सामने तुम दोनों के बेटे क्या हैं?

चौथी औरत धीर-गम्भीर मुद्रा में चुपचाप बैठी हुई थी। तीनों औरतों को जिज्ञासा हुई, "तुम्हारा बेटा भी तो कुछ होगा?"

"मेरा बेटा माफिया सरगना है।" चौथी औरत ने वैसी ही धीर-गम्भीर मुद्रा में जवाब दिया।

तीनों औरतों का मुँह लटक गया। फ्यूज बल्ब की तरह। उन्हें लगा जैसे किसी देवी के सामने वे तुच्छ औरतें बैठी हैं।

महापुरुष का वर्तमान

मुझे अपने चाचा पर बड़ा गर्व था। थे तो वे एक महाविद्यालय में हिन्दी के प्राध्यापक ही, परन्तु वे आचार्य रामचन्द्र शुक्ल के शिष्य रह चुके थे। बी.ए. में भी और एम.ए. में भी आचार्य रामचन्द्र शुक्ल ने उन्हें हिन्दी पढ़ाया था। मैं मन ही मन चाचा के भाग्य को सराहता था कि इतने महान विद्वान् का उन्हें शिष्यत्व प्राप्त हुआ।

मैं जब भी चाचा से आचार्य शुक्ल के अध्यापन सम्बन्धी संस्मरण सुनाने को कहता था, वे व्यस्तता का बहाना बनाकर टाल जाते थे। मुझे बहुत कोफ्त होती थी। कभी-कभी मैं सोचता कि मुझे किसी ऐसे महापुरुष का शिष्यत्व क्यों हासिल नहीं हुआ? हमेशा ऐसे ही सामान्य शिक्षकों का सान्निध्य प्राप्त हुआ, जिनकी कहीं कोई प्रसिद्धि नहीं थी। किसी महापुरुष के वर्तमान में उसके साथ जीने का विचार ही मुझे रोमांच से भर देता था।

एक दिन मैं कहीं से घर वापस आया। घर के बाहर ही अभी था कि अन्दर से पिता जी और चाचा के बातचीत की आती आवाजों से मैं चौंक गया। चाचा पिता जी को अपने अध्ययनकाल के समय की आचार्य शुक्ल से सम्बन्धित बातें सुना रहे थे। चाचा बोल रहे थे, "आचार्य शुक्ल उस लड़के का प्रवेश एम.ए. में लेने के लिये किसी कीमत पर तैयार नहीं थे। बी.ए. में उसके अंक कम थे। नेतानुमा बहुत सारे लड़के एम.ए. में उसको किसी भी कीमत पर प्रवेश दिलाने की कोशिश में थे। वे बार-बार शुक्ल जी पर दबाव डाल रहे थे, परन्तु शुक्ल जी टस से मस नहीं हो रहे थे। एक दिन शुक्ल जी पैदल ही विभाग की ओर आ रहे थे। सारे लड़कों ने बाहर की उन्हें घेर लिया। चारों ओर लड़के और शुक्ल जी एकदम बीच में। लड़के उनसे हुज्जत करने लगे-क्यों प्रवेश नहीं लेंगे, क्यों नहीं लेंगे! शुक्ल जी भी अड़ गये। अचानक पीछे से किसी लड़के ने शुक्ल जी के सिर पर एक टीप मारी। शुक्ल जी ने पीछे की ओर सिर घुमाया। तब तक आगे से उनके सिर पर एक टीप पड़ी। फिर क्या था। शुक्ल जी जिधर मुँह करते तुरन्त पीछे से कोई

लड़का उनके सिर पर एक टीप जमा देता। बड़ी देर तक यही तमाशा चलता रहा। शुक्ल जी पसीने से एकदम लथपथ हो गये।''

पिताजी और चाचा एकदम से ठहाका लगाकर हँस पड़े। मैं भौंचक्का खड़ा का खड़ा रह गया। तो क्या सारे महापुरुषों के साथ उनका वर्तमान ऐसा ही व्यवहार करता है? मैं कुछ देर तक खड़ा सोचता ही रह गया।

लघु-पत्रिका का सम्पादक

साहित्यकार बनने की कोशिश में असफल हुआ व्यक्ति, एक चुका हुआ साहित्यकार अथवा एक कुंठित साहित्यिक जो करता है, उन्होंने भी वहीं किया। एक लघु-पत्रिका निकालने लगे और उसके संपादक बन बैठे।

गयंद जी ने साहित्यकार बनने की बहुत कोशिश की थी, पर सफल नहीं हो पाये थे। कुछ विशेष लिख नहीं पाते थे सो अक्सर किसी बड़े साहित्यकार का एक साक्षात्कार ले लेते और उसे किसी न किसी अखबार-पत्रिका में छपवाने के जुगाड़ में भिड़े रहते। कुछ दिनों बाद खीझकर उन्होंने सब छोड़-छोड़ दिया और शान से अपनी-लघु पत्रिका के संपादक हो गये थे।

गयंद जी दंद-फंद में बहुत माहिर थे। प्रायः अपनी पत्रिका को विशेषांक के रूप में निकालते थे और वह विशेषांक किसी जीवित बड़े आलोचक अथवा राष्ट्रीय अखबार के संपादक के ऊपर होता था। उसके बाद पत्रिका की चार-छः प्रतियाँ लेकर वे बड़ी विनम्रता से उसके दरवाजे पर पहुँच जाते, जिसके ऊपर विशेषांक होता। अपनी रणनीति में गयंद जी इतने सफल हुए कि चार-छः वर्षों के अन्दर उन्हें प्रतिष्ठित साहित्यकार माना जाने लगा और उनकी पत्रिका को राष्ट्रीय लघु-पत्रिका।

स्थिति यह हो गयी कि गयंद जी की लघु-पत्रिका में अपनी रचनाएँ छपवाने के लिए बहुत सारे लोग उनके पीछे घूमने लगे। उनकी साहित्यक हैसियत और रोब-दाब बहुत बढ़ गया। तमाम नवोदित साहित्यकार उनका बिजली का बिल, टेलीफोन का बिल, पानी का बिल जमा करने लगे। कुछ उनके बच्चों को स्कूल पहुँचाने लगे तो कुछ उनकी सब्जी-भाजी ले आने लगे। कवयित्रियाँ खुशी-खुशी उनकी पत्नी के रसोई के काम में हाथ बँटाने लगीं।

गयंद जी एक बार ट्रेन से कहीं जा रहे थे। ट्रेन में उनके सामने की सीट पर बैठा हुआ एक नवयुवक उन्हें बहुत गौर से देख रहा था। अचानक वह बोला, "शायद आप गयंद जी हैं?" "जी हाँ! आपका परिचय?" गयंद जी ने उसकी

ओर देखा। "जी, मैं भी एक लेखक हूँ। मैंने आपकी पत्रिका के कुछ अंक पढ़े हैं। कहीं देख भी चुका हूँ आपको।"

गयंद जी बहुत प्रसन्न हुए। उनके पास सामान काफी ज्यादा था। उन्होंने सोचा कि एक मुर्गा तो मिल गया। स्टेशन पर अब कुली नहीं करना पड़ेगा। ट्रेन की गति धीमी हो रही थी। स्टेशन नजदीक आ गया था।

गयंद जी बोले, "आपने मेरी पत्रिका में कभी रचनाएँ भेजी हैं? खैर! आप अपनी कुछ रचनाएँ भेजिएगा। पत्र में ट्रेन की इस मुलाकात का जिक्र कर दीजिएगा। मैं आपकी कुछ रचनाएँ छापने की कोशिश करूँगा।"

"जी, दरअसल ऐसा है कि आपकी पत्रिका में छपी हुई रचनाओं पर पारिश्रमिक नहीं मिलता और मैं ऐसी किसी भी पत्रिका में रचनाएँ नहीं भेजता, जिसमें छपने पर पारिश्रमिक नहीं मिलता।" कहते हुए युवक ट्रेन से उतर गया। उसने गयंद जी के साहित्यिक अहंकार को जोरदार झापड़ रसीद कर दिया था।

प्रतिक्रिया

मैंने अपनी कविताओं के कैसेट में 'औकात' शीर्षक से यह कविता पढ़ दी थी—

गणित के इस प्रश्न का
उत्तर दो बच्चों
कि एक पत्रकार
पत्रकार का परिचय-पत्र दिखाकर
जिस-तिस के खिलाफ छापने की
धमकी देता घूम रहा है
उसका मासिक वेतन कितना है?

कविता मेरे लिए बवाले-जान बन गयी। पत्रकार यार-दोस्तों ने समझा कि मैंने कविता में इस बात पर व्यंग्य किया है कि पत्रकारों को सरकारी कर्मचारियों से अपेक्षाकृत कम वेतन मिलता है। हकीकत यह थी कि इस कविता में मैंने इलाहाबाद के ही एक टुच्चे किस्म के पत्रकार पर व्यंग्य किया था, जिसने पत्रकारिता को ब्लैकमेलिंग का हथियार बना रखा था। कोढ़ में खाज यह हो गयी थी कि मैंने बाकायदा धूमधाम से पत्रकार-सम्मेलन बुलाकर सारे पत्रकारों में कैसेट मुफ्त में बाँट दिया था।

एक दिन सिविल लाइन्स में सुरेन्द्र-देवेन्द्र एक दुकान पर नाश्ता करते दिख गये। मैं दूर से चहका, "अरे सुरेन्द्र भाई साहब नमस्कार!" दोनों लोगों ने देखकर भी अनदेखा कर दिया। सुनकर भी अनसुना कर दिया। इस तरह बातों में मशगूल होकर नाश्ता करने लगे, गोया मुझे जानते ही न हों। मैं अपना सा मुँह लेकर रह गया।

एक दिन आनन्द और श्यामेन्द्र मिल गये। मैंने दोनों को नमस्कार किया। "अरे, हमें नमस्कार करके क्यों शर्मिन्दा कर रहे हैं। आप हम लोगों से ज्यादा वेतन पाते हैं।" आनन्द जी ने नमस्कार का उत्तर देने के बजाय व्यंग्य का गोला मेरे ऊपर दाग दिया। मैं शर्मिन्दा हो गया, "अरे भाई साहब! आप लोगों ने तो अन्यथा ले लिया। मैं तो..." मैं आगे बोल पाता कि श्यामेन्द्र जी बोले, "हम लोगों

से बड़े-बड़े अधिकारी और मंत्री तक इज्जत से पेश आते हैं। आप लोगों की तरह नहीं कि प्रिंसिपल तक की लल्लो-चप्पो करते रहो कि सी.आर. न खराब कर दे। बड़े अधिकारी तो खैर आप लोगों के लिए भगवान की तरह हैं।'' वहाँ और रुकने में मुझे खैरियत नहीं नजर आयी। जरूरी काम का बहाना करके वहाँ से भागा।

डॉ. भुवनेश्वर सिंह गहलौत के यहाँ एक दिन पहुँचा। उस दिन वे बदले-बदले से दिखे ''क्यों बाबू अभी कुछ दिन पहले तक बेरोजगार थे तो री-री करते घूमते थे। आजकल सुना है पत्रकारों के वेतन पर आप कविता लिखने लगे हैं।'' उन्होंने मुझे नमस्कार का प्रत्युत्तर दिया। बड़ी समस्या थी। न भागते बन रहा था, न बैठते।

उन दिन रेडियो-स्टेशन अपने कार्यक्रम की रिकार्डिंग के सिलसिले में गया। सामने ही आकाशवाणी के संवाददाता राजीव चतुर्वेदी मिल गये। कम से कम वे किसी अखबार के पत्रकार तो नहीं थे। मैंने निश्चिन्त होकर उन्हें नमस्कार दाग दिया। परन्तु वे भी बाज नहीं आये, ''क्यों भइये! आजकल पत्रकारों के वेतन पर कविता लिखने लगे हो। रेडियों में कार्यक्रम लगवाने के लिए अब सोर्स नहीं लगवाओगे क्या?'' मैं खिसियानी हँसी हँसकर रह गया, ''अब आप भी नहीं छोड़ेंगे?''

एक दिन एक और पत्रकार से मुठभेड़ हो गयी। परन्तु उनकी प्रतिक्रिया अप्रत्याशित थी, ''अरे वाह गुरु। क्या खिंचाई की है पत्रकारों की। कविता सुनकर बड़ा मजा आया। मैं तो वाह-वाह कर उठा। आओ किसी दुकान पर बैठकर चाय पीते हैं।'' इतनी गर्मजोशी भरी प्रतिक्रिया सुनकर मैं भौंचक्का रह गया। मैं स्तब्ध भाव से उन्हें देखता रहा गया। अब मैं उनसे कैसे कहता कि यह कविता मैंने आप पर ही लिखी थी।

मुर्गा

सारी कक्षा के लड़के कमल को बधाई दे रहे थे। उसका चयन एस.डी.एम. के पद के लिये हो गया था। दोस्तों की बधाई स्वीकार करते हुए एक पराजित सी मुस्कराहट उसने निशा पर डाली। भले ही एस.डी.एम. हो गया, परन्तु दो वर्षों में वह एक बार भी निशा से बात करने का सौभाग्य नहीं हासिल कर पाया।

कमल ने जब एम.ए. में प्रवेश लिया था तो उसी के साथ निशा ने भी उसकी कक्षा में प्रवेश लिया। निशा असाधारण सुन्दर थी। सारी कक्षा के लड़के भँवरों की तरह धीरे-धीरे निशा के पीछे डोलने लगे।

निशा चूँकि बहुत ऊँचे परिवार की लड़की थीं, अतः केवल अपने स्तर के लड़कों को लिफ्ट देती थी। कमल बाहर से इस शहर में पढ़ने आया था। बहुत ही साधारण घर का और सामान्य शक्ल-सूरत वाला लड़का था वह। ऐसे घुरहू-कतवारू छाप लड़कों की तरफ निशा देखना भी पसन्द नहीं करती थी।

विश्वविद्यालय से घर जाने के लिये वह साइकिल स्टैण्ड से साइकिल निकाल ही रहा था कि पीछे से उसके कान में आवाज सुनायी पड़ी—"कमल!" उसने मुड़कर देखा तो भौंचक्का रह गया। निशा अपना बैग लिए खड़ी थी। "कमल! तुम्हारे एस.डी.एम. बनने की खुशी में मैं आज शाम को अपने घर पर तुम्हें पार्टी दे रही हूँ। प्लीज आना जरूर! नहीं आओगे तो मुझसे बुरा कोई नहीं होगा। ये रहा मेरा पता।" निशा ने एक कागज कमल को पकड़ा दिया और चली गयी। कमल मुँह खोले कभी जाती हुई निशा को देख रहा था तो कभी हाथ में पकड़े कागज को। वह समझ नहीं पा रहा था कि यह हकीकत है या सपना। दो साल तक वह जिस लड़की से एक बार बात करने लिए तरस गया, उसने घर पर दावत दे दी?

हिम्मत जुटाकर कमल शाम को निशा के घर पहुँच गया। निशा ने उसका बड़ी गर्मजोशी से स्वागत किया। अपने भाई-बहन का भी परिचय कराया, "यह है मेरी बहन शालिनी। बी.ए. में पढ़ती है और यह है मेरा प्यारा-प्यारा भइया मनोज। हाईस्कूल में है।"

"ड्राइंग-रूम में क्या बैठोगे? चलो मैं तुम्हें अपने कमरे में लिवा चलती हूँ।" निशा बोली और उसे सीधे अपने कमरे में लिवा ले गयी। कमल ने कमरे में चारो ओर नजर डाली। कमरा सुन्दर और खूब सजा हुआ था। लगता था, आज विशेष रूप से सजाया गया है। बिस्तर पर एकदम झक नयी चादर बिछी हुई थी। बिस्तर से हल्की-हल्की सेंट की खुशबू भी आ रही थी। कुल मिलाकर कमरे का माहौल बड़ा रूमानी थी। कमरे में कमल और निशा के अतिरिक्त कोई नहीं था। अचानक बहुत झिझकते हुए कमल बोला, "आपके माता-पिता कहीं गये हैं क्या?" "हाँ, वे कहीं घूमने निकले हैं...और फिर ऐसे मौके पर उनका न होना ही अच्छा है।" निशा रहस्यपूर्ण ढंग से मुस्करायी और हौले से कमल का हाथ पकड़ कर दबा दिया। कमल का चेहरा शर्म से लाल हो गया।

कुछ देर बाद निशा की बहन चाय लेकर आयी। चाय रखते हुए उसने मुस्कराकर कमल ही ओर देखा। अचानक उसने धीरे से कहा—"जीजा जी" और भाग खड़ी हुई। 'धत्' निशा बोली और उसके चेहरे पर शर्म की लाली दौड़ गयी। कमल ने ध्यान से निशा की ओर देखा। उसने देखा निशा शर्मा कम रही थी, शर्माने का नाटक ज्यादा कर रही थी।

अचानक कमल को लगा कि वह एक मुर्गा है और पार्टी मुर्गे को हलाल करने के लिए दी गयी है। मुर्गे को हलाल करने की साजिश में निशा, उसके भाई-बहन, उसके मम्मी-पापा सब शामिल हैं। उसके मम्मी-पापा यूँ ही नहीं गायब हैं। उन्होंने निशा को पूरा मौका दिया है कि वह मुर्गे को ठीक से अपने जाल में फँसा सके। उसका मन कड़वाहट से भर गया और उसे निशा पर घिन हो आयी।

अचानक वह उठा। तीर की तरह कमरे से निकला। अपनी साइकिल उठायी। वहाँ से भाग खड़ा हुआ। निशा—"अरे-अरे...रुको-रुको...क्या हुआ-क्या हुआ।" करती रह गयी।

पतिव्रता

मिसेज गोपेश की मुहल्ले की औरतें बहुत इज्जत करती थीं। क्या नहीं था उनके पास? गाड़ी-बँगला, नौकर-चाकर! इस सबके बावजूद कितनी विनम्र और सुशील! हमेशा दूसरों की सहायता के लिए तत्पर! मुहल्ले की किसी औरत की तबीयत ज्यादा खराब हो जाती तो अपनी गाड़ी में बैठाकर अस्पताल भागतीं। किसी को बच्चा होता तो एक तिहाई देख-भाल वही कर देतीं। मुहल्ले की कोई भी औरत मुसीबत पड़ने पर उनसे कभी भी उधार माँग सकती थी।

मुहल्ले की औरतें अपना सुख-दुःख सबसे पहले मिसेज गोपेश से बाँटती थीं। कारण यह था कि वे किसी की बात इधर से उधर नहीं करतीं थीं और किसी के भी दुःख-सुख में उसका पूरा-पूरा साथ देती थीं।

एक बार दयाल साहब के एक मित्र दयाल साहब के यहाँ आये थे। दयाल साहब के साथ ड्राइंगरूम में मिसेज दयाल भी बैठी थीं। अचानक मिसेज गोपेश कुछ पूछने आयीं। मिसेज दयाल से पूछकर चली गयीं। जल्दी में थीं। रुकीं नहीं।

"भाभी जी आप इस औरत को जानती हैं?" दयाल साहब के मित्र मिसेज दयाल की तरफ इस तरह मुँह फाड़कर देखने लगे जैसे कोई अनर्थ हो गया हो।

"हाँ। ये मिसेज गोपेश हैं। पड़ोस में ही रहती हैं। क्यों?" मिसेज दयाल आश्चर्य से बोलीं। "अरे ये एक कालगर्ल है। मैं इसे अच्छी तरह जानती हूँ।" वे फुसफुसाते हुए बोले।

"नहीं!" मिसेज दयाल आश्चर्य से लगभग चीख पड़ीं। "मैं सौ प्रतिशत सच कह रहा हूँ। मेरा एक दोस्त इसे अक्सर बुलाता है।" दयाल साहब के मित्र ने अपनी बात पर जोर दिया।

एक दिन मिसेज दयाल से रहा नहीं गया। उन्होंने मिसेज गोपेश से कह ही दिया, "मिसेज गोपेश, मैं आपको तो बड़ी पतिव्रता समझती थी लेकिन मुझे यह जानकर बड़ा सदमा लगा कि आप एक कालगर्ल हैं।" मिसेज दयाल को उम्मीद थी कि मिसेज गोपेश उछल पड़ेंगी परन्तु वे एकदम शान्त रहीं। कुछ देर में एक

लम्बी साँस छोड़ती हुई बोलीं, ''पतिव्रता तो हूँ ही। तभी अपने पति के आदेश पर कब से यह काम कर रही हूँ। गाड़ी, बँगला, नौकर-चाकर-तुम क्या समझती हो? क्या मिस्टर गोपेश की कमाई में यह सब मिन्टेन कर पाना सम्भव है? शानो-शौकत की जिन्दगी जीने के लिए ही तो मिस्टर गोपेश ने मुझे इस धंधे में जोत रखा है।'' कुछ देर चुप रहने के बाद वे फिर बोलीं, ''मिसेज दयाल! मैं आपसे हाथ जोड़कर विनती करती हूँ कि किसी से इस बारे में बताइयेगा मत अन्यथा मुहल्ले में कोई भी मेरी सहायता लेना स्वीकार नहीं करेगा और मैं जीते जी मर जाऊँगी। दूसरों की सहायता करके मैं अपने को थोड़ा सा खुश रख लेती हूँ।''

ठहाकों वाला आदमी

उसका नाम था—प्रदीप कुमार पूर्ति। सपरिवार रहने के जिस मकान में मैंने फ्लैट लिया, उसी मकान में एक कमरा लेकर वह अकेले रहता था, अतः एक दिन मैं उसके कमरे में जान-पहचान बनाने के लिये पहुँच गया।

उम्र में मुझसे वह छोटा था। मेरे आने के बारे में उसे मालूम हो गया था। मकान मालिक से उसे मेरा नाम इत्यादि भी पता चल चुका था। उसने मेरा गर्मजोशी से स्वागत किया। हम दोनों बैठकर बातें करने लगे।

कुछ देर में मुझे खोजते हुए मेरा तीन वर्षीय बेटा भी उस कमरे में पहुँच गया। उसने हाथ में एक बिस्किट पकड़ रखा था।

"क्या प्रोफेसर साहब! बिस्किट खिला-खिलाकर बच्चा पाल रहे हैं..." मेरे बेटे को देखकर प्रदीप बोला, "तभी देखिए क्या सींकिया पहलवान बना हुआ है। मास्टरों की जाति होती ही कंजूस है। मैं बैंक में एक क्लर्क ही हूँ, तब भी चलकर देखिये मेरे बेटे को। क्या गोलमटोल है। मैं उसे काजू, किशमिश, बादाम और पिस्ता खिलाता हूँ। इस्किट-बिस्कट मैं नहीं खिलाता उसे।"

मुझे बड़ा गुस्सा आया। मैं पहली बार इस आदमी के यहाँ आया हूँ और पहली ही बार में यह इतनी बदतमीजी से मुझसे पेश आ रहा है। आगे क्या होगा? अपने बेटे को लेकर बहाना बनाकर मैं वापस चला आया।

मैं दुबारा उसके यहाँ नहीं गया। उससे बात करना भी बन्द कर दिया मैंने। यहाँ तक कि उसकी ओर देखना भी बन्द कर दिया। मेरा रुख देखकर वह भी मुझसे दूर रहने लगा।

मुझे चूँकि उससे चिढ़ हो गयी थी, इसलिये उसकी हर चीज मुझे बुरी लगती थी। वह जब तक बैंक नहीं जाता था और बैंक से जब घर वापस आ जाता, उसके कमरे में दोस्तों का जमघट लगा रहता था। हमेशा ठहाकों की आवाजें आती रहतीं। सारे ठहाकों में उसके ठहाके सबसे तेज होते। उसके ठहाके सुनकर मेरा खून जलता था। कभी-कभी मैं बड़बड़ाता, "हँसो साले हँसो। लगता है जिन्दगी में अभी कभी

दुःख नहीं देखा। जिस दिन जिन्दगी अपना वास्तविक रूप दिखायेगी, सारी हँसी निकल जाएगी।''

एक दिन एक जगह उसके बैंक मैनेजर से मुलाकात हो गयी। बातों ही बातों में मैंने उनसे पूछ लिया, ''आपके यहाँ ये जो पूर्ति है, कैसा आदमी है?''

''अच्छा वो, जो आपके मकान में रहता है? बड़ा नेक दिल इंसान है। ईश्वर भी अच्छे लोगों को ही दुःख देता है। उसके कोई बच्चा नहीं है और उसकी पत्नी की बच्चेदानी ऑपरेशन करके निकाली जा चुकी है। बच्चेदानी में कैंसर हो गया था। उससे सब, यहाँ तक कि उसकी पत्नी भी, दूसरी शादी करने के लिये कहते हैं, लेकिन वह बिल्कुल तैयार नहीं है।'' ''सच? क्या आप सच कह रहे हैं?'' मैंने अविश्वास से पूछा।

''हाँ भाई। मैं उसे कितने सालों से जानता हूँ। क्यों? कोई खास बात है क्या?'' मैनेजर ने मेरी ओर देखा।

मैं बोला, ''नहीं, ऐसे ही। उसने कभी मुझे यह बात नहीं बतायी।''

''यही तो उसकी बहादुरी है। वह कभी किसी से अपने दुःख की चर्चा नहीं करता। उस पर से वह ऐसा प्रदर्शित करता है, जैसे वह दुनिया का सबसे खुश-किस्मत इंसान है...'' बैंक मैनेजर अपनी रौ में बोले जा रहे थे और मैं उसके खोखले ठहाकों के बारे में सोच रहा था।

भ्रष्टाचार

गाँव में वीडियो-पत्रिका की एक टीम सर्वेक्षण के सिलसिले में पहुँची। वीडियो-पत्रिका की टीम की कारें, वीडियो-कैमरा, लाइट और अन्य तामझाम देखकर लोगों को बड़ा कौतूहल हुआ। बात धीरे-धीरे पूरे गाँव में जंगल की आग की तरह फैल गयी। सारा गाँव इकट्ठा हो गया। लोगों की समझ में नहीं आ रहा था कि ये कौन लोग हैं और यहाँ क्या करने आये हैं।

टीम के एक वरिष्ठ पत्रकार ने लोगों को समझाया, "देखिए, हम लोग आप लोगों से कुछ बातों की जानकारी लेने आये हैं। हम आप लोगों से कुछ बातें पूछेंगे। जिससे पूछेंगे, वही जवाब देगा। सब लोग मत बोलियेगा। पूरे कार्यक्रम की हम वीडियो-रिकार्डिंग करेंगे। यह कार्यक्रम टी.वी. पर दिखाया जाएगा।

टी.वी. पर कार्यक्रम दिखाये जाने की बात सुनकर सब उतावले होने लगे। सब इस प्रयास में लग गये कि मुझसे भी सवाल पूछा जाय। गाँव के मुखिया जी जबरन सबको ठेलकर आगे खड़े हो गये। वीडियो-टीम को अपना फरमान सुना दिया, "सबसे पहले जो कुछ पूछना हो, मुझसे पूछा जाय। मैं गाँव का प्रधान हूँ।"

पत्रिका-टीम ने प्रधान जी से सबसे पहले गाँव की साक्षरता के सम्बन्ध में पूछा। प्रधान जी ने गर्व से तनकर बताया, "हमारे गाँव में साक्षरता की दर लगभग शत-प्रतिशत है। गाँव में एक लड़कियों का मिडिल स्कूल है और एक लड़कों का। इसी तरह एक इंटर कॉलेज लड़कियों के लिए है और एक इंटर कॉलेज लड़कों के लिए। आपको हमारे गाँव में कोई अनपढ़ नहीं मिलेगा। बारह से ब्याह कर आयी दो-चार बहुएँ अनपढ़ हों तो मैं नहीं कह सकता।"

कई सवाल पूछने के बाद टी.वी. टीम ने अन्त में पूछा कि वर्तमान में देश के सामने सबसे बड़ी समस्या क्या है? "भ्रष्टाचार!" प्रधान जी ने निर्णायक रूप से कहा। "इस समस्या का समाधान क्या है?" "देश में भ्रष्टाचार की एकमात्र सजा फाँसी होनी चाहिए। तभी देश से भ्रष्टाचार दूर होगा।" प्रधान जी ने अपनी राय रखी।

बहुत सारे लोगों से उन्हीं सवालों को पूछा गया। सबने अपनी-अपनी समझ

से जवाब दिया। देश की सबसे बड़ी समस्या भ्रष्टाचार है और उसको रोकने का एकमात्र उपाय है—फाँसी की सजा, इस बात पर सब एकमत थे। अचानक एक पत्रकार की निगाहें बिजली के तारों में चारों तरफ फँसाये गये कटियों पर पड़ीं। वह पूछ बैठा, "क्या कटिया मार कर बिजली जलाना भ्रष्टाचार नहीं है? आप लोगों ने चारों तरफ क्यों बिजली के तारों में कटिया फँसा रखा है?" पत्रकार का इतना पूछना था कि कैमरा बिजली के तारों की तरफ घूम गया। कैमरामैन कटियामारी के चित्रांकन में जुट गया।

गाँव के लोग डर गये। उन्होंने सोचा कि लगता है, बिजली-चोरी के आरोप में हमें जेल जाना पड़ेगा। फिर क्या था! लोग वीडियो-पत्रिका-टीम पर पिल पड़े। लात-घूँसे, जूते-डंडे! जो जैसे ही टूट पड़ा, वो वैसे ही। वीडियो-कैमरे के पुर्जे-पुर्जे को लोगों ने चूर-चूर कर डाला। लाइटें तोड़-ताड़ कर इधर-उधर फेंक दी गयीं।

विधिवत् कुटम्मस कर लेने के बाद गाँववालों ने पत्रिका-टीम को आदेश दिया, "अब चुपचाप अपनी गाड़ियों में बैठकर यहाँ से जल्दी से जल्दी भाग जाओ, अन्यथा गाड़ियों सहित तुम लोगों को कुएँ में फेंक दिया जायेगा।"

सबसे बड़ा हक

महाविद्यालय में परीक्षाएँ चल रही थीं। हिन्दी के व्यक्तिगत छात्रों की परीक्षा थी। कक्ष संख्या तीन में अक्षय जी और यादव जी की कक्ष-निरीक्षण में ड्यूटी लगी थी। अचानक यादव जी ने अक्षय जी को कुहनी मारी, "अंतिम लाइन में पीछे से चौथी सीट देखो!" अक्षय जी गिनने लगे, "एक...दो...तीन...चार अरे वाह! बड़ी जोरदार चीज है...पूरी अप्सरा है अप्सरा...मेरी तो निगाह ही उधर नहीं गयी थी।" अक्षय जी और यादव जी आँख सेंकने में तल्लीन हो गये।

तब तक किसी काम से नेगी जी उधर आ निकले। अक्षय जी और यादव जी के हाव-भाव से उन्हें दाल में कुछ काल नज़र आया। वे दोनों की निगाहों का पीछा करने लगे। अन्ततः उन्होंने निशाना पकड़ ही लिया। उन्होंने यादव जी के कन्धे पर हाथ मारा, "अच्छा यादव जी! तो ये हो रहा है!" यादव जी और अक्षय जी ही-ही करके हँसने लगे।

नेगी जी भी वहाँ कुछ देर तक दोनों के साथ खड़े होकर आँख-सेंकने के पुण्य कार्य में साथ देते रहे। थोड़ी देर में वे वहाँ से परीक्षा-कार्यालय की ओर चले गये। परीक्षा-कार्यालय में पाण्डेय जी और रावत जी बैठे हुए थे। नेगी जी ने यह शुभ सूचना उन्हें भी दे डाली, "अरे भाई आप लोग यहाँ कहाँ रेगिस्तान में बैठे हैं! कक्ष संख्या तीन में जाइये। वहाँ एक अप्सरा परीक्षा दे रही है। जाकर दर्शन करिए।" "अच्छा?" रावत जी उछल पड़े। उन्होंने पाण्डेय जी का हाथ पकड़कर उन्हें भी उठाया और कक्ष संख्य तीन की तरफ चल दिये।

छोटा सा महाविद्यालय था और छोटा सा उसका स्टाफ था। धीरे-धीरे बात सारे अध्यापकों तक पहुँच गयी। सब कोई न कोई बहाना करके कक्ष संख्या तीन की तरफ भागने लगे। बात प्राचार्य गुप्ता जी तक भी पहुँची। गुप्ता जी आग-बबूला हो गये, "कॉलेज के अध्यापकों को शर्म नहीं आती? ये लोग शिक्षक हैं?" और गुप्ता जी भी उठकर कक्ष संख्या तीन की ओर चल दिये।

गुप्ता जी को आता देख सारे अध्यापक इधर-उधर हो गये। सिर्फ अक्षय जी

और यादव जी वहाँ बचे। गुप्ता जी ने यादव जी को डँपट लिया, "क्यों यादव जी, कौन महिला है जिसे सारे अध्यापक परेशान कर रह हैं?"

"कोई परेशान नहीं कर रहा है सर!"

"मुझे सब पता है क्या हो रहा है! कौन महिला है?"

यादव जी ने इशारे से बता दिया। गुप्ता जी ने चश्मा ठीक से नाक पर चढाया। महिला को तीन-चार बार घूरा। गुप्ता जी की लार टपक पड़ी। वे मुड़े, "अच्छा अक्षय जी और यादव जी, आप लोग स्टाफ-रूम में जाकर बैठिए। मैं यहाँ बैठकर देखता हूँ कि उस महिला को कोई परेशान न करने पाये। आप लोग अध्यापक हैं। आप लोगों की शर्म आनी चाहिए।"

अक्षय जी और यादव जी मुँह लटकाकर स्टाफ-कक्ष की ओर चल पड़े। गुप्ता जी ने एक कुर्सी ली और उस महिला की ओर मुँह करके बैठ गये। अब वे निश्चिन्त थे कि उनके अलावा और कोई अध्यापक उस महिला को नहीं देखेगा।

पढ़ाई का तरीका

शशांक शेखर की नियुक्ति राजकीय महाविद्यालय में राजनीतिशास्त्र के प्राध्यापक के रूप में हो गयी। इसके लिए वे काफी समय से प्रयासरत थे। बड़े मेधावी छात्र रहे थे। अपने विश्वविद्यालय से स्वर्ण-पदक-विजेता थे। उन्होंने प्रारम्भ से ही अपना आदर्श बना रख था—पढ़ना और पढ़ाना। इसीलिए उन्होंने कैरियर के रूप में अध्यापन को चुना।

महाविद्यालय में वे पहले दिन पढ़ाने पहुँचे। उनका पहला घण्टा बी.ए. के द्वितीय वर्ष के छत्रों का था। पहले ही दिन कक्षा में धुँआधार लेक्चर देना शुरू कर दिया। ज्ञान भी था, पढ़ाने का उत्साह भी। उनका व्याख्यान सुनकर लड़के मस्त हो गये। चूँकि पहला ही दिन था और पहला ही पीरिएड अतः उन्होंने लड़कों को पन्द्रह मिनट पहले ही छोड़ दिया।

शशांक शेखर बड़े मुदित मन से और कुछ-कुछ गर्व भरे भाव से अपनी कक्षा से आ रहे थे। अचानक सामने ही प्राचार्य से मुठभेड़ हो गयी। प्राचार्य से एक बार उनकी ओर देखा, एक बार घड़ी की ओर! उन्होंने शशांक को रोक लिया, "सुनिए, आपने पन्द्रह मिनट पहले की क्लास क्यों छोड़ दी?" शशांक अचकचा गये, "जी, पहला ही पीरिएड था। पन्द्रह मिनट पहले ही इसीलिए छोड़ दिया।" फिर थोड़ा उत्साह में बोले, "आप लड़कों से पूछ सकते हैं सर कि मैंने क्या पढ़ाया-कैसा पढ़ाया।"

"देखिए आप क्या पढ़ाते हैं और कैसे पढ़ाते हैं, मुझे इससे मतलब नहीं है। लड़कों को चाहे कहानी सुनाइए, चुटकुला सुनाइए या गाना। यह आपकी समस्या है। उनको पूरी घण्टे तक इंगेज रखिए। घण्टा नहीं चलता रहता तो लड़के बरामदे और गलियारे में इधर-उधर टहलते रहते हैं तथा शोरगुल मचाते हैं। अनुशासन व्यवस्था की समस्या खड़ी होती है। इसीलिए आगे से लड़कों को पूरे पीरिएड तक इंगेज रखिए।"

शशांक शेखर कुछ नहीं बोले। वे स्टाफ-रूम में जाकर अपना सिर पकड़कर बैठ गये। उनक पढ़ाने का सारा उत्साह हवा हो गया था।

जश्न

उसे अपने पति के पद पर और अपने प्रेमी की खूबसूरती पर गर्व था। वह एक दबंग औरत थी और डंके की चोट पर अपने प्रेमी से सम्बन्ध रखती थी। पति विश्वविद्यालय में रीडर था लेकिन निहायत ही दब्बू आदमी था। उसे अपनी पत्नी और उसके प्रेमी के सम्बन्धों के बारे में पता था, पर उसकी इतनी हिम्मत नहीं थी कि वह अपनी पत्नी से कुछ कह पाता।

विश्वविद्यालय में चयन-समिति का गठन हुआ और उसके द्वारा साक्षात्कार सम्पन्न हुआ। पति रीडर से प्रोफेसर बन गया। पत्नी का गर्व दुगुना हो गया। उसने दस किलो मिठाई मँगाई और पूरे मुहल्ले में बँटवायी। मिठाई कोई खुशी व्यक्त करने के लिए नहीं बाँटी गयी। मिठाई इसलिए बाँटी गयी कि पूरे मुहल्ले को यह सूचना मिल जाय कि पतिदेव प्रोफेसर हो गये हैं। पत्नी को मिठाई बाँटता देख पतिदेव की खुशी सम्हाले नहीं सम्हल रही थी कि मेरे प्रोफेसर बनने पर पत्नी जी को कितनी प्रसन्नता हो रही है।

शाम हुई। वे अपने पति से बोलीं, "आपके प्रोफेसर बनने की खुशी में मैंने अपने कुछ मित्रों को होटल में पार्टी दी है। मैं होटल जा रही हूँ। कल सुबह आऊँगी। हाँ, यही कोई पच्चीस हजार रुपये दे दीजिए।" अपने प्रोफेसर बनने की पार्टी सुनकर पतिदेवा बड़े खुश हुए। उन्होंने तुरंत पच्चीस हजार रुपये निकालकर पकड़ा दिये।

उसने अपने प्रेमी को लिया और शहर के एक अच्छे से होटल में पहुँच गयी। पति के प्रोफेसर बनने की खुशी में उसने अपने प्रेमी के साथ शानदार दावत उड़ायी। रात-भर के लिए होटल का एक कमरा बुक किया। पति के प्रोफेसर बनने की खुशी में प्रेमी के साथ वह रातभर होटल में रँगरेलियाँ मनाती रही। उधर घर में पति यह कल्पना कर-करके मुदित हो रहा था कि मेरे प्रोफेसर बनने की खुशी में होटल में कितनी शानदार पार्टी हो रही होगी।

दिल्ली दूर है

दोनों मित्र इलाहाबाद में कमरा लेकर साथ-साथ पढ़ाई कर रहे थे। दोनों में खूब पटती थी।

उनमें से एक को किसी काम से दिल्ली जाना पड़ गया। वह इसके पहले कभी दिल्ली नहीं गया था। उसने अपने दूसरे मित्र से पूछा, "यार, तू कभी दिल्ली गया है? इलाहाबाद से कितनी दूर है दिल्ली?"

दूसरे ने कहा, "गया तो कभी नहीं, पर लोगों से सुना है कि दिल्ली बहुत दूर नहीं है। प्रयागराज एक्सप्रेस में रिजर्वेशन करा ले। शाम को ट्रेन में बैठ। रात में सोता हुआ निकल जा। सबेरे दिल्ली पहुँच जायेगा।"

पहले मित्र ने वैसा ही किया। प्रयागराज एक्सप्रेस में रिजर्वेशन करा लिया। सबसे ऊपरवाली बर्थ मिली।

अपने सारे जरूरी सामान लाद-फाँदकर वह ट्रेन में बैठ गया। उसे लग रहा था, यात्रा मज़ेदार होगी। दिल्ली घूमने में भी मज़ा आयेगा।

रात के नौ बजे। सारे यात्री अपनी-अपनी बर्थ पर हल्का-फुल्का बिस्तर बिछाकर लेटने लगे। उसने भी दो चादरें निकालीं। एक बिछा ली। एक ओढ़ने के लिए रख ली।

वह अभी अपनी बर्थ पर लेटा ही था कि सामने की बर्थ का बूढ़ा सहयात्री जोर-जोर से खाँसने लगा। खाँसते-खाँसते ही उसने अपनी जेब से एक पॉलीथीन की पन्नी निकाली और खँखारकर उसमें थूक दिया। उस बूढ़े के ठीक नीचे लेटा हुआ व्यक्ति बीच-बीच में उठकर उसे देख ले रहा था। सम्भवतः वह बूढ़े के साथ था।

उसका दिमाग एकदम से भन्नाने लगा था। उसे मितली भी आने लगी थी। वह समझ नहीं पा रहा था कि बूढ़े से किस तरह निपटे। यह सोच-सोचकर उसका दिमाग और खराब हो रहा था कि बूढ़ा कहीं टी.बी. का मरीज तो नहीं है।

बूढ़ा करता आक् थू और उसके सिर पर जैसे हथौड़ा चल जाता। बूढ़े को कुछ

कह पाने में वह असमर्थ था। आखिर उसने भी तो बाकायदा रिजर्वेशन करा रखा था। अब वह बीमार था तो इसमें उसका क्या दोष था?

वह न तो सो पा रहा था, न जाग पा रहा था। दिमाग में अपना काम, दिल्ली घूमना—कुछ नहीं बचा था। उसमें सिर्फ आक्-थू, आक्-थू गूँज रहा था। सोच रहा था—किसी तरह दिल्ली आ जाती तो इस बूढ़े से पिण्ड छूटता, लेकिन दिल्ली थी कि आने का नाम नहीं ले रही थी।

आखिर एक युग बीतने के बाद ट्रेन दिल्ली पहुँच ही गयी। जल्दी-जल्दी अपने सारे सामान समेटकर वह तुरंत ट्रेन से उतर पड़ा।

दिल्ली में अपना काम निबटाकर वह फौरन इलाहाबाद भागा। दिल्ली घूमने में उसकी कोई रुचि नहीं रह गयी थी।

इलाहाबाद पहुँचते ही उसका दोस्ता चिल्ला पड़ा, "ओह हो, तो तुम दिल्ली से इतनी जल्दी भाग आये! कहो कैसे लगी दिल्ली?"

"पूछो मत! दिल्ली इतनी दूर है, मुझे नहीं पता था।" उसने झल्लाकर जवाब दिया और अपना सामान कमरे में पटक दिया।

वास्तविक समस्या

मैं अपनी बी.ए. तृतीय वर्ष की कक्षा से परेशान हो गया था।

पता नहीं कहाँ से एक से एक शोहदे तृतीय वर्ष में पहुँच गये थे। ऐसा नहीं था कि सब शोहदे ही थे। शोहदे एक तिहाई ही थे। बाकी दो तिहाई पढ़ने वाले छात्र थे। परन्तु पढ़ाई का माहौल खराब करने के लिए कक्षा में एक-दो शोहदे ही बहुत होते हैं।

मेरा सिर जरा सा ब्लैक-बोर्ड की तरफ घूमता कि पता चलता कागज की एक गोली लड़कियों की तरफ़ फेंक दी गयी। कभी सीटी बजती तो कभी बिल्ली की आवाज़ सुनाई देती। मैं क्रुद्ध हो जाता और पढ़ाई का सारा माहौल चौपट हो जाता। शरीफ़ और पढ़ने वाले छात्र उनके सामने बोल पाने में असमर्थ थे। लड़कियों के कुछ बोल पाने का तो खैर कोई सवाल ही पैदा नहीं होता था।

कक्षा में जब कई दिन तक खुराफात होती रही तो क्रुद्ध होकर मैंने तृतीय वर्ष की कक्षा को पढ़ाना ही छोड़ दिया। कक्षा के पढ़ने वाले छात्रों ने मुझसे एक-दो बार बात की, परन्तु मैंने इनकार कर दिया, "ऐसे माहौल में पढ़ाने का मैं अभ्यस्त नहीं हूँ। जब तक खुराफातियों की शरारत बन्द नहीं होती, मैं नहीं पढ़ाऊँगा।"

एक दिन बी.ए. तृतीय वर्ष की एक छात्रा-शबाहत स्टाफ रूम में मिलने मेरे पास आयी। पढ़ने में कक्षा में वह सबसे तेज थी। साथ ही वह सबसे सुन्दर भी थी। उसने एक बार मुझे अपने नाम का अर्थ बताया था—रात में पैदा हुई। तबसे मैं उसे मजाक में "ए रात में पैदा हुई लड़की" ही कहकर बुलाता था। वह बोली, "सर आपके क्लास न लेने से लड़के और लड़कियों का बहुत नुकसान हो रहा है।" "तुम्हीं बताओ, ऐसे माहौल में मैं कैसे क्लास लूँ?" मैंने अपनी असमर्थता प्रकट की। उसने कहा, "सर, आप अगले हफ्ते से क्लास लीजिए। आपको कोई दिक्कत नहीं होगी।" मैं आश्चर्य में पड़ गया, "वह कैसे?" "बस आप देख लीजियेगा सर!" उसने कहा और मुड़कर चली गयी।

अगले सप्ताह कौतूहलवश मैं बी.ए. तृतीय वर्ष की कक्षा को पढ़ाने गया। मैंने

बड़े आराम से पढ़ाया। किसी ने कोई शरारत नहीं की। मैंने देखा, कक्षा में कोई नालायक छात्र उपस्थित नहीं था। मुझे बड़ा आश्चर्य हुआ।

क्लास खत्म होने के बाद मैं स्टाफ-रूम की ओर लौट रहा था। रास्ते में मुझे शबाहत फिर मिली। बोली, "आज तो कोई समस्या नहीं हुई सर?" "नहीं! लेकिन यह हुआ कैसे?" मैंने बड़ी उत्सुकता से पूछा। "सर, मैंने आपका विषय छोड़कर इतिहास ले लिया है।"

"तो? इससे क्या?"

"सर, सारे शोहदों ने भी आपका विषय छोड़कर इतिहास ले लिया।"

"अरे!" मैं एकदम से हतप्रभ रह गया और उस लड़की को चुपचाप चले जाते हुए देखता रहा।

अमरता

वह असाधारण प्रतिभा का धनी कवि था। पूरी दुनिया ने उसकी लेखनी का लोहा मान लिया था। वह जीते जी एक दंत कथा बन चुका था।

महाकवि का नाम अमर हो चुका था। लोगों ने मान लिया था—जब तक सूरज और चाँद रहेंगे, तब तक लोग पृथ्वी पर महाकवि को आदर से याद करते रहेंगे।

महाकवि का देहावसान हो गया। धीरे-धीरे हजारों वर्ष बीत गये। महाकवि को लोग फिर भी श्रद्धा से याद करते रहे।

एक दिन धरती पर बड़ी जोरों से पानी बरसने लगा। पानी ऐसा बरसा कि कई महीने तक रुकने का नाम ही नहीं लिया। सारी पृथ्वी पानी में डूब गयी। पृथ्वी पर जीवन का नामोनिशान नहीं बचा। सम्पूर्ण सभ्यता नष्ट हो गयी।

लाखों बरस बीत जाने के बाद धीरे-धीरे पृथ्वी पर फिर से जीवन के लक्षण उत्पन्न हुए। जीव-जन्तुओं का विकास हुआ। आदिम-जीवन जीते-जीते मानव सभ्य हुआ। पृथ्वी पर विभिन्न सभ्यताएँ जन्म लेने लगीं।

सभ्यताओं में साहित्य भी विकसित होने लगा। एक से एक कवि पैदा होने लगे। लोग कवियों का नाम भी जानने लगे। लेकिन उस महाकवि के बारे में किसी को कुछ भी नहीं मालूम था, जिसके बारे में लोग सोचा करते थे कि उसका नाम अब हमेशा के लिए अमर हो गया है। उसका लिखा साहित्य भी न जाने कहाँ चला गया।

सूरज और चन्द्रमा अभी भी अपने स्थान पर वैसे ही पड़े हुए थे।

किताब का मूल्य

"काव्यशास्त्र की किताब है?"

"हाँ"

"कितने की है?"

"साठ रुपये की!"

दाम सुनकर वह सकपका गया। बाकी प्रश्नपत्रों के लिए तो उसने बीस-बीस, पच्चीस-पच्चीस रुपये की गाइड खरीद ली थी परन्तु काव्यशास्त्र कठिन विषय था। काव्यशास्त्र का प्रश्नपत्र गाइड के वश का नहीं था। उसके लिए पुस्तक खरीदनी ही थी! प्रोफेसर ने भी चेतावनी दे रखी थी, "काव्यशास्त्र की पुस्तक जो नहीं खरीदेगा, गाइड से काम चलाने का प्रयास करेगा, वह खुद भोगेगा।"

दुकानदार ने काव्यशास्त्र की पुस्तक का दाम साठ रुपये बताया तो वह कसमसाने लगा। केवल एक किताब के लिए साठ रुपये खर्च कर दिया जाय!

अचानक उसके दिमाग में एक आइडिया आया। वह उछल पड़ा। काव्यशास्त्र के प्रोफेसर साहब बहुत दयालु स्वभाव के व्यक्ति थे। उसने तय किया कि यह उनके घर जाकर अपनी गरीबी का दुखड़ा रोयेगा। कोशिश करेगा कि दो-चार बूँद आँसू भी निकल आयें। बस! उसके बाद तो प्रोफेसर साहब काव्यशास्त्र की एकाध पुस्तक अपने पास से दे देंगे। अपने धाँसू आइडिया पर मन ही मन उसने अपनी पीठ थपथपायी।

तभी उसकी निगाह दुकान में पीछे की तरफ कोने में रखी एक किताब पर गयी। आवरण पर एक लगभग निर्वस्त्र औरत की तस्वीर छपी थी। उसने दुकानदार से वह किताब माँगी।

एक अंग्रेजी की अश्लील किस्म की पत्रिका थी। वह मन मसोस कर रह गया। पत्रिका प्लास्टिक की पन्नी में पैक थी। बिना प्लास्टिक की पन्नी फाड़े पत्रिका के पृष्ठ नहीं पलटे जा सकते थे और दुकानदार को पत्रिका का मूल्य दिये बिना प्लास्टिक की पन्नी नहीं फट सकती थी।

यद्यपि उसकी अंग्रेजी अच्छी नहीं थी और वह जान रहा था कि पत्रिका उसकी समझ में नहीं आयेगी, लेकिन उसे अच्छी तरह पता था कि पत्रिका में अन्दर बहुत सारे गरमागरम चित्र होंगे।

पत्रिका के गरमागरम चित्रों को देखने के लिए उसका दिल मचलने लगा। उसने दबी आवाज में दुकानदार से पूछा, "कितने की है?"

"ढाई सौ रुपये की!"

"कुछ कम नहीं होगा?" उसने जी कड़ा करके पूछा।

"एक पैसे कम नहीं होगा।" दुकानदार ने सख्ती से कहा।

उसने जेब से पर्स निकाल। दुकानदार को सौ-सौ का दो और पचास का एक नोट पकड़ाया। चारों तरफ देखा। कोई नहीं देख रहा था। कमीज के बटन खोलकर उसने पत्रिका बनियान के नीचे डाल दी। कमीज के बटन बन्द करके ऊपर से पेट को देखा। बिलकुल पता नहीं चल रहा था कि अन्दर पत्रिका छुपी हुई है। इसके बाद उसने अपनी साइकिल उठाई और तेजी से वहाँ से चल दिया।

भाभियों का प्रिय

सम्राट अशोक ने 'देवानां प्रिय' का विरुद धारण किया था, अर्थात् देवताओं का प्रिय! बृजलाल जी ने 'भौजीनां प्रिय' का विरुद धारण किया था, अर्थात् भाभियों का प्रिय। किसी और द्वारा यह विरुद उन्हें नहीं प्रदान किया गया था। अपने आप ही इस विरुद पर वे चढ़ बैठे थे।

ब्रजलाल जी बैंक में क्लर्क थे। उम्र थी पच्चीस साल। शादी अभी नहीं हुई थी। मुँह चुचके कद्दूनुमा! एक हड्डी की लहराती काया। पर वे थे कि एक हड्डी पर ही कबड्डी खेलते थे। कुर्ता-पायजामा पहन लेते थे तो लगता था, जैसे किसी खेत का बिजूका बाहर टहल रहा हो।

बृजलाल जी को पता नहीं कहाँ से गलतफहमी हो गयी थी कि वे बहुत खूबसूरत हैं। और उसी नाजो-अदा में वे हमेशा इतराते घूमते रहते थे। उनकी आत्म-मुग्धता किसी षोडशी-सुंदरी को भी मात करने वाली होती थी।

बृजलाल जी का सबसे प्रिय शौक था, भाभियों के साथ ठिठोली करना। दर्जनों मुँहबोली भाभियाँ उन्होंने बना रखीं थीं। परन्तु उनकी भाभी-तृष्णा उन्हें चैन नहीं लेने देती थी। वे हमेशा और अधिक, और अधिक भाभियों की तलाश में लगे रहते थे। समस्या यह थी कि वे हर किसी नकबहनी को भाभी नहीं बनाते थे। भौजाई ऐसी हो जिसे वे दस लोगों के बीच में भाभी जी कह सकें।

बैंक जाने से पहले और बैंक से लौटने के बाद वे कभी अपने कमरे पर नहीं दिखायी देते थे। कहीं किसी न किसी भाभी के पास बैठकर लप्पा-डुग्गी कर रहे होते। भाभियों से बात करने के उनके कुछ प्रिय विषय थे, जैसे भाभी जी को कितने नंबर की ब्रा लगती है, भाभी जी को कितने नम्बर की पैंटी लगती है, भाभी जी को कब माहवारी आयी थी, भाभी जी केा अब कब महावारी आने वाली है इत्यादि-इत्यादि। जो भाभी उनसे जितनी अंतरंग बातें करती थी, वे उसके ऊपर उतना ही मगन रहते थे। अपने दोस्तों के बीच वे भाभियों की इन्हीं सब अंतरंग बातों का खुलासा करके अपनी छाती चौड़ी करते थे कि वे

भाभियों के कितने नजदीकी हैं! उनकी बातें दोस्तों को कुंठा और ईर्ष्या की आग में झोंक देती थीं।

सिंह साहब बृजलाल जी के बैंक में नये-नये आये। दो कमरे का फ्लैट भी उन्होंने उसी घर में किराये पर लिया, जिसमें बृजलाल जी रहा करते थे। सिंह साहब की नयी-नयी शादी हुई थी। दोनों मिया-बीवी आकर बृजलाल जी के ही सामने रहने लगे।

सिंह साहब की बीवी को देखकर बृजलाल जी की बाँछें खिल गयीं। चलो, भाभियों की संख्या में एक की बढ़ोत्तरी और हुई। वे सिंह साहब की पत्नी की ब्रा और पैण्टी की साइज जानने को उतावले हो उठे।

सिंह साहब राजपूत थे और ठेठ राजपूती स्वभाव के आदमी थे। घर की औरतों के मामले में जरूरत से ज्यादा संवेदनशील! बृजलाल जी बैंक और घर में सिंह साहब के आगे-पीछे हें-हें करके खीसें निपोरते घूमते रहते परन्तु उनकी दाल नहीं गल पा रही थी। सिंह साहब उन्हें कमरे के अन्दर घुसने नहीं देते थे और बृजलाल जी के घर रहने तक मिसेज सिंह अपने कमरे से नहीं निकलतीं थीं। बृजलाल जी हमेशा 'भाभी जी से मिलवाइये', 'भाभी जी से मिलवाइये' की रट लगाये रहते, परन्तु सिंह साहब उन्हें हमेशा टाल जाते थे।

बृजलाल जी की हरकतों से धीरे-धीरे सिंह साहब के खून में उबाल आना शुरू हो चुका था। और उस दिन! सिंह साहब घर लौटे तो उन्होंने जो दृश्य देखा कि उनका खून सौ डिग्री सेन्टीग्रेड पर पहुँचकर उबलने लगा। उनकी पत्नी अंदर सो रही थीं और बृजलाल जी जरा सा पर्दा हटाकर उन्हें निहार रहे थे। बृजलाल जी इतने तल्लीन थे कि उन्हें यह पता ही नहीं चला कि सिंह साहब एकदम से आकर खड़े हो चुके हैं। फिर क्या था। बृजलाल जी के पृष्ठभाग पर यानी कि नितंब पर यानी की पेंदे पर सिंह साहब का इतना जोर का लात पड़ा कि वे वहीं भहरा पड़े। दो दाँट टूट गये थे, होंठ पर्याप्त मात्रा में कटकर अलग हो गया था और बृजलाल जी जमीन पर पड़े छटपटा रहे थे।

राखी

मीता और रितेश भाई-बहन थे। बहन-भाई में बहुत प्रेम था। दोनों की शादियाँ हो चुकी थीं। मीता की शादी हुए आठ साल हो चुके थे जबकि रितेश की शादी उससे दो साल पहले ही हो चुकी थी। दोनों की शादी के बाद माँ-बाप गुज़र गये, अतः दोनों में और भी अपनत्व था।

रक्षा बन्धन नज़दीक आ रहा था। इस साल मीता की ननद की शादी होने वाली थी, अतः वह बहुत व्यस्त चल रही थी। वह हर साल रक्षाबन्धन पर अपने मायके जरूर जाती थी। मायके और ससुराल की दूरी चार सौ किलोमीटर से ज्यादा थी फिर भी वह हर साल मायके जाती और अपने भाई को अपने हाथों से राखी बाँधती। इस साल उसे लग रहा था कि वह मायके नहीं जा पायेगी। डाक से ही राखी भेजनी पड़ेगी।

उसने अपनी भाभी को फोन मिलाया, "भाभी, इस साल मैं बहुत व्यस्त हूँ। डाक से ही राखी भेज दे रही हूँ। भैया को तुम समझा देना।" भाभी ने उत्तर दिया, "कोई बात नहीं है। तुम्हारे भैया भी जान रहे हैं कि इस साल तुम्हारी ननद की शादी है। तुम डाक से राखी भेज दो। तुम्हारे भैया बाँध लेंगे।"

रक्षाबन्धन के तीन दिन बचे। मीता को मायके की याद आने लगी। उसने अपनी भाभी को फिर फोन मिलाया, "भाभी मुझे रक्षाबन्धन के बारे में तुमसे कुछ बात करनी थी...।" भाभी ने बात काट दी, "इतना परेशान क्यों हो रही हो? तुम्हारी राखी मिल गयी। तुम्हारे भैया उसे बाँध लेंगे। तुम अपना घर सम्हालो।"

मीता के हाथ से मोबाइल गिर पड़ा। वह स्तब्ध रह गयी। उसने राखी तो भेजी ही नहीं थी। वह तो मायके जाने की सोच रही थी।

मीता बाजार गयी। उसने राखी खरीदी और उसी दिन डाक से उसे अपने भाई को भेज दिया। इज़्ज़त बचाने का कोई दूसरा तरीका नहीं था।

भरा-पूरा घर

वर्मा जी शहर के बहुत बड़े डॉक्टर थे। उनकी पत्नी एक सामान्य गृहिणी थीं। वर्मा जी का बेटा पढ़ने में बहुत तेज था। वह भी डॉक्टर बन गया। वर्मा जी का शहर में ही एक बहुत बड़ा अस्पताल था। उन्होंने अपने बेटे को भी अपने अस्पताल में रख लिया।

वर्मा जी के बेटे के लिए तमाम रिश्ते आने लगे। वर्मा जी और उनकी पत्नी ने बेटे से सलाह-मशविरा किया। बेटे ने कहा, "आप लोग जहाँ भी मेरी शादी तय कर देंगे, वहीं मैं शादी कर लूँगा। मेरी अपनी कोई विशेष पसंद नहीं है।" वर्मा जी ने कहा, "बेटा, मैं चाहता हूँ कि किसी साधारण परिवार की घरेलू लड़की से तुम्हारी शादी करूँ, जो आकर हमारा घर सम्हाले। पैसा तो हम लोग बहुत कमा रहे हैं। नौकरी करनेवाली लड़की लाकर हम लोग क्या करेंगे?" बेटा बोला, "ठीक है पिता जी! मुझे कोई आपत्ति नहीं है।"

एक क्लर्क चन्द्रलाल की बेटी वर्मा जी और उनकी पत्नी को पसंद आ गयी। लड़की एम.ए., पी.एच.डी. थी। देखने में भी ठीक-ठाक थी।

चन्द्रलाल जी निहायत ही काइयाँ और गप्पी स्वभाव के इंसान थे। वर्मा जी का रुख सकारात्मक देखकर उन्होंने अपनी बेटी की तारीफ़ों के पुल बाँध दिये। मेरी बेटी बीसों लोगों का खाना अकेले बना लेती है। मेरी बेटी को घर में बागवानी का बहुत शौक है। मेरी बेटी बहुत कर्मठ है और एक मिनट भी फालतू नहीं बैठती।

चन्द्रलाल ने अपनी गप्पों से वर्मा जी और उनकी पत्नी को धराशायी कर दिया। शादी तय हो गयी।

शादी की तैयारियाँ चालू हो गयीं तो चन्द्रलाल निश्चिन्त हो गये कि अब तो शादी होकर रहेगी। एक दिन उन्होंने वर्मा जी और उनकी पत्नी को एक भीषण गप्प सुनायी, "अब तो शादी तय हो गयी है। अब आप लोगों से कुछ क्या छुपाना? मेरी बेटी की शादी आपके यहाँ से पहले एक उपजिलाधिकारी से तय हो गयी थी। लड़के की माँ नहीं थीं। मेरी बेटी ने शादी करने से इनकार कर दिया। उसने कहा

कि जिस घर में सास या ससुर नहीं होंगे उस घर में मैं शादी नहीं करूँगी।'' वर्मा जी और उनकी पत्नी निहाल हो उठे।

शादी हो गयी। जल्द ही लड़की के लक्षण दिखने लगे। एकदम बाप पर ही गयी थी। पूरे आत्मविश्वास से सामने वाले को झूठा ठहरा देना, तरह-तरह की माया उसके रोम-रामे में बसे थे।

एक दिन बर्तन धोनेवाली महरिन नहीं आयी। सास ने कहा, ''बहू आज महरिन नहीं आयी है। तू ही बर्तन धो ले।'' बहू बोली, ''मम्मी, मेरे पिता जी मुझको कभी बर्तन नहीं धोने देते थे। कहते थे, मैं अपनी बेटियों से बर्तन नहीं धुलवाऊँगा। उन्होंने मुझको बर्तन धोने से मना किया है।'' सास उसका मुँह देखती रह गयीं, ''तो क्या मैं बर्तन धोऊँगी?'' ''मैं क्या जानूँ मम्मी?'' वह अपने दोनों अँगूठों के नाखून लड़ा रही थी। सास ने कहा, ''तो इसीलिए तुझे बिना सास का घर नहीं चाहिए था? तुम्हारे बाप ने तुझे बर्तन धोने से मना किया है। घर में सास नहीं रहेगी तो बर्तन कौन धोयेगा?''

ईश्वर का भक्त

रामलाल ईश्वर के बड़े भक्त और परम धार्मिक व्यक्ति थे। विधि-विधान से सुबह-शाम पूजा करते थे। उनके पड़ोसी थे श्यामलाल। गाँव में दोनों का घर आमने-सामने था। रामलाल के उलट श्यामलाल की पूजा-पाठ में विशेष दिलचस्पी नहीं थी। हाँ, भगवान में जरूर उनकी पूरी श्रद्धा थी।

रामलाल और श्यामलाल में घोर दुश्मनी थी। वजह था—जमीन का विवाद। एक जमीन को लेकर दोनों में पचीसों साल से मुकदमा चल रहा था। अदालतों में जिस तरह काम होता है, वैसे ही काम हो रहा था। तारीख पर तारीख! अन्तहीन तारीखें!

एक दिन शाम को भगवान की पूजा के बाद रामलाल उनके सामने कातर होकर विनती करने लगे, "हे प्रभु! हे दीनदयाल! हे कृपा निधान! लगता है, मुकदमा लड़ते-लड़ते मैं मर जाऊँगा और मेरे बेटों को यह मुकदमा लड़ना पड़ेगा। हे दयानिधे, अब इस मुकदमे का फैसला करवा दो। आप तो जानते ही हैं कि श्यामलाल कितना पापी ओर दुष्ट है। कभी आपका नाम नहीं लेता। मैं आपका परम भक्त और सेवक हूँ। मुझे मुकदमा जितवा दो।"

भगवान ने रामलाल की आधी बात सुन ली। अदालत ने घोषणा कर दी कि इस मुकदमे का फैसला अमुक तीरख को सुनाया जायेगा। रामलाल बहुत प्रसन्न हुए। आकर भगवान के चरणों में लोट गये, "हे प्रभु, जैसे आपने गज की प्रार्थना सुन ली थी, वैसे ही आपने मेरी भी प्रार्थना सुन ली। गज की पुकार पर आपने जैसे ग्राह का वध किया था, वैसे ही इस दुष्ट श्यामलाल को भी दण्ड दीजिए। बहुत सालों से उसने आपके इस भक्त को परेशान कर रखा है। आप तो शरण में आये का उद्धार करने वाले हैं। अपने इस दास की भी रक्षा कीजिए प्रभु!"

नियत तिथि को रामलाल और श्यामलाल दोनों अदालत में डटे हुए थे। दोनों के वकील भी डटे हुए थे। अदालत ने फैसला सुनाया—रामलाल की अपील अवैध है। जमीन श्यामलाल की है, अतः वह उन्हीं के पास रहेगी।

रामलाल बहुत आहत हुए। उन्हें उम्मीद नहीं थी कि भगवान उन्हें इस तरह

धोखा देंगे। घर लौटकर उन्होंने भगवान को बहुत बुरा-भला कहा। उस दिन उन्होंने शाम को भगवान की पूजा भी नहीं की।

रात में दुःख के कारण रामलाल ने खाना भी नहीं खाया। ईश्वर के कृत्य से उन्हें बड़ा आघात लगा था। दिन-रात ईश्वर की पूजा करते रहे। उसका यह फल मिला।

रामलाल सो गये। सपने में ईश्वर साक्षात् उनके सामने आकर खड़े हो गये, "रामलाल तुम सचमुच मेरे भक्त हो। तुम बार-बार मुझसे मदद की प्रार्थना कर रहे थे, इसलिए मुझे तुम्हारी मदद करनी पड़ी। जमीन श्यामलाल की थी। तुम धोखाधड़ी से उसे हड़पना चाह रहे थे। मैंने तुम्हें एक पाप से बचा लिया, जिसका फल तुम्हें अगले जन्मों में भोगना पड़ता। वैसे तुम एक पाप के भागीदार हो चुके हो। तुमने श्यामलाल को पचीसों सालों तक अनावश्यक रूप से परेशान किया। श्यामलाल मेरी पूजा नहीं करता और तुम करते हो। इस कारण से यदि मैं तुम्हें जिता देता तो चापलूसी पसन्द मनुष्यों और मुझमें क्या फर्क रह जाता। श्यामलाल सच्चाई के रास्ते पर था, याद रखो! सच परेशान हो सकता है, पराजित नहीं होता।"

उत्तर-आधुनिक

"क्यों गुरू? आँख सेंक रहे हो?" शालिनी ने मुस्करा कर काफी जोर से जयंत से पूछा। जयंत शर्म से पानी-पानी हो गया। वह काफी देर से फाइल रखकर इकटक शालिनी को देख रहा था। जयंत को सिटपिटाया देख शालिनी उसे आँख मार कर मुस्करायी, "कोई बात नहीं—कोई बात नहीं, मैं भी रास्ता चलते आँख सेंकती रहती हूँ।"

ऑफिस में हॉल में बैठकर काम कर रहे सारे के सारे लोग एकदम से सन्न रह गये। बाप रे, इतनी तेज-तर्रार औरत!

एक दिन पहले ही शालिनी ने इस कंपनी में काम शुरू किया था। बाइस-तेइस साल की अत्यंत सुंदर युवती थी वह। चूँकि वह शादीशुदा थी, इसलिए उससे एकदम से परिचय करने में लोग अभी झिझक रहे थे। लेकिन काम शुरू करने के दूसरे ही दिन इतने बिन्दास अन्दाज में उसने अपने को प्रस्तुत किया कि लोगों की साँस थम गयी।

ऑफिस में ज्यादातर युवा लोग ही कार्यरत थे। कुछ लड़के-कुछ लड़कियाँ। केवल जगदीश जी ही बावन साल की उम्र के थे। जगदीश जी सुंदर लड़कियों-औरतों से दोस्ती करने में काफी दिलचस्पी लेते थे।

अगले दिन काम करते-करते शालिनी ने अचानक बड़ी जोर से खाँसा। नकली और बनावटी खाँसी! सारे लोग उसकी ओर देखने लगे। "क्यों मिस्टर विजय? रात में किसी लड़की को निपटाया है क्या?" उसने विजय की ओर मुँह करके पूछा। "मेरा नाम विजय नहीं है और मैं एक शादीशुदा व्यक्ति हूँ।" विजय ने शरारत के साथ कहा। "जी नहीं! आपका नाम विजय ही है और आपकी शादी अभी नहीं हुई है...और मैंने आपको इसलिए टोका क्योंकि आप ऊँघ रहे हैं।" शालिनी ने पूरी ढिठाई से कहा। विजय ने भी उसी ढिठाई से पूछा, "आपको इस ऑफिस में सबका बायोडाटा मालूम है क्या?" "हाँ, आफिस में सबका बायोडाटा मुझे मालूम है!" शालिनी विजय को आँख मारकर मुस्करायी। विजय की बोलती बन्द हो गयी।

ऑफिस की सारी लड़कियों-औरतों ने शालिनी की ओर घूरा। सबकी आँखों में घृणा और ईर्ष्या भरी हुई थी। घृणा इसलिए कि कितनी बेशर्म औरत है यह! और ईर्ष्या इसलिए कि ऑफिस के सारे मर्द अब इसी के पीछे घूमेंगे।

सचमुच वही हुआ।सारे मर्दों में शालिनी से दोस्ती करने की होड़ लग गयी। जगदीश जी चुपचाप और शान्त थे। वे सोच रहे थे कि कर लेने दो सबको दोस्ती। मैं सबसे अन्त में आराम से और ठीक से दोस्ती करूँगा।

और एक दिन जगदीश जी को मौका मिल गया। सब जा चुके थे। जगदीश जी भी ऑफिस से निकलने की तैयारी में थे। उन्होंने देखा कि शालिनी भी निकलने की तैयारी कर रही है। वे शालिनी के पास पहुँचे और बोले, "चलिए शालिनी जी मैं आपको घर तक छोड़ दूँ।" "थैंक्यू सर!" शालिनी ने कहा और उनके साथ चल दी।

जगदीश जी कार चला रहे थे और बगल में उन्होंने शालिनी को बैठा रखा था। जगदीश जी ने बात शुरू की, "शालिनी जी, आप बहुत आधुनिक विचारों वाली महिला हैं।"

"कितना भी आधुनिक हो लें, हम लोग अपनी परम्परा और संस्कृति से नहीं कट सकते सर! मैं मानती हूँ कि हमारी भारतीय संस्कृति दुनिया में सबसे महान् है। हमारी भारतीय संस्कृति में माना गया है कि किसी भी औरत का सबसे बड़ा आभूषण उसका पति होता है। गोस्वामी तुलसीदास जी ने कहा है—

धीरज धर्म मित्र अरु नारी। आपद काल परखिए चारी।।
वृद्ध रोग बस जड़ धन हीना। अंध बधिर क्रोधी अति दीना।।
ऐसेहु पति कर किएँ अपमाना। नारि पाव जमपुर दुःख नाना।।
एकइ धर्म एक व्रत नेमा। कायँ बचन मन पति पद प्रेमा।।"

पतिव्रता औरत के कर्तव्य और भारतीय संस्कृति पर शालिनी ने ऐसा धाराप्रवाह भाषण देना शुरू किया कि जगदीश जी की खोपड़ी भन्ना गयी। उन्होंने उम्मीद की थी कि रास्ते भर अत्यन्त सरस वार्तालाप होगा। वे समझ गये कि शालिनी आधुनिक नहीं बल्कि आधुनिक की दादी-पड़दादी है। किसी तरह उसका घर आया। उसे उसके घर छोड़, जगदीश जी अपनी कार लेकर भाग खड़े हुए।

दृश्य एक और दो

वह विश्वविद्यालय का छात्रावास था। छात्रावास के बगल में था एक बड़ा सा खूबसूरत पार्क। पार्क में शहर के लोग सपरिवार घूमने आते थे। फुर्सत में रहने पर छात्रावास के लड़के भी आकर तफ़रीह करते थे वहाँ।

एक दिन छात्रावास का एक जूनियर लड़का शाम को पार्क में टहल रहा था। अचानक उसे एक दृश्य दिखा। झाड़ियों की ओट में छुपकर एक लड़की और एक लड़का आपस में गुटरगूँ कर रहे थे। छात्रावास के लड़के ने गौर से उस लड़की को देखा। काली बदसूरत सी लड़की...। वह थोड़ी देर लड़की को देखता रहा। अचानक वह अपने छात्रावास की ओर भागा।

छात्रावास में पहुँचकर वह चारों तरफ दौड़-दौड़कर चिल्लाने लगा, "जिसको तमाशा देखना हो वह मेरे साथ आये। बिलकुल मुफ्त...कोई टिकट नहीं...कार्यक्रम का नाम है—'नकबहनी की मुहब्बत'...आइए-आइए...जल्दी आइए...।" सबको लेकर वह पार्क में चल दिया।

झाड़ियों के पीछे छुपे बैठे लड़के-लड़की को अचानक उन सारे लड़कों ने घेर लिया और लगे जोर-जोर से ठहाका लगाने। अचानक इतने सारे लड़कों को अपने ऊपर हँसता देख वह जोड़ा एकदम से शर्मसार हो गया। दोनों जल्दी-जल्दी वहाँ से उठकर चल दिये। पीछे-पीछे मजाक उड़ाते और ठहाके लगाते छात्रावास के लड़के भी चल दिये। किसी तरह दोनों अपनी मोटरसाइकिल के पास पहुँचे और उस पर बैठकर झन्न से भागे।

छात्रावास का वही जूनियर लड़का एक दिन फिर शाम को पार्क में तफ़रीह कर रहा था। उत्सुकतावश वह फिर उसी झाड़ी के पीछे पहुँचा। अरे...! फिर वही नजारा...! फर्क सिर्फ इतना था कि पात्र बदले हुए थे। एक दूसरी लड़की और लड़का वहाँ बैठे थे। लड़के ने ध्यान से उस लड़की को देखा। अत्यन्त सुन्दर लड़की थी। लड़के का पारा एकदम से गरम हो गया। वह दौड़कर छात्रावास पहुँचा। लगा जोर-जोर से चिल्लाने, "यहाँ भारतीय संस्कृति का सत्यानाश हो रहा है। लोग

लम्पटता फैला रहे हैं और आप लोग यहाँ अपने-अपने कमरे में बैठे हैं? आप लोग सीनियर हैं? आप लोगों के रहते पास में यह सब हो रहा है?"

बहुत सारे लड़के इकट्ठा हो गये। लगे सब पूछने, "क्या हुआ-क्या हुआ?" "आइए मेरे साथ" जूनियर लड़का तैश में बोला। सब उसके पीछे-पीछे चल दिये। पार्क में पहुँचकर वह दृश्य देखा तो सारे छात्र आग बबूला हो गये। प्रेमी युगल में से लड़के की जमकर धुनाई होने लगी। लड़की को सब नोचने-खसोटने लगे। दोनों की चीख-पुकार सुनकर पार्क में घूमने आये लोगों की भीड़ जमा हो गयी। छात्रों को देख किसी की हिम्मत नहीं हुई बीच-बचाव की।

दोनों को लेकर लड़के थाने पर पहुँच गये। प्रेमी युगल के माँ-बाप को बुलाया गया। समाचार माध्यमों के लोग भी पहुँच गये। फिर तो अगले दिन पूरे शहर में वही घटना थी।

पहला अधिकार

अशोक कुशवाहा की स्वामी विवेकानन्द में बड़ी श्रद्धा थी। उनका मानना था कि गुलाम भारत में, जब लोग पराजय-बोध से टूट चुके थे, उन्होंने आत्मविश्वास का संचार किया। कुशवाहा जी ने एक बड़ी-सी विवेकानन्द की फोटो अपने शयनकक्ष में टाँग रखी थी। विवेकानन्द का चित्र देखकर उन्हें बड़ी प्रेरणा मिलती थी।

एक दिन आठ बजे रात में अशोक कुशवाहा किसी काम से घर से निकले। एक जगह उन्होंने देखा कि सड़क को घेर कर एक बड़ा-सा पंडाल लगा हुआ है। पंडाल में खूब सजावट थी। उत्सुकतावश वे पंडाल के पास चले गये। उन्होंने देखा कि पंडाल में विवेकानन्द का एक बड़ा-सा चित्र लगा हुआ है। विवेकानन्द का चित्र देखते ही वे आप से आप रुक गये। स्कूटर खड़ा किया। पंडाल के अन्दर चले गये।

पंडाल के अन्दर घुसते ही उन्हें एक युवक मिल गया। "क्यों भाई! यहाँ क्या हो रहा है?" उन्होंने युवक से पूछा। युवक ने बड़ी शालीनता से उत्तर दिया, "कायस्थ समाज का समारोह होने जा रहा है।" "तो यहाँ विवेकानन्द का चित्र क्यों लगा हुआ है?" कुशवाहा जी ने उत्सुकता से पूछा। "आप को नहीं मालूम है क्या?" युवक बड़े गर्व से बोला, "स्वामी विवेकानन्द कायस्थ थे।" कुशवाहा जी को यह बात नहीं पता थी। उन्होंने युवक से कहा, "विवेकानन्द रहे होंगे कायस्थ। आप लोग यह क्यों भूलते हैं कि वे सम्पूर्ण भारत के गौरव हैं। हर भारतवासी उन पर गर्व करता है। उन्हें एक जाति के खाँचे में बाँधना शोभा नहीं देता।" युवक उसी तरह गर्व से बोला, "हाँ, आपकी यह बात सही है कि स्वामी विवेकानन्द पर पूरे भारत के लोगों को गर्व है, लेकिन उन पर पहला अधिकार तो हमारा ही बनता है। वे कायस्थ कुल भूषण थे। वे पहले हमारे हैं, उसके बाद उन पर किसी और का हक बनता है।"

अशोक कुशवाहा का मन खिन्न हो गया। वे पंडाल से बाहर निकल आये। स्कूटर उठाकर वहाँ से चल दिये।

अपना काम निबटाने के बाद वे घर पहुँचे। घर पहुँचते ही उन्होंने अपने

शयनकक्ष से स्वामी विवेकानन्द का चित्र उतारा। पत्नी ने पूछा, "यह क्या कर रहे हैं?" "कुछ नहीं! मैं तो सोचता था कि स्वामी विवेकानन्द भारतीय थे, लेकिन आज पता चला कि वे कायस्थ थे।" कुशवाहा जी विवेकानन्द का चित्र लेकर सड़क पर आये। उन्होंने विवेकानन्द के चित्र से कहा, "स्वामी विवेकानन्द! आप पर पहला हक कायस्थों का है। फिर मैं अनाधिकार चेष्टा कर आपका चित्र अपने घर में कैसे रखूँ?" उन्होंने सड़क के एक कोने में विवेकानन्द का चित्र रख दिया और घर के अन्दर चले आये।

धरती के भगवान

दसई का बीस वर्षीय बेटा रामनरेश पन्द्रह दिनों से चारपाई पर पड़ा था। बुखार था कि उतरने का नाम नहीं ले रहा था। गाँव के ही एक झोलाछाप डॉक्टर का इलाज चल रहा था।

दसई के पड़ोसी रामबरन ने दसई को सलाह दी, "दसई, बेटे को शहर ले जाओ। किसी अच्छे डॉक्टर को दिखाओ। साधारण बुखार होता तो अब तक उतर गया होता। कहीं ऐसा न हो कि लेने के देने पड़ जायँ!" रामबरन की बात सुनकर दसई डर गया। उसने उसी दिन दस हजार रुपये की व्यवस्था की और अगले दिन पत्नी के साथ रामनरेश को लेकर शहर पहुँच गया।

सरकारी अस्पताल में दिखाना बेकार होता है, यह दसई को मालूम था। वह बेटे को लेकर एक प्राइवेट अस्पताल में गया। अस्पताल के मालिक डॉक्टर साहब मरीजों को देख रहे थे। रामनरेश का नम्बर आया। 'आरत के चित रहइ न चेतू।' रामनरेश का हाल बताते-बताते दसई रोने लगा। डॉक्टर साहब ने उसे सान्त्वना दी, "घबराओ नहीं! हमारे अस्पताल में तुम्हारे बेटे का अच्छा से अच्छा इलाज होगा। तुम्हारा बेटा जल्दी ही ठीक हो जायेगा।"

डॉक्टर साहब ने जाँच-परख कर देखा। रामनरेश को सिर्फ बुखार था। उन्होंने रामनरेश को अस्पताल में भर्ती करवा लिया। ग्लूकोज चढ़ाया जाने लगा। साथ ही बुखार की उचित दवा दी जाने लगी। दसई और उसकी पत्नी अस्पताल में रुककर बेटे का इलाज करवाले लगे।

शुरू हुआ जाँच का सिलसिला! निरर्थक जाँच! खून की जाँच, पेशाब की जाँच, बलगम की जाँच, मल की जाँच, एक्सरे, किडनी की जाँच, लीवर की जाँच। अस्पताल में जितने तरह की जाँच उपलब्ध थी सारी जाँचें करायी गयीं। दसई की पत्नी घबरा गयी, "बेटवा को क्या हो गया है? कोई भयानक मर्ज हो गया है क्या?" दसई ने उसे समझाया, "डरो मत! डॉक्टर लोग धरती के भगवान होते हैं। रामनरेश को चाहे जो मर्ज हुआ होगा। ई भगवान लोग उसको ठीक कर देंगे।"

एक सप्ताह बाद डॉक्टर साहब ने दसई को बुलवाया। दसई हाथ जोड़े पहुँच गया। डॉक्टर साहब बोले, "तुम्हारा बेटा अब एकदम से ठीक हो गया है। अस्पताल का बिल चुका दो और बेटे को लेकर घर जाओ।" "बहुत-बहुत मेहरबानी साहब! कितना पैसा हुआ?" दसई ने पूछा। "एक लाख दस हजार रुपये।" डॉक्टर साहब ने जवाब दिया। दसई के पैरों तले जमीन खिसक गयी, "अरे साहब! मैं कुल दस हजार रुपये लेकर गाँव से आया था। पाँच हजार खर्च हो चुके हैं। सिर्फ पाँच हजार और बचे हैं।" डॉक्टर साहब बिगड़ गये, "दस हजार लेकर इतने बड़े अस्पताल में आये हो? जाओ घर से एक लाख दस हजार रुपये लेकर आओ, तब तक तुम्हारे बेटे को यहाँ से जाने नहीं मिलेगा। जब तक तुम नहीं आओगे, तुम्हारा बेटा यहीं अस्पताल में काम करेगा।"

दसई और उसकी पत्नी रोते-कलपते गाँव पहुँचे। दसई के पास कुल दो बीघे खेत थे। उसने जल्दी-जल्दी एक बीघा खेत बेंचा। सवाल लाख में बिका खेत।

दसई और उसकी पत्नी पैसा लेकर शहर गये। डॉक्टर को एक लाख दस हजार रुपये देकर अपने बेटे को छुड़ाया। दसई अपने बेटे को सीने से लगाकर फफक पड़ा, "बेटा, तुम ठीक तो हो न? धरती के भगवान ने तो हमें लूट लिया।"

योग्य-वर

बेटी बड़ी हो रही थी। बीस के ऊपर हो गयी थी। माँ को चिन्ता सताने लगी थी। एक दिन उन्होंने अपने पतिदेव अम्बर कुमार को टोक दिया, "ऑफिस आने-जाने के अलावा तुम्हें और कुछ नहीं पता चलता क्या?" "क्या हुआ?" अम्बर ने लापरवाही से पूछा। "अरे रिया बीस के ऊपर हो रही है। उसके शादी-ब्याह के बारे में नहीं सोचोगे क्या?" पत्नी ने शिकायती लहजे में कहा। अम्बर हँस पड़े, "अरे, अभी वह पढ़-लिख रही है। बेचारी को पढ़ने-लिखने दो। क्यों उसे घर से भगाने पर तुली हो।" पत्नी तुनक गयी, "कौन सा पढ़ने में टॉपर है कि आगे चलकर अधिकारी बन जायेगी? किसी तरीके से द्वितीय श्रेणी में पास हो जाती है। अच्छा यही होगा कि कोई ढंग का लड़का देखकर शादी कर दीजिए।" "ठीक है भाई! जब तुम्हारा आदेश है तो मानना ही पड़ेगा। जल्दी ही लड़के देखना शुरू करता हूँ।" अम्बर बोले।

अम्बर ने ऑफिस में अपने दोस्तों से बेटी की शादी के बारे में चर्चा की। उनके एक दोस्त जगत ने कहा, "तुम्हारी बेटी के लायक एक लड़का है मेरी निगाह में। एम.बी.ए. करके एक अच्छी कम्पनी में मैनेजर हो गया है। काफी मोटी तनख्वाह पाता है। अपने माँ-बाप की इकलौती सन्तान है। लड़का पूर्ण शाकाहारी है। किसी तरह की नशा-पत्ती नहीं करता। यहाँ तक कि पान भी नहीं खाता है। उससे अच्छा लड़का तुम्हें अपनी बेटी के लिए मिल ही नहीं सकता।" अम्बर को उत्सुकता हुई। उन्होंने जगत से लड़के के घर का सारा पता-ठिकाना पूछ लिया।

घर आकर अम्बर ने सारी बात अपनी पत्नी को बतायी। पत्नी बहुत प्रसन्न हुई, "ऐसा है, इसी रविवार को तुम उस लड़के के घर चले जाओ। ऐसे लड़के बड़े भाग्य से मिलते हैं। इसके पहले कि कोई और लड़की वाला पहुँचकर उस लड़के को लपक ले, तुम अपनी तरफ से पूरा प्रयास कर लो। क्या पता रिया बेटी के भाग्य से वह हमारा ही दामाद बने?"

रविवार के दिन अम्बर लड़के के घर पहुँच गये। अपना परिचय देकर बताया

कि मैं अपनी बेटी की शादी के सिलसिले में आया हूँ। लड़के के माँ-बाप ने अम्बर की बड़ी आवाभगत की। लड़का घर पर ही था। वह भी उनसे बड़ी विनम्रता से पेश आया। सारी बातचीत का माहौल बड़ा सकारात्मक रहा। ऐसा लग रहा था कि बात बन जायेगी। लड़के के घर से निकलने के बाद अम्बर ने आस-पास के लोगों से लड़के के बारे में जायजा लेने का प्रयास किया। आस-पड़ोस के लोगों ने भी लड़के की बहुत तारीफ़ की। लोगों ने बताया, "अरे पूरा श्रवण कुमार है श्रवण कुमार! अपने माँ-बाप की बड़ी सेवा करता है और उनका बहुत ध्यान रखता है। माँ-बाप की आज्ञा से एक इंच भी इधर-उधर नहीं होता।"

अम्बर घर लौट आये। पत्नी ने उत्सुकता से पूछा, "क्या हुआ?" अम्बर फट पड़े, "अरे एकदम बेकार लड़का है। आस-पास के लोगों ने बताया कि एकदम से श्रवण कुमार है। अपने माँ-बाप का बहुत भक्त है और उन्हीं की आज्ञा मानता है। इसका मतलब है कि वह हमारी रिया को लेकर अलग नहीं रहेगा। हमारी रिया को उसके माँ-बाप को भी झेलना पड़ेगा। उसके माँ-बाप अभी बूढ़े नहीं हुए हैं। इसका मतलब है कि दोनों जल्दी मरेंगे भी नहीं। रिया बेचारी दोनों को झेलते-झेलते बूढ़ी हो जायेगी। मुझे अपनी बेटी की शादी नहीं करनी ऐसे लड़के से।"

शिक्षा

"सर! अगर आप मुझे पाँच सौ रुपये दे देंगे तो मैं ज़िन्दगी भर आपका एहसान मानूँगी। कुछ किताबें खरीदनी हैं। मेरे पास बिलकुल पैसे नहीं हैं..." रीता डॉ. अखिलेश के सामने गिड़गिड़ा रही थी। डॉ. अखिलेश ने अपना पर्स देखा। पर्स में थे केवल दो सौ रुपये। "ऐसा है, आज तो नहीं है। कल ले लेना।" डॉ. अखिलेश बोले। "ठीक है सर! थैंक्यू सर!" रीता चली गयी।

रीता महाविद्यालय की बहुत ही मेधावी छात्रा थी, लेकिन परिस्थितियों से मज़बूर थी। उसके पिता मेहनत-मज़दूरी करके परिवार का पेट पालते थे। रीता अपने बूते पढ़ रही थी। कुछ पैसा ट्यूशन करके कमा लेती, कुछ छात्रवृत्ति से इंतजाम हो जाता। गाहे-बगाहे अध्यापक भी मदद कर देते थे। रीता जहाँ पढ़ने में तेज थी, वहीं देखने में भी बहुत सुन्दर थी।

अगले दिन डॉ. अखिलेश से रीता फिर मिली। डॉ. अखिलेश उसे अकेले में एक ओर ले गये। बोले, "रीता! मैं तुम्हारे सामने एक प्रस्ताव रख रहा हूँ।" "क्या सर?" रीता ने उत्सुकता से पूछा। डॉ. अखिलेश ने अपना प्रस्ताव रखा, "रीता! मैं तुम्हें बीस हजार रुपये दूँगा। बदले में तुम्हें मेरे साथ एक बार हमबिस्तर होना पड़ेगा।" "ये आप क्या कह रहे हैं सर?" रीता एकदम से भौंचक्की रह गयी। वह तुरंत वहाँ से चली गयी।

रीता के दिमाग में कई दिन से कशमकश चल रही थी। इतनी मेहनत करके वह ट्यूशन से सौ-सौ, दो-दो सौ रुपये कमाती थी। इकट्ठे बीस हजार रुपये? पढ़ाई में बहुत सहूलियत हो जायेगी।

एक दिन वह अकेले में डॉ. अखिलेश से मिली, "सर! मुझे आपका प्रस्ताव स्वीकार है।" "वेरी गुड!" डॉ. अखिलेश खुशी से उछल पड़े।

रीता की पढ़ाई-लिखाई छूट चुकी थी। अब वह बहुत ऐशो-आराम की ज़िन्दगी जी रही थी। उसके पास गाड़ी-बँगला सब था। उसके यहाँ अधिकारी-मंत्री सब आते

थे। कोई ऐरा-गैरा उसके घर में नहीं घुस सकता था। अपनी सुंदरता के बूते वह बहुत तगड़ी फीस लेती थी।

एक दिन उसके यहाँ डॉ. अखिलेश पहुँच गये। उसने उनका बहुत स्वागत सत्कार किया। बिस्तर पर डॉ. अखिलेश ने पूछा, "अब कैसी हो रीता? वह बोली, "आपकी कृपा से बहुत अच्छी हूँ सर! इस देश को आप जैसे शिक्षकों की ही जरूरत है। आप जैसी ही शिक्षा देश के सभी गुरुजन देने लगें तो यह देश बहुत उन्नति कर जायेगा।"

यज्ञ

“जरा बीस पान के पत्ते देना!” जयंत ने गुमटी में पान बेचने वाले आदमी से कहा। “क्या करेंगे साहब?” पान वाले ने पूछा। “आज से महामृत्युञ्जय यज्ञ करवा रहा हूँ। उसी के लिए चाहिए।” जयंत ने उत्तर दिया। “अरे नहीं-नहीं साहब।” पान वाले ने अपने दोनों कान पकड़ते हुए कहा, “यज्ञ में चढ़ाने लायक पान नहीं है। मैं उल्टा-सीधा पान देकर भगवान का कोप नहीं मोल लूँगा। थोड़ा सा आगे चले जाइए। एक बड़ी परचून की दुकान है। वहाँ आपको भगवान को चढ़ाने लायक पान मिल जायेगा।”

जयंत उस परचून की दुकान पर गये। पान लिया। अपने दूधवाले के यहाँ पहुँच गये, “दस लीटर गाय का दूध मिल जायेगा?” “बिलकुल मिल जायेगा।” दूधवाले ने जवाब दिया। “तो दे दो जल्दी!” जयंत ने कहा। “क्या करेंगे साहब?” दूधवाले ने पूछा। “आज से घर पर महामृत्युञ्जय यज्ञ शुरू हो रहा है। उसी के लिए चाएि।” जयंत ने जवाब दिया। दूधवाला काँप उठा, “राम-राम! अभी तो मुझसे घोर अनर्थ हो जाता। भगवान को चढ़ाने लायक दूध नहीं है साहब। अब आप से क्या छिपाना। उसमें थोड़ा-बहुत भैंस का भी दूध मिला है....लेकिन आप चिन्ता मत करिए। आप घर जाइए। मैं कहीं से व्यवस्था करके दस लीटर शुद्ध गाय का दूध आपके घर भिजवाता हूँ।”

वहाँ से वे फूलवाले के पास पहुँचे, “भाई जरा बीस गुलाब की बड़ी माला और फूल दे दो। महामृत्युञ्जय यज्ञ के लिए चाहिए।” “साहब महामृत्युञ्जय यज्ञ लायक माला-फूल नहीं है। बासी है। बगलवाली दुकान से ले लीजिए। उसके पास ताजी मालाएँ और फूल हैं। साहब मैं भोलेनाथ का कोप नहीं झेल सकता।” फूलवाले ने उत्तर दिया। जयंत ने बगलवाली दुकान से माला-फूल खरीदा। लेकर घर चल दिये।

विधि-विधान से महामृत्युञ्जय यज्ञ शुरू हुआ। पंडित जी ने पूजा-पाठ के साथ रुद्राभिषेक करवाया। महामृत्युञ्जय मंत्र का जाप शुरू हो गया। बड़े पंडित जी चार अन्य पंडितों के साथ महामृत्युञ्जय मंत्र का जाप करने लगे।

यज्ञ का दूसरा दिन। जयंत किसी काम से बाहर गये। लौटकर आये तो सोचा पंडित जी लोगों को देख लें। जिस कमरे में मंत्र जाप हो रहा था, वे उस ओर बढ़े। कमरे के थोड़ा पहले ही उनके पैर ठिठक गये। सभी पंडित धीमी आवाज़ में हँसी-मजाक और गपशप कर रहे थे। जयंत थोड़ी देर रुककर उन लोगों का हँसी-मजाक सुनते रहे। अचानक वे कमरे में पहुँच गये। सभी पंडित, उन्हें देखकर हड़बड़ा गये। वे फिर से गम्भीर मुद्रा बनाकर मंत्र जपने लगे। पता नहीं वे मंत्र जप भी रहे थे या नहीं। जयंत स्तब्ध रह गये। यह सब जयंत की कल्पना के परे था। जिस शंकर भगवान का पानवाले, दूधवाले और फूलवाले को इतना भय था, उनको पंडितों ने ठेंगे पर रखा हुआ था।

'जी'

"रामदीन जी! जरा अन्दर आइए!" अन्दर से साहब ने जोर से आवाज़ लगायी। रामदीन बाहर मुस्तैद खड़ा था। वह साहब का अर्दली था। उसकी आत्मा काँप गयी। साहब उसे हमेशा अबे-तबे कहकर बुलाते थे। कभी-कभार गाली भी दे देते थे। आज 'जी' कहकर बुला रहे हैं? 'जरूर कुछ गड़बड़ हो गयी है। आज गाली खाने को मिलेगी।' मन ही मन सोचता हुआ रामदीन अन्दर गया। उसकी उम्मीद के विपरीत साहब उसे देखकर प्रेम से मुस्कराये, "और रामदीन जी! आप ठीक-ठाक तो हैं?" "सब आपकी दया है हुजूर!" रामदीन फटी आँखों से साहब को देख रहा था। "मुझे ऐसे क्यों देख रहे हैं? कुर्सी पर बैठ जाइए।" साहब ने बड़ी आत्मीयता से कहा। "आप के सामने मैं भला कुर्सी पर बैठूँगा? मैं ऐसे ही ठीक हूँ साहब।" रामदीन की खोपड़ी नाचने लगी। वह देखने लगा कि कुर्सी पर साहब ही बैठे हैं या कोई दूसरा है। "अरे बैठिए भी मैं कह रहा हूँ न!" साहब ने जिद की तो रामदीन सहमते-सहमते कुर्सी पर बैठ गया।

"अच्छा रामदीन जी! मैंने सुना है कि आपके चाचा पुलिस में सिपाही हैं और इस समय आयुक्त साहब के साथ तैनात हैं। मेरा एक काम आयुक्त साहब के यहाँ फँसा हुआ है। अपने चाचा से बात करके पूछिए कि क्या वे मेरा काम करवा देंगे?" साहब ने रामदीन से कहा। साहब के व्यवहार से रामदीन इस समय एकदम गद्‌गद् था। इस समय अगर साहब उससे अपना कलेजा निकालकर देने को कहते तो रामदीन वह भी निकालकार दे देता। "मैं अभी अपने चाचा से मोबाइल पर बात करता हूँ। आप उन्हें अपने काम के बारे में बता दीजिए।" रामदीन ने कहा और जेब से मोबाइल निकालकर अपने चाचा से बात करने लगा। उसने अपने मोबाइल से ही चाचा से साहब की बात करायी। रामदीन के चाचा ने आश्वासन दिया कि काम हो जायेगा।

साहब ने रामदीन से कहा, "ऐसा है रामदीन जी, आप आयुक्त साहब के यहाँ चले जाइए। मेरा काम करवाकर तभी वापस आइएगा।" उन्होंने ड्राइवर को

बुलाया, "सुनो! रामदीन जी को लेकर आयुक्त साहब के यहाँ चले जाओ। काम हो जायेगा तो रामदीन जी को लेकर वापस चले आना।" ड्राइवर रामदीन के साथ 'जी' सम्बोधन सुनकर भौंचक्का हो गया। वह रामदीन को गाड़ी में बैठाकर चल दिया।

रामदीन साहब का काम करवा कर वापस लौट आया, "साहब, आपका काम हो गया।" "बहुत-बहुत धन्यवाद रामदीन जी, बहुत-बहुत धन्यवाद!" साहब खुशी से उछल पड़े। उनका बहुत बड़ा काम फँसा हुआ था। उन्होंने अपने कई स्रोतों को आजमा लिया था। काम नहीं हो पाया था। उन्हें उम्मीद नहीं थी कि रामदीन यह काम करवा देगा।

रामदीन बहुत खुश था। उसने सोचा कि आज से साहब की निगाह में मेरी इज़्ज़त बढ़ गयी। अब वे मुझसे बहुत कायदे से पेश आया करेंगे।

शाम हो गयी। साहब के ऑफिस से चलने का वक्त हो गया। वे जोर से चिल्लाये, "अबे ओ रामदीन!" रामदीन दौड़ता हुआ आया, "क्या हुआ साहब?" "अबे साले! आलमारियाँ क्या तेरा बाप बन्द करेगा? जल्दी से आलमारियाँ बन्द करके चाभी मुझे दे। घर जरा जल्दी पहुँचना है।"

आत्मसम्मान और स्वाभिमान

घर लौटते समय कृपाशंकर की खोपड़ी एकदम से झन्ना रही था। आज बॉस ने उन्हें बहुत बुरी तरह डाँटा था। वे मन ही मन गालियाँ बक रहे थे, 'ये साले बॉस हरामजादे...कमीने...उसी बात को ठीक से नहीं समझा सकते। जो भी बात कहेंगे साले, डाँटकर कहेंगे।...दरअसल इन सालों का दोष नहीं है। कुर्सी का दोष है।...कुर्सी में बड़ा नशा होता है...तुलसीदास ने ठीक ही कहा है—नहिं कोउ अस जनमा जग माँहीं, प्रभुता पाइ जाहि मद नाहीं।...रिटायर होते ही सारा नशा उतर जाता है...साले तब घूमते रहते हैं कि कोई आधा घंटा बात करने के लिए मिल जाए...।'

कृपाशंकर स्कूटर चलाते हुए सोचते चले जा रहे थे, 'ऐसा करता हूँ, नौकरी छोड़ देता हूँ। नौकरी करते हुए आत्मसम्मान और स्वाभिमान के साथ नहीं जिया जा सकता। मैंने एल.एल.बी. भी कर रखी है। वकील बन जाता हूँ...वकील अपनी मर्जी का मालिक होता है...उसका कोई बॉस नहीं होता। वकील आत्मसम्मान और स्वाभिमान के साथ जीता है। उसे किसी की डाँट नहीं सुननी पड़ती।...ठीक है। छोड़ ही देता हूँ नौकरी।'

वे घर पहुँच गये। स्कूटर अन्दर खड़ी की। जैसे ही घर के अन्दर घुसे, पत्नी ने टोका, "सामान ले आये?"

"कैसा सामान?"

"जाते समय मैंने तुम्हें सामानों की पूरी लिस्ट बनाकर दी थी। अब पूछ रहे हो कैसा सामान?"

"अरे बाप रे!" उन्होंने अपना सिर पकड़ लिया, "सामान की लिस्ट तो मेरी जेब में ही पड़ी रह गयी। मैं तो एकदम से भूल ही गया।" दरअसल उनका मूड इतनी बुरी तरह खराब था कि उन्हें सामान खरीदने का ध्यान ही नहीं आया।

बस फिर क्या था! पत्नी शुरू हो गयी। डाँट पर डाँट—लानत पर लानत! वे बहुत बुरी तरह जलील हो रहे थे। पत्नी ने उन्हें कुत्ते से भी बुरी तरह दुत्कार रही थी। कृपाशंकर लाचार भाव से चुपचाप खड़े सब कुछ सुन रहे थे। वे सोच रहे थे, 'इस धरती पर आत्मसम्मान और स्वाभिमान के साथ शायद जिया ही नहीं जा सकता।'

माँ

"तुम लोगों को पैसे की कद्र नहीं मालूम। उड़ाते फिरते हो उसे। दस हजार रुपये होटल में फूँक आये। बाप रे...! इतने में तो कोई छोटा-मोटा जेवर बन जाता। तुम लोगों ने कभी अभाव नहीं देखा है न! हम लोगों ने देखा है अभाव। पाँच-पाँच पैसे के लिए तरसे हैं। हमें मालूम है कि पैसा क्या होता है..."

सुरेश की माँ बड़बड़ा रही थी। सुरेश अपनी पत्नी रमा और दोनों बच्चों को लेकर दिन में दस बजे होटल चला गया था। लौटा रात के दस बजे। होटल में सबने दिन भर खूब मौज-मस्ती की। होटल से लौटने पर जब सुरेश ने अपनी माँ को होटल में खर्च हुए कुल पैसे के बारे में बताया तो उसकी माँ फट पड़ी।

रमा को भी ताव आ गया। सुरेश से बोली, "जाकर उस बुढ़िया को समझा दो नहीं तो मैं भी अभी दस बात सुना दूँगी। होटल में इतना मज़ा आया था। सारा मूड चौपट कर दिया बुढ़िया ने। अरे पैसा हमने अपना खर्च किया है या इस बुढ़िया का? हमारा पैसा है। हम चाहे जिस तरह खर्च करें। अपना पैसा बुढ़िया अपने पास रखे रहे। मर जायेगी तो अपने साथ लेती जायेगी।"

सुरेश न तो अपनी माँ को कुछ कह पा रहा था, न पत्नी को समझा पा रहा था। वह डर रहा था कि पत्नी की बात माँ के कान में न पड़ जाय। खैर...! बात अपने आप ही शांत हो गयी।

एक दिन सुरेश शाम को ऑफिस से घर लौटा। अपने कमरे में घुसा तो रमा मंद-मंद मुस्करा रही थी। "क्या हो गया? कुछ खास बात?" सुरेश ने उत्सुकता से पूछा। रमा बोली, "अभी मेरे घर से भइया का फोन आया था। इस समय मेरे घर में बहुत मजा आ रहा है। भइया-भाभी बच्चों को लेकर आज होटल गये थे। वे लोग होटल में चार हजार रुपये खर्च करके आये हैं। इस समय मम्मी इसी बात पर भड़की हुई हैं। भइया-भाभी मम्मी के डर के मारे अपने कमरे में छुप कर बैठे हुए हैं।" रमा लगातार मुस्कराये जा रही थी। उसकी मुस्कराहट बन्द ही नहीं हो रही थी।

पितृभक्त

वैभव जी विश्वविद्यालय में वनस्पति विज्ञान (बाटनी) के प्रोफेसर थे। परिवार में थे कुल पाँच प्राणी। वैभव जी, पत्नी-शिखा, बेटा, बेटी और पिताजी।

पिताजी इधर कुछ अस्वस्थ चल रहे थे। माँ पहले ही दिवंगत हो गयी थीं। पिताजी की अस्वस्थता लम्बी खिंचने लगी तो वैभव जी उन्हें अस्पताल ले गये। चेकअप कराने के लिए।

एक सप्ताह के अन्दर सारी रिपोर्टें मिल गयीं। सारी रिपोर्टों के साथ वैभव जी डॉक्टर से मिले। डॉक्टर ने उन्हें जो कुछ बताया उससे उनका सिर घूम गया। पिताजी इस समय बहुत खतरनाक स्थिति में थे। इलाज का खर्च कम से कम पाँच लाख!

घर आकर वैभव जी ने पत्नी शिखा को सारी बात बतायी। शिखा ने उन्हें समझाया, "पिताजी बहुत जी लिये। चौरासी साल के हो गये हैं। वैसे भी माँ जी के न रहने से वे अकेले हो गये हैं। उनके पीछे पाँच लाख बर्बाद करना बुद्धिमानी नहीं है।" "क्या बात कर रही हो? मेरे पिता हैं। मैं उन्हें ऐसे ही मरने के लिए नहीं छोड़ दूँगा। मैं उन्हें अभी ले जाकर अस्पताल में भर्ती करता हूँ। वैसे भी अस्पताल के मालिक डॉ. धर्मवीर मेरे घनिष्ठ मित्र हैं। पिता जी का कायदे से इलाज होगा।" वैभव जी ने पलटकर जवाब दिया।

शिखा नाराज़ हो गयी, "बूढ़े बाप पर ले जाकर पाँच लाख फूँक दो। बच्चों की पढ़ाई के लिए ज़रूरत पड़ेगी तो कटोरा लेकर चारों तरफ माँगना।" वैभव जी ने पत्नी की एक नहीं सुनी और पिता जी को ले जाकर अस्पताल में भर्ती कर दिया।

वैभव जी जी-जान से पिताजी की सेवा में लगे रहे। ईश्वर की मर्जी के आगे सब लाचार हैं। एक सप्ताह बाद वे अस्पताल में ही चल बसे।

पिताजी का क्रिया-कर्म बीत जाने के बाद शिखा ने वैभव जी से कहा, "आखिर पिताजी चले ही गये। पाँच-छः लाख फूँक कर आपको भी तसल्ली हो गयी।" वैभव जी मुस्कराये, "पाँच-छः लाख फूँक दिये कि कमाये?" "क्या मतलब?" शिखा चौंकी। वैभव जी वैसे ही मुस्कराते रहे, "अस्पताल के मालिक डॉ. धर्मवीर

मेरे घनिष्ठ मित्र हैं। पिताजी अस्पताल में भर्ती थे और उन्हें केवल पानी (ड्रिप) चढ़ता रहता। और कोई दवा नहीं हुई। पिताजी के क्रिया-कर्म समेत कुल खर्च आया एक लाख का। पिता जी के इलाज का कुल बिल बना छः लाख रुपये का, जो विश्वविद्यालय से मुझे प्राप्त हो चुका है। बताओ मैंने पाँच लाख रुपये गँवाये या कमाया?

"आप ज़िन्दगी की बिसात पर इतनी खामोशी से चालें चलते हैं कि किसी को कुछ हवा नहीं लगने देते!" शिखा भी मुस्करा दी।

दामाद

"दामाद जी...दामाद जी..."

तेज आवाज से मंगल सिंह की आँख खुल गयी। बहुत रात में सोये थे। अभी उठने का मन नहीं हो रहा था। लेकिन सम्बोधन ने उन्हें चौंका दिया।

देखा तो कोठे की मालकिन सोनाबाई सामने खड़ी थी। गुस्से से फनफनाते हुए मंगल सिंह बिस्तर पर बैठ गये, "क्या बोली तू?" "दामाद जी, और क्या?" सोनाबाई मुस्करायी। मंगल सिंह ने गुस्से से आँखें तरेरी, "तेरा दामाद लगता हूँ मैं?" सोनाबाई मुस्कराती रही, "दो दिन से मेरी बेटी के साथ सो रहे हैं। मेरे घर में रुके हुए हैं। दामाद नहीं हैं तो क्या हैं? मैं तो बलिहारी जाऊँ ऐसे दामाद पर। अपनी जवानी में मुझे ऐसा कोई बाँका छबीला नहीं मिला।"

"खामोश! बदजात कहीं की। किसी को दामाद बनाने लायक होती तो कोठा न चला रही होती।"

"कोठा न चला रही होती आप जैसा सलोना दामाद मेरे घर कैसे आता?"

"फिर मुझे दामाद कहा तो ज़बान खींच लूँगा तेरी। तेरी बेटी की तरह मेरी बीवी दूसरों के साथ नहीं सोती।"

"क्या पता? दो दिन से तो आप मेरे कोठे पर हैं। घर पर आपकी बीवी न जाने किसके साथ सो रही हो?"

"खामोश ऽऽऽ" मंगल सिंह लगभग चीख पड़े। जल्दी-जल्दी अपना कपड़ा पहना। सामान समेटा और चल दिये। सोनाबाई ने जोर से आवाज लगायी, "अरे बेटी देख! तेरे पति नाराज़ होकर चले जा रहे हैं। रोक उन्हें।"

आस्तीन का साँप

दोनों पक्षों में खूनी अदावत थी। एक तरफ थे विजय सिंह और समर सिंह, दूसरी तरफ थे सुबोध सिंह और उनके तीन भाई। विजय सिंह और समर सिंह एक दूसरे के घनिष्ठ मित्र थे। झगड़ा मूलतः समर सिंह और सुबोध के परिवारों के बीच था। लँगोटिया यार होने के नाते विजय सिंह समर सिंह की तरफ से कूद पड़े थे। सुबोध सिंह और उनके तीनों भाई समर सिंह के इकलौते भाई की हत्या कर चुके थे।

विजय सिंह और समर सिंह ने कई बार हमले की योजना बनायी, हमला भी किया परन्तु वे हर बार असफल रहे। सुबोध सिंह और उनके भाइयों ने भी दो बार हमला किया था। भाग्य के सहारे विजय सिंह और समर सिंह बच सके थे। समर सिंह की योजना में हर बार झोल रह जाता था, जबकि सुबोध सिंह बड़ी सटीक योजना बनाते थे।

समर सिंह बहुत परेशान थे। उन्हें समझ में नहीं आ रहा था कि ऐसा क्यों हो रहा है!

सुबोध सिंह का सबसे छोटा भाई बलवन्त बहुत पियक्कड़ था। समर सिंह को उसके अड्डे की जानकारी थी। एक दिन रात आठ बजे कुछ सोचकर समर सिंह उस जगह पहुँच गये, जहाँ बलवन्त अपने दोस्तों के साथ शराब पीता था। समर सिंह भी थोड़ा-बहुत पीते थे।

बलवन्त अपने दोस्तों के साथ पी रहा था। समर सिंह को देखते ही वह राइफल लेकर खड़ा हो गया। समर सिंह एक कोने में बैठ गये और शराब मँगाकर चुपचाप पीने लगे। बलवन्त निश्चिन्त हो गया और बैठकर फिर से पीने लगा। समर सिंह को देखकर वह जोश में आ गया था। समर सिंह को सुना-सुनाकर वह डींगे भी मारने लगा।

थोड़ी देर में बलवन्त अपने दोस्तों के साथ एकदम धुत हो गया। अब वह जो कुछ भी बोल रहा था, सच बोल रहा था। बोला, "अरे यह साला समर सिंह हम लोगों से क्या जीतेगा? इसका दोस्त विजय सिंह मेरे भाई से पैसा लेता है। इसकी एक-एक बात आकर चुपके से मेरे भाई को बता जाता है। साला...दोगला..." समर सिंह एकदम से सन्न रह गये।

न्याय

उच्च न्यायालय में दोनों पक्षों के वकीलों में जोरदार बहस चल रही थी। दो न्यायाधीशों की पीठ। दोनों न्यायाधीश दोनों वकीलों से बार-बार जिरह कर रहे थे। दोनों वकील अपना पक्ष सही सिद्ध करने पर तुले थे। उच्च न्यायालय के फैसलों के उद्धरण! सर्वोच्च न्यायालय के फैसलों के उद्धरण! बाकी बैठे हुए वकील दिलचस्पी से दोनों वकीलों की बहस सुन रहे थे।

एक पक्ष के वकील को धीरे-धीरे महसूस होने लगा कि उसका पक्ष कमजोर पड़ रहा है। मुकदमा हारने का भय उसे सताने लगा। अचानक वह बोल पड़ा, "मी लार्ड! मेरा मुवक्किल एक वकील है। यह एक वकील का मामला है। आपको विशेष ध्यान देना चाहिए।" एक न्यायाधीश महोदय भड़क गये, "तो क्या हुआ? वकील कानून से ऊपर होते हैं क्या?" वकील साहब भी भड़क उठे, "जज बनने के पहले अभी कल तक आप भी वकील थे। जब वकील थे तो आप कितने काबिल थे, सब जानते हैं। जज की कुर्सी पर बैठते ही लगे आदर्श बघारने?"

"क्या बक रहे हैं आप पता है? इसके लिए मैं आपको जेल भेज सकता हूँ।"

"भेज कर देखिए जेल? उच्च न्यायालय के सारे वकील मिलकर पूरे शहर को अस्त-व्यस्त कर डालेंगे।"

दोनों न्यायाधीशों को साँप सूँघ गया। अभी कुछ ही दिन पहले एक न्यायाधीश ने एक वकील पर कठोर टिप्पणी कर दी थी। उच्च न्यायालय के सारे वकीलों ने मिलकर शहर को बंधक बना दिया था। चारों तरफ चक्का जाम, आगजनी और तोड़-फोड़! पुलिस भी वकीलों से पंगा लेने से डरती थी। इतनी-इतनी धाराओं में एफ.आई.आर. और मुकदमा दर्ज हो जाता था कि पूछिए मत। वकीलों पर कठोर कार्रवाई होने पर सरकार भी सक्रिय हो जाती थी। पुलिस वालों की शामत आ जाती थी। इसलिए पुलिस वाले वकीलों से पंगा लेने में कतराते थे।

दोनों न्यायाधीशों ने आगे की तारीख लगाकर मामले को आगे बढ़ने से रोका।

उस दिन उसी कोर्ट में एक ग्रामीण का मुकदमा भी लगा था। वह ग्रामीण अपने

मुकदमे की पैरवी में कोर्ट की दर्शक दीर्घा में बैठा था। ज़िन्दगी में पहली बार उच्च न्यायालय में आया था। न्यायालय का ताम-झाम देखकर काफी सहमा हुआ था। उच्च न्यायालय के कायदे-कानूनों की उसे विशेष जानकारी न थी।

अचानक उस ग्रामीण का मोबाइल फोन बज उठा। पुलिस वालों ने तुरंत उसे पकड़ लिया। दोनों न्यायाधीशों की भँवें टेढ़ी हो गयीं। न्यायाधीशों ने उस ग्रामीण का मोबाइल फोन जब्त करते हुए उस पर पाँच हजार रुपये का जुर्माना लगा दिया।

बड़ा आदमी

जून का महीना! गर्मी बहुत तेज थी। रामनरेश, बहादुर, फत्ते और मंगल समय बिताने के लिए अपने गाँव में एक आम के पेड़ के नीचे ताश खेलने लगे। ताश के साथ-साथ दुनिया-जहान की बातें भी होने लगीं।

होते-होते बात 'बड़े आदमी' की तरफ मुड़ गयी। रामनरेश कुछ ज्यादा पढ़ा-लिखा था। बोला, "जानते हो, बम्बई और दिल्ली में जो बड़े आदमी रहते हैं उनके घर की औरतें बहुत शराब और सिगरेट पीती हैं!" "अच्छा?" सबने आश्चर्य प्रकट किया। फत्ते बोला, "तब तो बड़ी मलिच्छिनी होती हैं यार!" "और क्या! ये तो छोटी बात है। ये सब बड़े आदमी साले आपस में एक दूसरे से बीवियाँ बदलकर उनके साथ गलत काम करते हैं।" रामनरेश ने ज्ञान का दूसरा गोला दागा। "सच में?" तीनों एक साथ अविश्वास में चिल्ला पड़े। "तुम लोग अखबार और पत्रिकाएँ नहीं पढ़ते हो न। इसलिए तुम लोग नहीं जानते हो। ये बड़े आदमी साले बहुत गन्दे होते हैं।" रामनरेश ने कहा। बहादुर बोला, "यार हम लोग तो सोच भी नहीं सकते कि कोई ऐसा कर सकता है। घोर कलियुग आ गया है।"

ताश के पत्ते फेंके जा रहे थे। बात आगे बढ़ रही थी। रामनरेश ने ज्ञान का तीसरा गोला फेंका, "दिल्ली और मम्बई में बड़े घर की औरतों के पति जब किसी काम से शहर के बाहर चले जाते हैं, औरतें किराये पर आदमी ले आती हैं और उनके साथ गलत काम करती हैं।" "क्या कह रहे हो रामनरेश?" मंगल चीख सा पड़ा। "मैं सच कह रहा हूँ मंगल! किसी दिन तुमको पढ़वा दूँगा किताब में। बड़े घरों के आदमी और औरतें बहुत लम्पट होते हैं। इतना कि तुम सोच भी नहीं सकते।" रामनरेश बड़ी गम्भीरता से अपना ज्ञान बघार रहा था।

ताश के पत्ते! पत्तों पर पत्ते! "एड्स रोग कैसे फैला जानते हो?" रामनरेश ने पूछा। कोई नहीं बता पाया। पर्याप्त रहस्य उत्पन्न कर लेने के बाद रामनरेश बताने लगा, "ये जो बड़े घर की औरतें होती हैं न, कुत्ते पालती हैं। कुत्तों को अपने साथ गलत काम करने की ट्रेनिंग देती हैं। फिर अपने पति के ऑफिस चले जाने के बाद

अपने कुत्ते से गलत काम करवाती हैं। कुत्तों के साथ गलत काम करने से एड्स फैल गया।'' ''बाप रे!'' बहादुर, फत्ते और मंगल ने एक साथ अपना सर पकड़ लिया।

''अच्छा है यार हम लोग गाँव के साधारण आदमी हैं। बड़े आदमी नहीं हैं।'' फत्ते ने राहत की साँस लेते हुए कहा। बहादुर ने भी समर्थन किया, ''हाँ यार, अच्छा है हम बड़े आदमी नहीं हैं।'' चारों ने ताश खेलना बन्द कर दिया और इस बात पर खुश होने लगे कि वे बड़े आदमी नहीं हैं।

मालिश

सरला एक बड़े पुलिस अधिकारी की पत्नी थीं। मायका उनका बहुत ही साधारण था। पति अनिल का परिवार भी बहुत साधारण था। दरअसल जब अनिल और सरला की शादी हुई थी, अनिल की नौकरी नहीं लगी थी। अनिल की नौकरी लग जाने के बाद धीरे-धीरे सरला के ठाठ महारानियों वाले हो गये।

इस समय सरला छियालीस साल की हो गयी थीं। मायके आयी हुई थीं। बड़ी आवभगत हो रही थी। मायके आने के पीछे उनका प्रयोजन था। उनकी नौकरानी काम छोड़कर चली गयी थी। उन्हें एक ऐसी लड़की की तलाश थी जो चौबीसों घंटे उनके घर रहे और उनके घर का सारा काम करे।

पता करते-करते उन्हें गाँव की सोलह साल की एक ऐसी लड़की के बारे में पता चला जिसके माँ-बाप मर गये थे। लड़की इस समय गाँव में अपनी बूढ़ी दादी के साथ रहती थी। सरला ने उस लड़की की दादी को बुलवाया।

सरला की बात सुनकर लड़की की दादी सरला का पैर पकड़कर रोने लगी, ''मालकिन मेरे धन्य भाग जो आप मेरी नातिन को अपने साथ ले जाना चाह रही हैं। उसकी तो किस्मत खुल जायेगी।...चीथड़ों में लिपटी, आधा पेट भोजन करती यहाँ मेरे साथ पड़ी हुई है। कहीं खोजकर उसकी शादी कर दीजिएगा। उसका दूल्हा और वह दोनों आपके परिवार की सेवा करेंगे।'' ''हाँ-हाँ! तुम चिन्ता मत करो। मैं उसकी शादी करवा दूँगी।'' सरला ने आश्वासन दिया। उन्हें उसकी शादी-वादी से कुछ लेना-देना नहीं था। बस, वे तो किसी तरह बहला-फुसला कर उसे अपने साथ ले जाना चाहती थीं। उन्होंने लड़की को बुलवाया। लड़की आयी। नाम था चम्पा। सरला ने उसे ऊपर से नीचे तक देखा। लड़की बहुत सुन्दर और मजबूत थी। सरला ने समझ लिया कि यह भरपूर काम-धाम करेगी।

चम्पा सरला के साथ चली आयी। उनके घर का सारा काम-धाम करने लगी। साथ में उससे अपने शरीर की मालिय भी करवातीं।

एक दिन अनिल की निगाह चम्पा पर पड़ गयी। उन्होंने ऊपर से नीचे तक

उसे देखा। उनकी आँखों में चमक आ गयी। उन्होंने चम्पा के के बारे में अपनी पत्नी से दरियाफ्त की। सरला अपनी बहादुरी बताने लगीं, ''अपने मायके से लायी हूँ। केवल खाने और कपड़े पर घर का सारा काम कर रही है। रोज मेरी मालिश भी करती है।'' अनिल ने शाबासी में अपनी पत्नी की पीठ थपथपायी।

एक दिन सरला पड़ोस से घूमकर घर में घुसीं तो उनके पैरों तले से जमीन खिसक गयी। अनिल और चम्पा उनके बिस्तर पर आपत्तिजनक अवस्था में पड़े थे। वे अनिल को फटकारने लगीं। अनिल ने उन्हें बुरी तरीके से डाँट दिया, ''इस घर में रह सको तो रहो, अन्यथा मायके चली जाओ। चम्पा को भगाने की कोशिश मत करना। यह अब इसी घर में रहेगी।'' सरला की आँखों के सामने ही वे चम्पा के साथ रँगरेलियाँ मनाते रहे।

धीरे-धीरे चम्पा घर की मालकिन की तरह रहने लगी और सरला घर का सारा कामकाम करने लगी थीं। अब चम्पा सरला से अपने शरीर की मालिश करवाती थी।

आदमी

शालू शहर के सबसे पॉश इलाके में झाड़ू-पोंछा का काम करती थी। बर्तन साफ करती थी। उसने कुल दस घर पकड़ रखे थे। उसकी आय एक चपरासी की नौकरी करनेवाले व्यक्ति से ज्यादा थी।

जिन घरों में वह काम करती थी, वे बहुत बड़े लोगों के घर थे। फिर भी उनमें से एक घर आर्थिक रूप से थोड़ा-सा हल्का पड़ता था। उस घर में शालू बहुत ठसक दिखाती थी। काम करते समय अक्सर कुछ न कुछ नुक्स निकालती रहती। जरा सा नल की टोंटी खराब हुई कि तुरंत व्यंग्य बाण छोड़ देती, "इस घर में सब कुछ आटोमैटिक रहता है। पता नहीं क्यों लोग महरी लगा लेते हैं। खुद ही क्यों नहीं अपना काम कर लेते? चार पैसे बच जायेंगे।" वॉश बेसिन जरा ढीला हुआ कि फरमान सुना देती, "बहू जी अपना ये विलायती वॉश बेसिन कल तक ठीक करा लीजियेगा। नहीं तो मैं आपके यहाँ कम नहीं कर पाऊँगी।"

घर के लोगों को उसका हर व्यंग्य बाण, उपहास और नखरा झेलना पड़ता था। मुहल्ले में वही एक महरी आती थी। कहीं से दूसरी महरी खोज कर ला पाना कठिन काम था।

शालू का पति पान की दुकान चलाता था। अपने पति से शालू उस घर के किस्से खूब चटखारे लेकर सुनाया करती। खूब मजाक उड़ाया करती उस घर के लोगों का।

एक बार शालू अपने पति के साथ अपने पिता के घर गयी। गाँव की हरिजन बस्ती में शालू के पिता का घर था। कुल दस-बारह घर थे। घर भले ही तीन-चार कमरे के थे, लेकिन थे सब पक्के घर। केवल शालू के पिता का घर फूस और खपरैल का था।

एक दिन शहर से जिलाधिकारी गाँव के दौरे पर आये। गाँव में चल रही योजनाओं का जायजा लिया। देखा कि कहीं कोई गड़बड़ी या घपला तो नहीं चल रहा है? वे हरिजन बस्ती में भी गये। एक-एक आदमी के घर जाकर हाल-चाल

पूछा। लोगों से पूछा कि उन्हें सरकारी योजनाओं का लाभ मिल रहा है या नहीं? सबसे सम्पन्न हरिजन के घर उन्होंने चाय-नाश्ता भी किया। वे शालू के पिता के घर नहीं गये। उसके घर पर एक सरसरी निगाह डालते हुए चले गये।

जिलाधिकारी चले गये तो शालू को बहुत बुरा लगा। वे उसके घर नहीं आये थे। उसने अपने पिता से कहा, "बाबू! ये डी.एम. साला हमारे घर नहीं आया? क्या हम लोग उसको आदमी नहीं लगते क्या?" उसके पिता ने दुःखी मन से कहा, "बिटिया, टोले में हम लोग सबसे गरीब हैं। सबके मकान पक्के हैं। हमारा घर फूस और खपरैल का है।" शालू तमतमाकर बोली, "क्या जिनके घर कच्चे होते हैं, वे आदमी नहीं होते क्या?" शालू का पति हँसते हुए बोला, "तू शहर में कई घरों में काम करती है। जिनके घर थोड़ा सा कच्चे होते हैं, तू भी तो उन्हें आदमी नहीं समझती।"

ग्राम प्रधान

कन्हैयालाल गाँव के मानिन्द लोगों में से थे। खाता-पीता और हँसता-खेलता परिवार था। उनकी निगाह में घर में बस एक ही समस्या थी। उनकी माँ!

उनकी माँ अस्सी बरस की हो चली थीं। प्रायः बीमार होकर बिस्तर पर पड़ जातीं। कन्हैयालाल सोचते थे कि माँ अब इस संसार से निबट जातीं तो ठीक था। सेवा करने से फुर्सत मिलती।

ग्राम-प्रधान का चुनाव नज़दीक आ गया। कन्हैयालाल भी प्रधानी के चुनाव में खड़े हो गये। किसी चुनाव में खड़े होने का यह उनका पहला अनुभव था। कन्हैयालाल ने दिन-रात एक कर दिया। खूब मेहनत की। देखते ही देखते उन्होंने अपने पक्ष में अच्छा माहौल तैयार कर लिया। गाँव के वर्तमान प्रधान और उनके बीच सीधी टक्कर की नौबत आ गयी।

जिस दिन मतदान था, कन्हैयालाल का पूरा परिवार सज-धज कर मत देने गया। माँ को घर पर ही छोड़ दिया गया। दोपहर बीतते-बीतते कन्हैयालाल ने सोचा कि माँ का एक मत खराब क्यों किया जाय। उन्होंने घर के लड़कों को आदेश दिया। माँ को चारपाई पर लाद-फाँद कर सब उन्हें भी मत दिलाने लेकर चल दिये।

जिस दिन मतगणना शुरू हुई, कन्हैयालाल घर पर ही थे। घर के बाकी लोग समर्थकों के साथ मतगणना स्थल पर डटे हुए थे। मोबाइल फोन से कन्हैयालाल को पल-पल की घटना की जानकारी मिल रही थी। शाम होते-होते कन्हैयालाल को सूचना मिली की वे चुनाव जीत गये। वह भी सिर्फ एक मत से।

कन्हैयालाल खुशी के मारे दौड़कर अपनी माँ के पास पहुँचे और उनके पैर पकड़ लिये।

"क्या हुआ कन्हैया?" माँ ने खाँसते हुए पूछा। कन्हैयालाल बोले, "माँ, मैं चुनाव जीत गया...और वह भी सिर्फ तेरे मत से!"

आस्था

रमाशंकर की पत्नी काफी बीमार चल रही थीं। महीनों से इलाज चल रहा था। डॉक्टर ने उन्हें धैर्य बँधाया, ''परेशान होने की जरूरत नहीं है। इलाज थोड़ा लम्बा चलेगा, परन्तु आपकी पत्नी पूरी तरह से ठीक हो जायेंगी।'' रमाशंकर को सन्तोष नहीं हो रहा था।

रमाशंकर रोज नियम से भगवान राम के मंदिर में जाते। उनसे प्रार्थना करते कि हे प्रभु! जल्दी से मेरी पत्नी को ठीक कर दो। नियमित रूप से दवा हो रही थी। रमाशंकर का मानना था कि दवा के साथ दुआ भी जरूरी है।

दो महीने हो गये भगवान राम से प्रार्थना करते। पत्नी ठीक नहीं हुई। रमाशंकर का विश्वास हिलने लगा, 'लगता है भगवान राम उतने फायदेमंद भगवान नहीं हैं। हनुमान जी को पकड़ा जाय। हनुमान जी की पूजा का तुरंत फल दिखता है। भगवान राम के भी सारे बिगड़े काम हनुमान जी ही ठीक करते थे।' रमाशंकर ने निर्णय ले लिया। अगले दिन से वे हनुमान जी की पूजा में जुट गये।

पत्नी अस्पताल में भर्ती थीं। इलाज चल रहा था। इधर हनुमान जी की पूजा भी चल रही थी। हनुमान जी की पूजा करते हुए भी रमाशंकर को दो महीने हो गये। डॉक्टर उनसे कह रहे थे कि आपकी पत्नी की हालत में अब काफी सुधार है। लेकिन रमाशंकर को सन्तोष नहीं हो रहा था। अब वे हनुमान जी की मूर्ति को भी थोड़ा सा संदेह की दृष्टि से देखने लगे।

एक दिन रमाशंकर की मुलाकात शास्त्री जी से हो गयी। रमांशकर ने अपने दिल की सारी पीड़ा शास्त्री जी से कह डाली। उनकी सारी बात सुनने के बाद शास्त्री जी ने बड़े प्यार से उनकी पीठ पर हाथ रखा, ''रमाशंकर जी आप मूलभूत त्रुटि कर रहे हैं। रोगों के नाशकर्ता और अकाल मृत्यु को रोकने वाले देवाधिदेव भगवान महादेव भोलेशंकर हैं। आप उनकी शरण में जाइए। आपके सारे कष्ट छूमंतर हो जाएँगे।'' रमाशंकर को अपनी गलती का एहसास हुआ। उन्हें लगा कि मैं बेकार में हनुमान जी के पीछे पड़ा हूँ। वे शंकर भगवान के पूजा-पाठ में लग गये।

शंकर भगवान की पूजा करते हुए भी दो-ढाई महीने बीत गये। धीरे-धीरे वे शंकर भगवान से भी क्षुब्ध होने लगे। एक दिन उन्हें खेलावन मिला। गेरुआ वस्त्र धारण किए हुए। रमाशंकर ने आश्चर्य से पूछा, "अरे खेलावन, कब से साधु बन गये?" खेलावन बोला, "अरे पूछो मत भइया। मैं भरभण्डा बाबा का शिष्य बन गया हूँ। पहले कहाँ पेट के लाले थे। अब हलवा-पूड़ी खा रहा हूँ। भरभण्डा बाबा कहते हैं कि किसी भगवान की पूजा करने की जरूरत नहीं है। सिर्फ मेरी पूजा करो। तुम्हारे सारे कष्ट दूर हो जाएँगे। कैसा भी रोग-कष्ट हो। भरभण्डा बाबा जिसको एक बार छू देते हैं, उसके सारे रोग-कष्ट दूर हो जाते हैं।" रमाशंकर बोले, "खेलावन, मेरी बीवी कई महीनों से बीमार है। मुझे भी भरभण्डा बाबा के पास ले चलो।" "कल ही मेरे साथ भौजाई को लिवाकर चलिए। भौजाई एकदम चंगी हो जाएँगी।" खेलावन बोला।

रमाशंकर अगले दिन अपनी पत्नी और खेलावन के साथ भरभण्डा बाबा के पास पहुँचे। उन्होंने अपना सारा दुखड़ा भरभण्डा बाबा को कह सुनाया। भरभण्डा बाबा ने मुस्कराकर उनकी पत्नी को छू दिया, "जाओ बच्चा! तुम्हारी पत्नी जल्दी ही ठीक हो जायेगी।"

एक हफ्ते बाद डॉक्टर ने रमाशंकर को बताया, "बधाई हो! आपकी पत्नी अब पूरी तरह से ठीक हो गयी हैं। अब आपको अस्पताल आने की जरूरत नहीं है।" अगले दिन रमाशंकर अपनी पत्नी के साथ भरभण्डा बाबा के पास गये और पत्नी सहित उनके चरणों में लोट गये। उन्होंने भरभण्डा बाबा के चरणों में पचास हजार रुपये चढ़ाये।

रमाशंकर पत्नी सहित भरभण्डा बाबा के परम शिष्य बन गये। उन्होंने सारे भगवानों की पूजा करना छोड़ दिया।

किस्मत

हर आदमी को शौक होता है कि उसका नाम अखबार में छपे। फोटो अखबार में छपे। प्रमोद जी को भी शौक था। वे कोई कार्यक्रम करवाते या किसी घटना में सम्मिलित रहते तो एक अच्छा-सा समाचार बनाते और उसे लेकर शहर के एकमात्र बड़े अखबार 'प्रभात' के दफ्तर में पहुँच जाते। वहाँ उन्हें जो भी पत्रकार मिल जाता, उसे वह समाचार देकर वे खूब चिरौरी करते थे कि भैया कल के अखबार में यह समाचार ज़रूर छप जाय। लेकिन उनका समाचार कभी नहीं छपता था। अगले दिन सबेरे ही अखबार लेकर वे पूरी उत्सुकता और बारीकी से अखबार का एक-एक कोना छान मारते थे और अन्त में वे शुरू हो जाते थे, "अरे साले 'प्रभात' वाले, तेरा अखबार बन्द हो जाय...एकदम खिली धूप रहे...आसमान में बादल का एक टुकड़ा भी न रहे...फिर भी बिजली कड़के और तेरे घर पर गिर जाय...तेरे बीवी-बच्चे सब मर जायँ। साले, तेरा सब कुछ बिक जाय...तू दिवालिया हो जाय...।"

प्रमोद जी को पता था, उनका समाचार क्यों नहीं छपता? दरअसल 'प्रभात' अखबार के समाचार सम्पादक जगजीवन जी से उनकी एक बार कहा सुनी हो गयी थी। उस समय जगजीवन जी समाचार सम्पादक नहीं थे। जगजीवन जी वही खुन्नस पाले बैठे थे। उनके पास जैसे ही कोई ऐसा समाचार पहुँचता, जिसमें प्रमोद जी का नाम रहता, वे उसे रद्दी की टोकरी में फेंक देते थे।

खैर! प्रमोद जी की बद्दुआ रंग लायी। 'प्रभात' अखबार की आर्थिक स्थिति खराब होने लगी। अन्ततः अखबार बन्द हो गया।

'प्रभात' अखबार बन्द होते ही एक बड़े राष्ट्रीय समाचार-पत्र ने जोर-शोर से घोषणा की कि इस शहर से उसके अखबार का संस्करण निकलेगा। प्रमोद जी बहुत प्रसन्न हुए, "और प्रमोद जी से टक्कर लो 'प्रभात' वालों सालों! अब छीलो कद्दू। अब देखना कैसे शान से प्रमोद जी छपते हैं अखबार में।"

एक दिन बड़े धूम-धाम से नये समाचार-पत्र का उद्‌घाटन समारोह आयोजित किया गया। प्रमोद जी भी उद्‌घाटन समारोह में पहुँच गये। बिना बुलाये ही। लोगों

को पकड़-पकड़कर हाथ मिलाने लगे। अचानक उन्हें जगजीवन जी दिख गये। प्रमोद जी ने सोचा कि पत्रकार होने के नाते इसे निमंत्रण पत्र मिल गया होगा। चलकर इससे मजा लेता हूँ। "अरे भाई जगजीवन जी नमस्कार!" प्रमोद जी ने पास पहुँचकर मजा लेने के मूड में जोरदार अभिवादन किया, "कहिए, यहाँ कैसे?" जगजीवन जी मुस्कराये, "यह बात तो मुझे आपसे पूछनी चाहिए। मैं तो इस अखबार का समाचार सम्पादक हूँ। आप यहाँ कैसे?" प्रमोद जी का सिर घूमने लगा। उन्होंने बड़ी मुश्किल से अपने को सँभाला और एक कुर्सी पकड़कर उसी पर बैठ गये।

राजा की नौकरी

दोनों बहनें मायके आयी हुई थीं। पहली का पति आई.पी.एस. था और इस समय एक बड़े जिले में वरिष्ठ पुलिस अधीक्षक (एस.एस.पी.) के पद पर तैनात था। दूसरी का पति एक महाविद्यालय में प्रोफेसर था।

एक दिन हो ही गयी दोनों बहनों में भिड़ंत। पहली बोली, "नौकरी हो तो मेरे इनके जैसी। जिस दुकान में मन हो, घुस जाती हूँ। जो मन में आता है, खरीद कर चल देती हूँ। मज़ाल है दुकानदार पैसा माँग ले? जिसे भी मन में आता है, दो थप्पड़ जड़ देती हूँ। किसी की हिम्मत नहीं जो चूँ-चपड़ करे।"

"तुम मज़ा मार रही हो!" दूसरी ने हाथ मटकाकर कहा, "अपने पति से पूछो। मज़दूर भी दिनभर मेहनत करने के बाद रात में चैन की नींद सोता है। तुम्हारे पति को न दिन में चैन न रात में। मंत्रियों की डाँट खानी पड़ती है सो अलग। अरे! राजा की नौकरी तो हमारे इनकी है। इनको तो सरकार पेशाब करने के लिए सवा लाख वेतन देती है।" पहली चौंकी, "पेशाब करने के लिए वेतन?"

"और क्या!" दूसरी बोली, "ये ठाठ से गाड़ी से जाते हैं कॉलेज। गाड़ी खड़ी करके जाते हैं कॉलेज के बाथरूम में और वहाँ पेशाब करते हैं। फिर महाविद्यालय के रजिस्टर में हस्ताक्षर करके गाड़ी से शान से चले आते हैं घर। कॉलेज ये पेशाब करने के लिए जाते हैं। इसके लिए सरकार इन्हें सवा लाख रुपये वेतन देती है।"

स्त्री-विमर्श वाया लाठी-डण्डा

रन्नो का मन पवन से भर गया था। अब वह उससे ऊबने लगी थी। वह चाह रही थी कि पवन से अब उसका पिण्ड छूटे।

रन्नो चार साल पहले इस गाँव में ब्याह कर आयी थी। मायके से ही उसकी आदत इधर-उधर मुँह मारने की थी। थी तो हल्की सी साँवली, लेकिन नैन-नक्श तीखे थे। इसलिए पुरुष अक्सर उसकी ओर आकर्षित हो जाते थे।

ससुराल में वह तीन साल तक तो कायदे से रही, लेकिन चौथे साल उसकी आँखें गाँव के ही एक लड़के पवन से लड़ गयीं। फिर तो दोनों छुप-छुपकर कभी बाजरे के खेत में, कभी अरहर के खेत में मिलने लगे।

इश्क और मुश्क छुपाये नहीं छुपते। धीरे-धीरे गाँव में खुसुर-फुसुर होने लगी। होते-होते बात रन्नो के पति रज्जन के कान में पहुँची। वह आपे से बाहर हो गया। वह रन्नो पर निगाह रखने लगा। रन्नो को सारा माजरा भाँपते देर नहीं लगी। इस क्षेत्र की वह मँजी हुई खिलाड़ी थी।

एक दिन रन्नो को रास्ते में पवन मिल गया। पवन पढ़ा-लिखा था। वह रन्नो पर अपने पढ़े-लिखे होने का रंग जमाने लगा, "क्यों रन्नो? आजकल दिखायी नहीं दे रही हो? अरे, यह स्त्री-विमर्श का ज़माना है। जैसे मर्द स्वतंत्र है और सब कुछ करने के लिए आज़ाद है, वैसे ही औरत भी स्वतंत्र है। औरत को अगर लगता है कि पति उसके मानसिक स्तर का नहीं है, तो वह किसी और मर्द से दोस्ती करने और उससे शारीरिक सम्बन्ध बनाने के लिए आज़ाद है। मेरा और तुम्हारा मानसिक और शारीरिक सम्बन्ध आज के स्त्री-विमर्श के हिसाब से सोलह आने सही है...।"
"ये सब छोड़ो और मेरी बात सुनो!" रन्नो ने अदा दिखाते हुए कहा, "तुम चार पैकेट पारले-जी बिस्कुट और लाई-नमकीन खरीद लो और ले चलकर गाँव के बाहर सुमेर के अरहर के खेत में बैठो। मैं दस मिनट में वहीं आ रही हूँ।"

रन्नो घर पहुँची। रज्जन कुछ काम करने में व्यस्त था। रन्नो फूट-फूटकर रोने लगी। रज्जन घबरा गया, "क्या हुआ?" रन्नो रोते-रोते बोली, "तुम्हारा गाँव इतना

गन्दा है कि पूछो मत। अभी रास्ते में पवन मिल गया था। उसने मुझसे कहा कि मैं चार पैकेट पारले-जी और लाई-नमकीन लेकर गाँव के बाहर सुमेर के अरहर के खेत में चल रहा हूँ। तुम भी जल्दी से मेरे पीछे आओ। मैं तुम्हें पैसे भी दूँगा।'' रज्जन आग-बबूला हो गया, ''उसकी साले की ऐसी हिम्मत?'' उसने लाठी उठायी और घर के बाहर आ गया। वह दौड़-दौड़कर सबके घर रन्नो द्वारा बतायी गयी बात बताने लगा।

रज्जन की अगुवाई में पचीसों लोग लाठी-डंडे लेकर सुमेर के अरहर के खेत की ओर चल दिये। सुमेर के खेत में सचमुच पवन पकड़ में आ गया। उसके पास से चार पैकेट पारले-जी और लाई-नमकीन भी बरामद हुआ। फिर क्या था? पवन के ऊपर लात-जूते, लाठी-डंडे सब गिरने लगे। लोग उसे घसीटते हुए गाँव में ले आये। सबने, यहाँ तक की उसके घरवालों ने भी, उसके ऊपर थू-थू की।

अगले दिन पवन गाँव छोड़कर भाग गया। रन्नो के पतिव्रता-धर्म का डंका पूरे गाँव में बज गया।

भिखारी का राजयोग

प्रयाग के संगम किनार स्थित बड़े हनुमान जी का मंदिर। मंदिर के पास स्थित मंदिर के महंत की भव्य और आधुनिक कुटिया! कुटिया में दो दिन से देश के एक बहुत बड़े ज्योतिषाचार्य पधारे हुए थे। लोग अपनी जन्म-कुण्डली लाकर पंडित जी को दिखा रहे थे। पंडित जी सबकी शंकाओं का समाधान कर रहे थे।

मंदिर के पास एक थोड़ा सा पढ़ा-लिखा भिखारी था। उसे भी अपना भाग्य जानने की जिज्ञासा हुई। नहा-धोकर और थोड़ा सा ढंग के कपड़े पहनकर वह भी अपना भविष्य जानने पहुँच गया। पंडित जी का पैर छूकर एक किनारे बैठ गया।

उसकी बारी आयी। "कुंडली दो!" ज्योतिषाचार्य ने उससे कहा।

"पंडित जी, कुंडली तो नहीं है मेरे पास।"

"अच्छा किस तारीख को किस सन् में कितने बजे पैदा हुए थे?"

"पंडित जी, मुझे ये सब भी पता नहीं है।"

"ठीक है! कोई बात नहीं! अपना दाहिना हाथ इधर लाओ। तुम्हारा हाथ ही देखता हूँ।" भिखारी ने अपना दाहिना हाथ बढ़ा दिया। पंडित जी उसका हाथ पकड़कर देखने लगे। "अरे भाई, तुम तो बड़े किस्मतवाले हो।" पंडित जी बोले। भिखारी चौंक गया। पंडित जी आगे बोले, "तुम्हारी किस्मत में तो राजयोग लिखा है।" भिखारी ठठाकर हँस पड़ा, "अरे पंडित जी! मैं तो एक भिखारी हूँ। यहीं मंदिर के पास सालों से भीख माँग रहा हूँ। हनुमान जी की कृपा से पेट भर जाता है।"

पंडित जी के माथे पर बल पड़ गये। एक भिखारी सबके सामने उनकी इज़्ज़त का बाजा बजा दे रहा था। पंडित जी ने भिखारी से पूछा, "यहाँ कुल कितने भिखारी हैं?" "अरे सैकड़ों भिखारी हैं!" भिखारी ने जवाब दिया।

"सब तुम्हें जानते हैं?"

"हाँ, सब मुझे जानते हैं!"

"बाकी सारे भिखारी तुम्हारी इज़्ज़त करते हैं? तुम्हारी बात मानते हैं?"

“हाँ!” भिखारी ने थोड़ा सा अकड़ कर कहा, “मैं सबसे ज्यादा पढ़ा-लिखा हूँ। इसलिए सब मेरी इज़्ज़त करते हैं और मेरी बात मानते हैं।”

“भिखारियों में जब आपस में लड़ाई-झगड़ा हो जाता है, तब क्या होता है?”

“भिखारियों के सारे आपसी लड़ाई-झगड़े का निपटारा मैं करता हूँ। मजाल है किसी की जो मेरे फैसले के खिलाफ़ आवाज़ उठाये? माघ मेला और कुंभ मेला लगने पर मैं ही निर्धारित करता हूँ कि कौन-कौन से भिखारी किस तरफ भीख माँगेंगे...” भिखारी ताव में आकर अपनी बहादुरी हाँकने लगा। “बस-बस! बस करो!” पंडित जी विजयी मुद्र में मुस्कराते हुए सब की तरफ देखने लगे, “यही तो है तुम्हारा राजयोग। तुम हनुमान मंदिर क्षेत्र के सारे भिखारियों के राजा हो। तुम्हारे आदेश के बिना कोई भिखारी कुछ नहीं कर सकता। कोई भिखारी तुम्हारे खिलाफ़ एक शब्द नहीं बोल सकता...तभी मैं कहूँ कि मैं कैसे गलत हो रहा हूँ!”

महत्त्वपूर्ण आदमी

मंगलेश तहसील में उप जिलाधिकारी थे। हमारे देश में अगर कोई व्यक्ति ठीक-ठाक पद पर पहुँच जाता है तो उसे एक चिपकू चमचा मिल जाता है। यह चमचा आपके हर घरेलू काम को अपने ऊपर ओढ़कर आपको परजीवी बना देता है। फिर आप उसके बिना रह ही नहीं सकते।

ऐसे ही मंगलेश का चिपकू चमचा था—दिवाकर। उसने तहसील में अपनी हनक बना ली थी। किसी को अगर मंगलेश से कोई काम पड़ता तो पहले वह दिवाकर की चिरौरी करता था।

तहसील में एक काफी अच्छा अंग्रेजी माध्यम स्कूल था। वहाँ पढ़ाई तो अच्छी होती ही थी, उस स्कूल में सांस्कृतिक कार्यक्रम बहुत अच्छे होते थे। मंगलेश अच्छे सांस्कृतिक कार्यक्रम देखने के बड़े शौकीन थे। उन्होंने उस स्कूल के बारे में सुन रखा था। उनकी इच्छा थी कि एक बार उन्हें स्कूल के सांस्कृतिक कार्यक्रमों में बुलाया जाय।

स्कूल का वार्षिक समारोह होने वाला था। स्कूल प्रबंधन ने तय किया कि इस वर्ष मुख्य अतिथि के रूप में तहसील के उप जिलाधिकारी को बुलाया जाय। स्कूल प्रबंधन मंगलेश से मिलने का प्रयास करने लगा। लेकिन वह दिवाकर के चक्रव्यूह को नहीं भेद पा रहा था। दिवाकर यह सोच रहा था कि स्कूल प्रबंधन पहले उसकी भरपूर खुशामद कर ले, तब उसे उप जिलाधिकारी से मिलवाया जाय।

भरपूर खुशामद करवा लेने के बाद अन्ततः दिवाकर ने स्कूल प्रबंधन को मंगलेश से मिलवा दिया। मंगलेश ने स्कूल के वार्षिक समारोह में मुख्य अतिथि बनने की बात सुनी तो बड़े प्रसन्न हुए। उन्होंने खुशी-खुशी अपनी स्वीकृति दे दी।

वार्षिक समारोह के दिन स्कूल में मंगलेश का अच्छे ढंग से स्वागत हुआ। उनके भाषण के बाद स्कूल के सांस्कृतिक कार्यक्रम शुरू हुए। बहुत अच्छे सांस्कृतिक कार्यक्रम हो रहे थे। मंगलेश को बड़ा मज़ा आ रहा था। उन्होंने मन ही मन तय किया कि वे सारे सांस्कृतिक कार्यक्रम देखकर ही जायेंगे।

अचानक मंच पर से एक उद्घोषणा हुई, "हमारे मुख्य अतिथि जी का कार्यक्रम अत्यन्त व्यस्त है। उन्हें एक जरूरी काम से कहीं जाना है। अतः मुख्य अतिथि जी न चाहते हुए भी हमारे बीच से जा रहे हैं।" मंगलेश एकदम से भौंचक्के रह गये। दिवाकर आया और उन्हें लेकर चल दिया। स्कूल के प्रमुख लोग उन्हें बाहर तक छोड़ने आये।

रास्ते में मंगलेश ने दिवाकर से पूछा, "ये मेरे व्यस्त होने की घोषणा किसने करायी?"

"मैंने!" दिवाकर ने जवाब दिया।

"क्यों?" मंगलेश ने पूछा।

"अरे मुख्य अतिथि की हनक तभी रहती है, जब वह कार्यक्रम के बीच में ही उठकर चल दे। तभी लोग समझते हैं कि ये बहुत महत्त्वपूर्ण आदमी हैं। जो मुख्य अतिथि अन्त तक बैठा रहता है, उसे लोग समझते हैं कि साला फालतू आदमी है। अन्त तक बैठा हुआ है।" मंगलेश का मन हुआ कि वे अपना सिर पीट लें। लेकिन वे मन मसोस कर रह गये।

नयी पीढ़ी

आनंद की पदोन्नति हो गयी। क्लर्क से अधिकारी की श्रेणी में पहुँच गये आनंद। उनका परिवार बहुत प्रसन्न हुआ। उनका परिवार बहुत छोटा था। वे थे, अपनी पत्नी और सात साल का बेटी संजीव। बस इतना ही बड़ा था उनका परिवार। पूरे परिवार ने मंदिर में जाकर भगवान के दर्शन किए और उन्हें प्रसाद चढ़ाया।

आनंद ने तय किया कि एक दिन बड़े साहब को सपरिवार घर भोजन के लिए आमंत्रित किया जाए। आखिर पदोन्नति की औपचारिकता तो उन्होंने ही पूरी की थी। उन्होंने पत्नी से बात की। साहब के परिवार को भोजन पर बुलाने के लिए पत्नी खुशी-खुशी तैयार हो गयी।

आनंद का बेटा संजीव दूसरी कक्षा में पढ़ता था। आनंद ने एक दिन उसे बैठाकर खूब समझाया, "बेटा एक दिन मेरे बड़े साहब अपने परिवार के साथ घर पर खाना खाने आएँगे। वे रहेंगे, उनकी पत्नी रहेंगी और उनका बेटा रहेगा। उनका बेटा शहर के सबसे अच्छे स्कूल में पाँचवीं कक्षा में पढ़ता है। उनके बेटे के साथ तुम ठीक से पेश आना। उससे लड़ाई-झगड़ा या बदतमीजी मत करना। अगर उनका बेटा नाराज़ हो गया तो साहब नाराज़ हो जाएँगे। अगर साहब नाराज़ हो गये तो वे हमें नुकसान पहुँचा सकते हैं। बहुत समझदारी से काम लेना। ठीक है?" संजीव ने हाँ में सिर हिलाया। जैसे उसने सब कुछ समझ लिया।

आनंद ने अपने बड़े साहब को दावत का निमंत्रण दे दिया। बड़े साहब ने खुशी-खुशी निमंत्रण स्वीकार कर लिया।

निर्धारित दिन और समय पर साहब आनंद के घर सपरिवार पधारे। आनंद की पत्नी ने दिनभर बड़ी मेहनत और लगन से तैयारी की थी। बड़े साहब, उनकी पत्नी और उनका बेटा ड्राइंगरूम में बैठे। भोजन भी वहीं परोसा गया। भोजन बहुत स्वादिष्ट था। बड़े साहब और उनकी पत्नी ने भोजन की बहुत तारीफ़ की। आनंद और उनकी पत्नी गद्‌गद हो गये। उनका सारा परिश्रम सार्थक हो गया।

भोजन के बाद अनौपचारिक गपशप होने लगी। बड़े साहब का बेटा वहीं

ड्राइंगरूम में संजीव के साथ खेलने लगा। वह बहुत उद्दंड और बदतमीज़ था। खेलते-खेलते वह कभी संजीव को खींचकर थप्पड़ मार देता, कभी लात से मारता, कभी कसकर घूँसा जमा देता। संजीव के ऊपर जब भी मार पड़ती, वह खिलखिलाकर हँसने लगता। जैसे वह भी एक खेल हो। बड़े साहब अपने बेटे को जरा भी रोक-टोक नहीं रहे थे। आनंद और उनकी पत्नी संजीव का व्यवहार देखकर आश्चर्यचकित थे। बात-बात में भिड़ जानेवाला संजीव यह कैसा व्यवहार कर रहा है? वे डर भी रहे थे कि संजीव कहीं बड़े साहब के बेटे से झगड़ा न कर ले। वैसा कुछ नहीं हुआ। संजीव मार खा-खाकर हँसता रहा।

बड़े साहब कुछ देर बाद अपने परिवार सहित अपनी कार से लौट गये। आनंद की आँखों में आँसू आ गये। उन्होंने अपनी पत्नी से कहा, ''हमारे देश की नयी पीढ़ी कितनी कम उम्र में ही समझदार हो जा रही है। देश के लोकतंत्र के जिस दोगलेपन को हमने इतनी उम्र में समझा, उसे वह बहुत कम उम्र में ही समझ ले रही है।''

सरकारी बनाम जेब का पैसा

बस इलाहाबाद से लखनऊ जा रही थी। सिविल लाइंस हनुमान मंदिर के पास चार लोग बस में चढ़ गये। कुछ सीटें खाली थीं। वे लोग सीटों पर बैठे नहीं बल्कि खड़े ही रहे। बस कंडक्टर ने उनसे बैठ जाने का अनुरोध किया। फिर भी वे खड़े रहे। चारों का चेहरा चोर जैसा हो रखा था। कंडक्टर को कुछ शक हुआ। उसने चारों से पूछा, "आप लोगों को कहाँ तक जाना है?" "फाफामऊ तक!" एक ने उत्तर दिया। कंडक्टर नाराज़ होने लगा, "इस बस में लोकल सवारियों को नहीं बैठाया जाता। उतरिए आप लोग।" एक ने हाथ जोड़ते हुए कहा, "भाई साहब बैठा लीजिए। हम लोग बहुत जल्दी में हैं।" कंडक्टर कुछ देर तक चुप रहा। अचानक धीरे से बोला, "एक-एक आदमी का बीस-बीस रुपया लगेगा।" चारों तैयार हो गये। जेब से बीस-बीस रुपये निकाल कर चारों ने दे दिए। पैसे ले लेने के बाद कंडक्टर बड़े प्रेम से बोला, "आप लोग खड़े क्यों हैं? सीटें खाली हैं। आप लोग बैठ जाइए।" चारों बस में आराम से बैठ गये।

बस कुछ आगे बढ़ी। बस में चार और सवारियाँ चढ़ीं। चारों सवारियाँ लखनऊ की थीं। बस एकदम भर चुकी थी। एक भी सीट खाली नहीं थी। कंडक्टर बोला, "आप लोग थोड़ी देर खड़े रहिए। कुछ देर में आप लोगों के लिए सीट का जुगाड़ करता हूँ।" चारों लोग चुपचाप खड़े हो गये। इस उम्मीद में कि कंडक्टर अभी कुछ देर में हमारे लिए सीट का जुगाड़ करेगा।

फाफामऊ में फाफामऊ के लिए बैठे चारों लोग उतर गये। लखनऊ जाने के लिए जो चारों सवारियाँ खड़े-खड़े चल रही थीं, कंडक्टर ने उनसे बैठ जाने के लिए कहा। अभी जो चार सीटें खाली हुई थीं, चारों उन पर जाकर बैठ गये।

बस का ड्राइवर यह सारा तमाशा देख रहा था। एक जगह रेलवे क्रासिंग बन्द था। कोई ट्रेन आने वाली थी। बस वहाँ रुक गयी। ड्राइवर कंडक्टर को पकड़ कर हड़काने लगा, "इस बस में लोकल सवारियों को बैठाने की अनुमति नहीं है। एक तो तू लोकल सवारियों को बैठाता है, ऊपर से उन्हें सीट भी दे देता है? सवारियों

को उठाकर लखनऊ की सवारियों को सीट नहीं दे सकता था?'' कंडक्टर हँसने लगा, "जो सवारियाँ लखनऊ तक जाएँगी, वे तो टिकट लेकर चलेंगी। उनसे हमें क्या फायदा होगा? उनका पैसा तो सरकारी खजाने में जाएगा। सवारियों का पैसा मेरी जेब में जाता है। चार लोकल सवारियों से मुझे अस्सी रुपये मिल गये। जिनका पैसा मुझे मिल रहा है, उन्हें मैं ज्यादा इ़ज़्ज़त दूँ या उन्हें जिनका पैसा सरकारी खजाने में जाता है?'' ड्राइवर बोला, "ठीक है बेटा! अस्सी मे से चालीस मुझे दो।'' "देता हूँ भाई! उस पर तो तुम्हारा हक बनता है।'' कंडक्टर ने कहा।

इति गोष्ठी कथा

अचिन्त्य जी से उमेश को कुछ जरूरी काम पड़ गया था। उमेश बार-बार अचिन्त्य जी के घर के चक्कर लगा रहा था। उनके साथ बैठकर उनकी हाँ में हाँ मिलाना, उनकी लल्लो-चप्पो करना, उनकी हर बात पर हें-हें करना। किसी भी तरीके से उमेश को अपना काम निकालना था। अचिन्त्य जी थे कि बहुत ही धीरे-धीरे पिघल रहे थे।

अचिन्त्य जी ने एक गोष्ठी आयोजित की। विषय था, 'भारत की वैज्ञानिक और आर्थिक प्रगति।' गोष्ठियों की सबसे बड़ी समस्या होती है, सुनने के लिए पर्याप्त लोगों को जुटाना। अचिन्त्य जी ने गोष्ठी का एक कार्ड उमेश को भी दे दिया। उमेश इस समय कब्जे में था यानी एक श्रोता तो एकदम पक्का!

गोष्ठी के पूरे कर्ता-धर्ता अचिन्त्य जी ही थे, इसलिए उमेश कार्ड में छपे हुए समय से आधा घंटा पहले ही पहुँच गया। अचिन्त्य जी के कुछ सहयोगी मंच और माइक इत्यादि की व्यवस्था को ठीक-ठाक कर रहे थे। अचिन्त्य जी सारी व्यवस्था का सिंहावलोकन कर रहे थे। उमेश ने लपककर अचिन्त्य जी के पैर छुए। अचिन्त्य जी ने खुश होकर पूछा, "आ गये?" "अरे सर! आपका कार्यक्रम हो और भला मैं न पहुँचूँ?" हें-हें करते हुए उमेश ने प्रश्न के स्वरूप में उत्तर दिया।

कार्यक्रम शुरू हुआ। आधा दर्जन लोग मंच पर आसीन थे। बमुश्किल चालीस-पचास श्रोता जुटे थे। श्रोता के रूप में कई ऐसे लोग भी बैठे थे जो वक्ता और श्रोता दोनों थे। कार्यक्रम की औपचारिकताओं के बाद भाषणबाजी शुरू हो गयी। गोष्ठी के विषय का नाम इतना भारी-भरकम था कि मीडिया के कैमरे आपस मे धक्का-मुक्की कर रहे थे। फ्लैश पर फ्लैश चमक रहे थे। वक्तागण गद्गद हो रहे थे।

एक घंटे बाद सुस्ती छाने लगी। सारे मीडियावाले फोटो खींचकर जा चुके थे। अब गोष्ठी सम्पन्न हो जाने के बाद गोष्ठी का पूरा समाचार लिखकर सारे अखबारों तक पहुँचाना आयोजकों की जिम्मेदारी थी। कुछ श्रोता भी पेशाब करने के बहाने या कमर सीधी करने के बहाने, सभागार से बाहर निकलकर गपशप कर रहे थे। अधिकांश लोगों को अब नाश्ते का इन्तज़ार था।

उमेश श्रोताओं की पहली पंक्ति में बैठा था। इस ढंग से कि अचिन्त्य जी की निगाह बार-बार उस पर पड़ती रहे। लेकिन अब आगे बैठकर वह पछता रहा था। वह भाषणों को एकदम नहीं झेल पा रहा था। उठकर भाग जाना चाह रहा था वहाँ से। उसे बार-बार जम्हाई आ रही थी। वह बलपूर्वक जम्हाई को रोक दे रहा था। वह अचिन्त्य जी को जम्हाते हुए नहीं दिखना चाह रहा था। उसे यह प्रदर्शित करना था कि वह बहुत ही गम्भीरता से सारे वक्ताओं का भाषण सुन रहा है। वह हर वक्ता के चेहरे को इस तरह टकटकी लगाए देख रहा था, जैसे वह उनकी सारी बातों को अपने दिमाग में उतार ले रहा है। वास्तविकता यह थी कि उसे नींद आ रही थी। वह बलपूर्वक अपनी आँखों को खोले हुए था। उसका सिर भन्ना रहा था। वह कल्पना कर रहा था कि उसके हाथ में एक मोटा डंडा आ गया है वह एक-एक कर सारे वक्ताओं की खोपड़ी फोड़ रहा है। अपने डंडे को खून से लथपथ देखकर उसे अपूर्व सुख मिल रहा है।

भाषणबाजी तीन-चार घंटे चली। अधिकांश श्रोता खिसक चुके थे। बस, आठ-दस श्रोता ही बचे थे। उनमें एक उमेश भी था। उसके दिमाग ने काम करना बंद कर दिया था। शरीर अकड़ रहा था। उसे कुछ भी नहीं सूझ रहा था कि क्या हो रहा है, क्या नहीं हो रहा है?

गोष्ठी सम्पन्न हो गयी। उमेश की भले ही सारी दुर्गति हो गयी लेकिन अचिन्त्य जी के सामने वह सबसे गम्भीर और सच्चे श्रोता के रूप में पेश आया। वह विदा लेने के लिए अचिन्त्य जी के पास पहुँचा। अपनी पूरी ताकत झोंककर बड़ी मुश्किल से वह मुस्कराया और उनके पैर छुए। अचिन्त्य जी ने शाबाशी के अन्दाज में उसकी पीठ ठोंककर उसे विदा किया।

कार्य प्रगति पर है

कार्य प्रगति पर होने से अक्षत जी परेशान थे। शहर में जिधर भी निकलते, उधर ही सड़क पर एक बड़ा सा बोर्ड रखा रहता। उस पर लिखा रहता, 'सावधान कार्य प्रगति पर है।' उन्होंने पता किया तो पता चला कि टेलीफोन की लाइनें सड़क के अन्दर बिछाई जा रही हैं। सड़कों पर चलना दूभर हो रहा था। कुछ प्रगति का काम हो रहा था, इसलिए अक्षत जी किसी तरह सन्तोष कर ले रहे थे। टेलीफोन की लाइनें बिछ जाने पर सड़कें कई महीने तक टूटी-फूटी पड़ी रहीं। सड़कों पर मोटरसाइकिल कूद-कूदकर चल रही थी। अक्षत जी को बहुत गुस्सा आ रहा था। एक तो टेलीफोन की लाइनें बिछने में कई महीने का समय लगा और अब ये टूटी सड़कें! सरकार सड़कों की सुधि नहीं ले रही थी।

अचानक फिर सड़कों पर बड़े-बड़े बोर्ड दिख उठे। सावधान! कार्य प्रगति पर है। सड़कें बनने लगीं। सड़कों पर चलना और भी मुश्किल हो गया। फिर भी अक्षत जी यह सोचकर सन्तोष कर रहे थे कि जब सड़कें बन जाएँगी तो उन पर चलने में आराम रहेगा। शहर की सड़कों को बनने में कई महीने लगे।

सड़कें बन गयीं तो फिर से खुदाई होने लगी। बोर्ड लग गये—सावधान! कार्य प्रगति पर है। फिर सड़कों पर चलना दूभर हो गया। अक्षत जी ने पता किया तो पता चला कि मोबाइल फोन के केबिल डाले जाएँगे। फिर कई महीनों तक सड़कों की दुर्दशा होती रही। अंततः केबिल जमीन के अन्दर से डल गये लेकिन सड़कों को वैसे ही छोड़ दिया गया।

कई महीनों बाद फिर सड़कों पर बोर्ड दिख उठे, सावधान! कार्य प्रगति पर है। फिर सड़कें गाँव की मेंड़ वाली स्थिति में पहुँच गयीं। अपनी मोटरसाइकिल के साथ शहर की सड़कों पर उछलते हुए अक्षत जी को फिर यही सन्तोष था कि जब सड़कें बन जाएँगी तो सब ठीक हो जाएगा। कई महीने तक कार्य प्रगति पर रहने के बाद अंततः सड़कें बन ही गयीं। अक्षत जी बहुत प्रसन्न हुए। कुछ ही महीनों बाद फिर बोर्ड लग गये। सवाधान! कार्य प्रगति पर है। एकदम सड़क के बीचोबीच

खूब चौड़ाई में खुदाई होने लगी। अक्षत जी परेशान हो गये। पता चला कि शहर में सीवरलाइन बिछेगी। इतनी गहराई तक खुदाई हुई कि शहर मलबे में बदल गया। सड़कों पर चलना एकदम दूभर हो गया। सालों लग गये सीवर बिछने में। तब तक लोगों का जीना मुहाल ही रहा। सीवर बिछाकर सड़कों को वैसे ही छोड़ दिया गया। सड़कें खंदक में तब्दील हो गयीं।

जनता के बहुत आन्दोलन करने पर, सालों बाद सड़कों का बनना चालू हुआ। अक्षत जी ने राहत की साँस ली। सड़कों पर बोर्ड खड़े हो गये। सावधान! कार्य प्रगति पर है। सड़कों की एकदम दुर्दशा हो चुकी थी। अतः उन्हें एकदम नये सिरे से बनाना पड़ रहा था। अक्षत जी सालों बड़े धैर्य से अपनी मोटरसाइकिल पर बैठकर कूदते रहे। गिरते-पड़ते अंततः सड़कें ठीक-ठाक हो ही गयीं।

सड़क बने कुछ ही महीने बीते थे कि सड़कों को फिर से खोदा जाने लगा। फिर बोर्ड रखे गये। सावधान! कार्य प्रगति पर है। पता चला सीवर बिछाने वाली कम्पनी ने बहुत घटिया ढंग से सीवर बिछाया था। सीवर का पूरा सिस्टम ही फेल हो गया और टूट-फूट गया, इसलिए नये सिरे से सीवर लाइन बिछाई जाएगी।

अक्षत जी अपने एक मित्र से अपनी सारी बातें साझा करते थे। उन्होंने अपने मित्र से पूछा, "यार, कार्य प्रगति पर है, का बोर्ड पिंड ही नहीं छोड़ता।" मित्र बोले, "और कभी छोड़ेगा भी नहीं। कार्य प्रगति पर है मतलब जानते हो? इसका मतलब है—मंत्रियों, अधिकारियों, इंजीनियरों, ठेकेदारों का जेब भरने का कार्य प्रगति पर है। सरकारें बदलती रहती हैं। नये मंत्री और अधिकारी आते रहते हैं। इसीलिए हमेशा जेबें भरने का कार्य प्रगति पर रहता है।"

आन्दोलन

हीरा एक ऑफिस में चपरासी था। वह अपनी पत्नी दमयंती के साथ शहर मे ही एक बहुत पुराने मामूली से मकान में रहता था। मकान उसके बाबा यानी पिता के पिता ने बनवाया था। मकान अब काफी जीर्णशीर्ण हालत में था। यद्यपि मकान काफी पुराना था लेकिन उसका क्षेत्रफल पर्याप्त बड़ा था। मकान पाँच सौ वर्ग मीटर में बना हुआ था। हीरा और उसकी पत्नी, सिर्फ वही दो प्राणी इतने बड़े मकान में रहते थे।

शहर में इतनी अच्छी जगह पर इतनी बड़ी जमीन कई लोगों को ललचा रही थी। मुहल्ले में ही एक दादा टाइप व्यक्ति था, बसंत। बसंत की नज़र भी उस जमीन पर थी। उसे लगता था कि हीरा और दमयंती दोनों मामूली लोग हैं। इन्हें डरा-धमकाकर यहाँ से भगाया जा सकता है। दोनों के पीछे कोई ऐसा प्रभावशाली व्यक्ति नहीं है, जो इनकी मदद के लिए आगे आएगा। दोनों को अर्दब देना शुरू किया जाए तो दोनों ही जल्दी से यहाँ से भाग खड़े होंगे। दोनों को पैसा-वैसा देने की कोई जरूरत नहीं है।

बसंत ने दोनों को डराना-धमकाना शुरू कर दिया। हीरा और दमयंती बिल्कुल भी नहीं दबे। एक तो हीरा इस स्थिति में नहीं था कि वह कहीं जमीन खरीदकर दूसरा घर बनवा ले, दूसरे वह इस तथ्य को भलीभाँति समझता था कि मेरी जमीन काफी बड़ी और बहुत कीमती है। कुछ दिन डराने-धमकाने के बाद जब बसंत ने देखा कि दोनों घर छोड़ने के लिए तैयार नहीं हैं, वह गुंडई और दबंगई पर उतर आया।

एक दिन हीरा ऑफिस गया हुआ था। बसंत अपने कुछ लोगों के साथ उसके घर में घुस गया और लगा दमयंती को बुरी तरह से मारने-पीटने। दमयंती जोर-जोर से चिल्लाने लगी। उसकी आवाज़ सुनकर धीरे-धीरे भीड़ इकट्ठी होने लगी। बसंत के साथी हथियारों से लैस थे। भीड़ में किसी की हिम्मत बोलने की नहीं हुई। बसंत और उसके लोगों ने दमयंती को घसीट-घसीटकर मारा। अंत में सब हवा में गोलियाँ चलाते हुए वहाँ से भाग गये।

लोगों ने पुलिस को फोन किया। पुलिस पहुँच गयी। वहाँ पर इकट्ठा लोग पुलिस

प्रशासन मुर्दाबाद के नारे लगाने लगे। धीरे-धीरे जिले का पूरा प्रशानिक अमला ही वहाँ पहुँच गया। जिलाधिकारी से लेकर पुलिस कप्तान तक सब। मीडिया भी पहुँच गया। मीडिया ने घटना को जमकर उछाला। पूरे शहर में कोहराम मच गया।

दो दिन बाद शहर के लोगों ने दमयंती के समर्थन में एक लम्बा जुलूस निकाला। विभिन्न छात्र संगठन, महिला अधिकारों की समर्थक औरतें, तमाम स्वयंसेवी संगठन। दमयंती और हीरा को आगे करके दो पंक्तियों में लम्बा जुलूस निकला। लोग अपने हाथों में बैनर, पोस्टर और तख्तियाँ लिए हुए थे। लग रहा था, जैसे पूरा शहर ही सड़क पर उतर आया हो। जोर-जोर से नारे लग रहे थे। दमयंती और हीरा को बड़ी आश्वस्ति महसूस हो रही थी। इतने सारे लोग हमारे साथ हैं। अब हमें जरूर न्याय मिलेगा।

जुलूस अपने निर्धारित स्थल पर पहुँचा। टी.वी. चैनलों के कैमरे रिकार्डिंग करने लगे। अखबारों के कैमरों के फ्लैश चमकने लगे। संवाददाता पूरा विवरण लिखने लगे।

मीडिया के लोग कुछ देर में चले गये। उनके जाते ही भीड़ भी छँटने लगी। कुछ देर में ही सब गायब हो गये। वहाँ सन्नाटा छा गया। दमयंती और हीरा चारों तरफ आँखें फाड़-फाड़कर देख रहे थे। कहीं कोई नहीं था।

परम श्रद्धेय दहिजरू के नाती

इलाहाबाद विश्वविद्यालय के अमरनाथ झा छात्रावास में उस दिन का माहौल बहुत उत्तेजनापूर्ण था। शाम को चार बजे सभी छात्रों की एक आपातकालीन बैठक बुलायी गयी थी। दरअसल बात ही कुछ ऐसी हो गयी थी।

छात्रावास का यह नियम था कि छात्रावास का कोई भी छात्र चाहे जितने ऊँचे पद पर पहुँच जाए, यदि उससे मिलने छात्रावास को कोई भी वर्तमान या भूतपूर्व छात्र जाता है तो ऊँचे पद पर बैठे प्रत्येक व्यक्ति का कर्तव्य है कि वह उससे ठीक से मिले और इज़्ज़त से पेश आए। सबको इस नियम का पालन करना अनिवार्य था। इस समय भारत सरकार के कम से कम आधा दर्जन सचिव इस छात्रावाद के थे। एक भूतपूर्व छात्र पद्मकान्त ने अनर्थ कर दिया था। वे अभी मुश्किल से आठ साल पहले इस छात्रावास के अंतःवासी थे। इस छात्रावास में रहते-रहते ही उन्होंने नेतागिरी शुरू कर दी थी। उस समय छात्रावास के सभी अन्तःवासियों ने उनका जोर-शोर से समर्थन किया। इस समय पद्मकान्त विधायक होकर प्रदेश सरकार के मंत्री बने हुए थे। दो दिन पहले छात्रावास के चार छात्र उनसे मिलने गये थे। उन्होंने चारों छात्रों को पहचानने से इनकार कर दिया।

ठीक चार बजे से सभी अन्तःवासी छात्रों की बैठक शुरू हो गयी। सभी छात्र उत्तेजित थे। छात्रावास के कुछ वरिष्ठ छात्र बैठक का संचालन कर रहे थे। कनिष्ठ छात्रों ने पहला प्रस्ताव रखा, अब न तो पद्मकान्त से मिलने कभी भी छात्रावास का कोई भी छात्र जाएगा, कभी मिल जाने पर न तो उन्हें पहचानेगा और न ही नमस्कार करेगा, मौका मिलने पर कोई भी उन्हें अपना मत नहीं देगा। प्रस्ताव सर्वसम्मति से पास हो गया। कुछ छात्रों ने प्रस्ताव रखा, आपसी बातचीत में कोई भी व्यक्ति उन्हें पद्मकान्त नहीं कहेगा। उनका नाम बिगाड़ दिया जाए। कुछ देर हुज्जत के बाद यह प्रस्ताव भी पास हो गया। अब समस्या यह आई कि बिगाड़कर उनका नाम क्या रखा जाए? किसी ने कहा—मूर्ख रख दिया जाए, किसी ने कहा नालायक रख दिया जाए। एक कनिष्ठ छात्र खड़ा होकर बोला, "मेरे गाँव

में औरतें जब भी किसी आदमी या लड़के को गाली देती हैं, वे उसे दहिजरू के नाती कहती हैं। पद्मकान्त का नाम दहिजरू के नाती रख दिया जाए।'' जोर से तालियाँ बजीं। सबने इस बात का समर्थन किया कि उनका नाम 'दहिजरू के नाती' रख दिया जाए। संचालन कर रहे एक वरिष्ठ छात्र ने कहा, ''फिलहाल वे प्रदेश सरकार में मंत्री हैं। हमें उनके सम्मान का भी ध्यान रखना चाहिए। उनके नाम में कोई सम्मानसूचक शब्द भी होना चाहिए।'' कुछ दूर तक चुप्पी छाई रही। एक छात्र खड़ा हुआ और बोला, ''उनका नाम 'परम श्रद्धेय दहिजरू के नाती' रख दिया जाए। इससे पता चलता रहेगा कि दहिजरू के नाती कोई बड़े आदमी हैं। कुछ लोगों ने समर्थन किया ''हाँ,यह नाम ज्यादा ठीक रहेगा।'' तालियाँ बजने लगीं। तय हो गया। 'परम श्रद्धेय दहिजरू के नाती' ही ठीक रहेगा। संचालन कर रहे एक वरिष्ठ छात्र ने जोर से नारा लगाया, ''परम श्रद्धेय दहिजरू के नाती...''

''ज़िन्दाबाद-ज़िन्दाबाद!'' जवाबी नारा गूँज उठा।

ठेकेदारी

रवीश गाँव में रहकर खेती-बाड़ी करता था। साथ ही गाँव से थोड़ी दूर स्थित महाविद्यालय में पढ़ाई भी करता था। उसने एम.ए. कर लिया। अब समस्या यह थी कि आगे क्या किया जाए? उसे अच्छी तरह पता था कि नौकरी तो कहीं मिलने से रही। किसी और चीज में हाथ अजमाया जाए।

रवीश थोड़ी-बहुत नेतागिरी भी करता था। उसने सोचा, क्यों न ठेकेदारी की जाए! मेरे जैसे व्यक्ति के लिए ठेकेदारी से बढ़िया धंधा और कोई नहीं है।

एक दिन उसने एक ठेकेदार मित्र को अपनी इच्छा बताई। मित्र ने सलाह दी कि विचार बुरा नहीं है लेकिन इस धंधे में उतरने के लिए दबंग बनना पड़ेगा। रवीश बोला, "सो तो मैं बन जाऊँगा। यह बताओ कि शुरुआत कहाँ से करूँ?" मित्र ने उत्तर दिया, "जिला पंचायत से शुरू करो। जाकर जिला पंचायत में पता करो। शायद कोई ठेका मिल जाए!"

एक दिन रवीश जिला पंचायत के कार्यालय पहुँचा। लोगों से पूछते, पता करने वह सही अधिकारी तक पहुँच गया। उसने अधिकारी के सामने अपनी इच्छा व्यक्त की, "साहब मैं एम.ए. पास कर चुका हूँ। अब मैं ठेकेदारी का धंधा शुरू करना चाह रहा हूँ। मेरे सिर पर आप अपना हाथ रख दीजिए। आप जैसा कहेंगे, मैं वैसा ही करूँगा। आप की हर तरह से सेवा करूँगा।" अधिकारी ने पहने उसे ऊपर से नीचे तक देखा। फिर बोले, "ठीक है! मैं तुम्हें मौका दूँगा। एकाध काम देकर पहले तुम्हें आजमाऊँगा। अगर हमारी कसौटी पर तुम खरे उतरे तो हम तुम्हें अपना आदमी बना लेंगे।" "बस साहब बस!" रवीश ने अधिकारी के पैर पकड़ लिये, "यही मैं भी चाहता हूँ। आप देखिएगा! मैं किसी भी तरह से पीछे नहीं हटूँगा।"

अधिकारी ने कहा, "इस धंधे में उतर रहे तो पहले इसके नियम समझ लो। मान लो तुम्हें दस लाख का ठेका मिलता है। किसी तरह का भुगतान होने के पहले ही दस लाख की बीस प्रतिशत धनराशि तुम्हें बड़े अधिकारी को देनी होगी। इस बीस प्रतिशत में जिलाधिकारी से लेकर मंत्री तक सबका हिस्सा लगता है। उसके

बाद तुम्हें दस लाख का दस प्रतिशत जिला पंचायत अध्यक्ष को देना पड़ेगा। जिला पंचायत अध्यक्ष चूँकि नेता होता है, इसलिए यह पूरी रकम वह खुद रख लेता है। वह किसी को हिस्सा नहीं देता। इसके बाद दस लाख का पाँच प्रतिशत हिस्सा कनिष्ठ अभियंता अर्थात् जे.ई. को देना पड़ता है। वही काम की गुणवत्ता की जाँच करके बताता है कि काम सही हुआ है। फिर दस लाख का पाँच प्रतिशत ऑफिस खर्च देना होता है। यह पाँच प्रतिशत कार्यालय के सभी बाबुओं और चपरासियों के बीच बँटता है। दस लाख का चालीस प्रतिशत तुम्हारा खर्च हो गया। अब दस प्रतिशत तुम मेरे पास जमा कर दोगे। यह आपातकोष होता है। मान लो कोई जाँच-वाँच हो गयी और मामला फँस गया तो मामले को रफा-दफा करने के लिए इस आपातकोष का उपयोग होता है। वैसे तो मामला रफा-दफा हो जाता है लेकिन अगर बहुत बड़ा लफड़ा हो गया और हम तुम्हें न बचा पाए तो फिर आगे सब कुछ तुम्हें ही झेलना पड़ेगा। हम हाथ झाड़कर अलग खड़े हो जाएँगे। डरने की बात नहीं है। ऐसा जल्दी होता नहीं है।''

''दस लाख में तुम्हारे पास सिर्फ पचास प्रतिशत राशि ही बचेगी यानी कि पाँच लाख रुपये। इसी में तुम्हें सारा काम भी करना है और अपने लिए बचाना भी है।यहीं पर तुम्हारे कौशल की परीक्षा हो जाती है। यही नहीं, हर सरकारी काम ऐसे ही होता है। तभी सड़क बनने के सालभर के अन्दर उखड़ जाती है। पुलिया बनने के पाँच साल के अन्दर टूट जाती है। तुम सब कुछ एक बार फिर से सोच लो। इस काम में तुम अपने को समायोजित कर पाओगे या नहीं?''

अधिकारी की बात सुनकर रवीश की हिम्मत जवाब दे गयी। इतना सब करने के बाद ठेकेदारी में अपना वर्चस्व बनाए रखने के लिए गुंडई-बदमाशी अलग से करनी पड़ती है। उसे लगा कि ठेकेदारी उसके बस का काम नहीं है। उसने अधिकारी से कहा, ''साहब, मैं सोच-विचार करके कुछ दिनों बाद आपको इसके बारे में बताता हूँ।'' वह चुपचाप वहाँ से चला आया।

फीस

मंटू कम्पनी बाग में यूँ ही बैठा हुआ था, अकेले। उसकी उम्र पैंतीस साल हो गयी थी। कई वर्षों से इलाहाबाद में टिककर प्रतियोगी परीक्षाएँ दे रहा था। अभी तक सफलता हाथ नहीं लगी। यद्यपि पी.सी.एस. परीक्षा के अंतिम चरण अर्थात् साक्षात्कार तक वह दो बार पहुँच चुका था।

मंटू की जेब में इस समय एक भी पैसा नहीं था। वह चक्कर में था कि कहीं से कुछ पैसे मिल जायँ। वह उठा। कम्पनी बाग में इधर-उधर टहलने लगा।

मंटू ने एक जगह देखा कि झाड़ियों के पीछे एक प्रेमी-युगल बैठा हुआ है। दोनों ने एक प्रतिष्ठित अंग्रेजी-माध्यम स्कूल की ड्रेस पहन रखी थी। ग्यारहवीं-बारहवीं के छात्र लग रहे थे। लड़का लड़की को पकड़कर उसके होंठों को चूम रहा था। मंटू उसके पास पहुँच गया। गुर्राते हुए पूछा, ''तुम लोगों ने फीस दी?'' दोनों हड़बड़ाकर अलग हो गये। लड़के ने पूछा, ''कैसी फीस?'' दोनों घबरा गये थे और नर्वस थे। मंटू बोला, ''कम्पनी बाग में प्रेमी-प्रेमिका बैठकर बातें कर सकते हैं। इसकी कोई फीस नहीं लगती लेकिन अगर प्रेमी अपनी प्रेमिका को चूमता है तो इसके लिए फीस देनी होती है। फीस नहीं जमा करोगे तो तुम दोनों को पकड़कर पुलिस को सौंप दिया जाएगा।'' लड़का रुआँसा हो गया, ''नहीं, नहीं सर! हमें पकड़कर पुलिस में मत दीजिए। बताइए कितनी फीस लगती है?'' ''प्रेमिका को चूमने की फीस पाँच सौ रुपये है।'' मंटू बोला। लड़के ने अपनी जेब से पर्स निकाला। अपने पर्स से उसने पाँच सौ के बजाय हजार रुपये निकाले और मंटू को दे दिए। मंटू ने पैसा रखते हुए कहा, ''अब तुम दोनों निश्चिन्त होकर एक-दूसरे को चूमो, प्यार करो। मैं कुछ दूर पर आगे बैठकर पहरा दे रहा हूँ। कोई भी इधर आने की कोशिश करेगा तो मैं उसे भगा दूँगा। शुरू हो जाओ...'' मंटू कुछ दूर आगे जाकर बैठ गया और पहरा देने लगा।

गाड़ी का पंचर

सुधाकर विश्वविद्यालय से एम.ए. कर रहा था। उसके पिता बैंक में प्रबन्धक थे। माँ प्रभावती एक सरकारी विद्यालय में अध्यापिका थीं। वे बहुत धार्मिक महिला थीं। एक बाबा जी थे—स्वामी मोहनदास जी। स्वामी मोहनदास जी की अध्यात्म की दुनिया में बहुत हनक थी। बड़े-बड़े लोग उनके शिष्य थे। उनका आध्यात्मिक साम्राज्य पूरे देश में फैला हुआ था। प्रभावती भी स्वामी मोहनदास जी की भक्त थीं। वे उन्हें अपना आध्यात्मिक गुरु मानती थीं। अपने जिले में स्थित स्वामी जी के स्थानीय केन्द्र में वे बराबर जाती रहती थीं और बड़े श्रद्धाभाव से वहाँ के कार्यक्रमों में भाग लेती थीं। उनके घर में, उनके बैग में, उनकी स्कूटी में, हर जगह स्वामी जी का चित्र रहता था। स्वामी जी के चित्र को वे बहुत शुभ और पवित्र मानती थीं। वे इस बात के लिए हमेशा प्रयासरत रहती थीं कि एक बार स्वामी जी से आमने-सामने मुलाकात हो जाए। अपने इस प्रयास में उन्हें अभी तक सफलता नहीं मिल पाई थी।

प्रभावती सुधाकर के सामने हमेशा अपने गुरु जी की प्रशंसा करती रहती थीं। गुरु जी के सैकड़ों चमत्कारों का वर्णन करती रहती थीं। उनका प्रयास था कि सुधाकर के मन में भी गुरु जी के प्रति श्रद्धा जग जाए और वह भी गुरु जी का भक्त बन जाए। सुधाकर था कि किसी भी तरह उनके कब्जे में नहीं आ रहा था। प्रभावती जब भी गुरु जी का गुणगान शुरू करतीं, वह अप्रत्यक्ष रूप से गुरु जी का मजाक उड़ाना शुरू कर देता। उसका कहना था कि किसी बाबा के पीछे टहलने से अच्छा है, मैं खुद बाबा बन जाऊँ और अपना खुद का एक आध्यात्मिक साम्राज्य खड़ा कर लूँ। प्रभावती अक्सर सुधाकर से कहतीं, "चलकर स्वामी जी के स्थानीय केन्द्र में देखो। इतने बड़े-बड़े लोग वहाँ पर झाड़ू-पोंछा लगाते हैं कि तुम सोच भी नहीं सकते।" सुधाकर उन्हें उत्तर देता, "आश्रम में झाड़ू-पोछा लगाने के बजाय ये बड़े-बड़े लोग अपने-अपने घरों में झाड़ू-पोंछा लगाएँ तो महरिन का खर्च बच जाएगा, लेकिन ये बड़े-बड़े लोग अपने-अपने घरों में झाड़ू-पोंछा नहीं लगाएँगे। अपने घर में झाड़ू-पोंछा लगाने से उनकी नाक कट जाएगी।"

एक दिन प्रभावती शाम को घर आईं। श्रद्धापूर्ण मुस्कराहट से चेहरा दीप्त हो रहा था। घर में घुसते ही वे जय-जयकार करने लगीं, "गुरु जी आपकी जय हो-जय हो! आपकी लीला कोई नहीं जान सकता। आपकी महिमा अपरम्पार है।" सुधाकर ने कौतूहल से पूछा, "क्या हो गया मम्मी?" प्रभावती बोलीं, "बेटा अगर मैं बताऊँगी तो तुम विश्वास नहीं करोगे। विद्यालय के काम से मुझे आज एक गाँव तक जाना पड़ गया। करीब चार बजे मैं वहाँ से लौट रही थी। रास्ते में एकदम सन्नाटा था। अचानक मेरी स्कूटी पंचर हो गयी। मैं स्कूटी वहीं खड़ी करके असहाय भाव से चारों तरफ देखने लगी। अचानक न जाने कहाँ से एक लड़का वहाँ पैदल ही आ गया। उसके पास बड़ा सा झोला था। उसने मुझसे पूछा कि आपकी गाड़ी पंचर हो गई है क्या? मैंने कहा, "हाँ।" उसने कहा कि मैं पंचर बनाता हूँ। मैं अपनी दुकान बंद करके लौट रहा हूँ। लाइए आपकी गाड़ी को देखता हूँ। उसने मेरी स्कूटी का पहिया खोला और उसकी जाँच की। आश्चर्य! उसने मेरी स्कूटी का पंचर बना दिया। उसके पास हवा भरने वाला पम्प भी था। उसने हवा भी भर दी। मेरी स्कूटी एकदम ठीक हो गयी। उस लड़के ने मुझसे पैसा लिया और चुपचाप चला गया। वे निश्चय ही गुरु जी थे। एक लड़के का वेश बनाकर मेरी मदद करने के लिए आए थे।" सुधाकर तुरन्त बाहर भागा।

सुधाकर ने स्कूटी का पहिया देखा। माँ जो पहिया पंचर होने की बात कर रही थीं, उसे गौर से जाँचा। सब कुछ एकदम ठीक था। सुधाकर घर के अन्दर आकर अपनी माँ से बोला, "मम्मी आज मैं आपके गुरु जी को मान गया। और चाह जो हो लेकिन आपके गुरु जी गाड़ी पंचर बहुत अच्छा बनाते हैं।"

बुभुक्षितं किम् न करोति पापम्

सुमिता के पति की असमय मौत हो गयी थी। आय का कोई ठोस साधन नहीं था। ऊपर से दो बेटियाँ भी थीं रुम्पी और झुम्पी। रुम्पी बी.ए. में पढ़ रही थी जबकि झुम्पी इस समय दसवीं में थीं। दोनों बेटियों की पढ़ाई का खर्च, खाने-पीने का खर्च, घर चलाने का खर्च! सारे खर्चों की व्यवस्था कर पाना सुमिता के लिए बहुत कठिन हो रहा था। ईश्वर की कृपा से कम से कम घर अपना था, नहीं तो शहर में रह पाना मुश्किल हो जाता। सुमिता बच्चों के एक प्राइवेट स्कूल में पढ़ाकर किसी तरह गृहस्थी की गाड़ी खींचने की कोशिश कर रही थी, लेकिन गाड़ी ठीक से खिंच नहीं पा रही थी।

शहर में बहुत बड़े सेठ थे, रोशनलाल। उम्र थी, करीब पचपन साल। अपना काफी बड़ा निजी व्यवसाय था। बहुत पैसेवाले थे रोशनलाल। एक दिन बहुत सोच-समझकर सुमिता उनके पास काम माँगने गयी।

रोशनलाल बोले, ''मेरे पास तुम्हारे लायक कोई काम नहीं है। हाँ घर में झाड़ू-पोंछा और कपड़े वगैरह साफ करना चाहो तो मैं तुम्हें काम दे सकता हूँ।''

सुमिता तैयार हो गयी, ''ठीक है साहब! मुझे पैसे से मतलब है। मुझे ठीक-ठाक पैसा दे दीजिए, मैं यही काम कर लूँगी।'' रोशनलाल ने उसे अलगे दिन से काम करने को कह दिया।

सुमिता बड़ी मेहनत और लगन से काम करने लगी। किसी को किसी तरह की शिकायत का कोई मौका नहीं देती थी। कुछ ही महीनों में उसने रोशनलाल की पत्नी का दिल और विश्वास, दोनों जीत लिया। वह सेठानी की सबसे भरोसेमंद और विश्वासपात्र नौकरानी हो गयी। सेठानी कभी-कभी उसके भरोसे पूरा घर छोड़कर चली जाती थीं।

सेठानी को जरूरी काम से एक महीने के लिए मायके जाना था। उन्होंने सुमिता से कहा, ''सुमिता मैं एक महीने के लिए मायके जा रही हूँ। मेरे पीछे तुम घर का का ध्यान रखना। सबेरे नौ बजे तक आ जाया करो और शाम को सात बजे तक

जाना। घर मैं तुम्हारे भरोसे छोड़कर जा रही हूँ।'' सुमिता ने आश्वस्त किया, ''आप निश्चिन्त रहें मालकिन! मैं घर का पूरा ध्यान रखूँगी।''

सेठानी चली गयीं। अब सुमिता ही घर की मालकिन थी। चार दिन बाद वह अपनी बड़ी बेटी रुम्पी को साथ लेकर काम करने आई। रोशनलाल उस समय घर पर ही थे। रुम्पी बीस साल की देखने-सुनने लायक लड़की थी। रोशनलाल सुमिता की आँखे बचा-बचाकर रुम्पी को देख रहे थे। सुमिता ने रोशनलाल के मनोभावों को ताड़ लिया। वह काम छोड़कर रोशनलाल के पास गयी। ''साहब एक मिनट जरा सा इधर आइए।'' वह रोशनलाल को लेकर एक तरफ गयी, ''साहब अगर सेठानी जी की कमी महसूस हो रही हो तो आप मेरी बेटी से काम चला सकते हैं।'' रोशनलाल एकदम से अचकचा गये, ''क्या बात कर रही हो?'' ''शरमाइए नहीं साहब! आपकी नौकरानी हूँ। आपका नमक खा रही हूँ। मैं आपकी खुशी का ध्यान नहीं रखूँगी तो कौन रखेगा?'' सुमिता ने कहा। वह रुम्पी और रोशनलाल को लेकर उनके शयनकक्ष में गयी और दरवाजा बाहर से बंद कर दिया। अब सुमिता रोज रुम्पी को लेकर आती। रोशनलाल बहुत प्रसन्न थे। वे रोज सुमिता को चार हजार दे देते।

सेठानी मायके से वापस आ गयीं। दो महीने बाद एक दिन सुमिता ने रोशनलाल से कहा, ''साहब, रुम्पी आपके बच्चे की माँ बनने वाली है। उनके पैरों तले से जीमन खिसक गयी। वे घबराकर बोले, ''मुझसे कुछ पैसे ले लो। ले जाकर कहीं सफाई करवा दो।'' ''लेकिन साहब, रुम्पी तो कह रही है कि वह अपने बच्चे को जन्म देगी, चाहे जो हो जाए।'' सुमिता ने कहा। रोशनलाला रुआँसे हो गये, ''क्यों मेरी इज़्ज़त का बाजा बजवाने पर तुली हुई हो। उसको किसी तरह समझाओ।'' सुमिता बोली, ''साहब आपकी इज़्ज़त बचाने की कीमत है, पचीस लाख रुपये। कोई मोलभाव नहीं।'' रोशनलाल सुमिता का चेहरा देखने लगे। ''ठीक है! तुम्हें पच्चीस लाख रुपये मिल जाएँगे लेकिन उसके बाद मेरे घर फिर कभी मत दिखाई पड़ना।'' उन्होंने कुछ देर बाद कहा।

सरकारी सुरक्षा

ज्ञानेन्द्र शहर के एक बड़े व्यापारी थे। काफी पैसे वाले व्यक्ति थे। वे अपनी सुरक्षा को लेकर चिन्तित रहते थे। दरअसल वे अपनी कार से जब भी कहीं जाते थे, उनके पास काफी पैसे रहते थे। इसके अतिरिक्त उन्हें काफी पैसे इधर से उधर पहुँचाने पड़ते थे। जब भी वे पर्याप्त पैसा लेकर चल रहे होते, उन्हें डर लगता रहता था। कोई मार-पीटकर सारे पैसे छीन न ले। पैसे के लिए लोग कुछ भी कर डालते हैं। हो सकता है पैसे छीनने के लिए कोई गोली ही मार दे।

अपनी सुरक्षा के लिए वैसे तो वे एक लाइसेंसी रिवाल्वर हमेशा साथ रखते थे लेकिन इतने से उन्हें सन्तोष नहीं था। उन्होंने सरकार को एक आवेदनपत्र दे रखा था कि अपने दुश्मनों से उन्हें जान का खतरा है, लिहाजा सुरक्षा के लिए दो सरकारी राइफलधारी पुलिस के सिपाही उन्हें दिए जाएँ। वे बहुत दौड़-धूप कर रहे थे। इर सम्भव सिफारिश लगवा रहे थे लेकिन सरकारी सुरक्षा उन्हें नहीं मिल पा रही थी।

इत्तफाक से शहर में उनके एक परिचित पुलिस कप्तान आ गये। वे बड़े प्रसन्न हुए। पहुँच गये कप्तान साहब के पास। उन्होंने उन्हें अपनी पूरी समस्या सुनाई और उनसे प्रार्थना की कि उन्हें सरकारी सुरक्षा प्रदान की जाए। दो-चार फर्जी दुश्मनों का भी किस्सा सुना दिया, यह जताने के लिए कि उनकी जान को कितना खतरा है। कप्तान साहब ने उन्हें आश्वासन दिया कि दो तो नहीं, हाँ एक सरकारी गनर मैं आपको दिलवा दूँगा। ज्ञानेन्द्र तैयार हो गये कि ठीक है, एक ही गनर दिलवा दीजिए।

ज्ञानेन्द्र को सरकारी सुरक्षा मिल गयी। एक राइफलधारी पुलिस का सिपाही चौबीसों घंटे के लिए उनकी सुरक्षा में तैनात हो गया। ज्ञानेन्द्र आश्वस्त हुए कि अब ठीक है। मेरे साथ हमेशा एक राइफलधारी जवान रहेगा जो मेरी सुरक्षा करेगा। एक दिन वे उसके साथ बैठकर चाय पी रहे थे। उससे बातचीत भी कर रहे थे। वे बोले, "आप आ गये, बड़ा अच्छा हुआ। अब मुझे यह सन्तोष रहता है कि एक राइफलधारी बहादुर जवान मेरे साथ है, जो दुश्मनों से मेरी रक्षा करेगा। नहीं तो पहले अकेले कहीं जाने में डर लगता था। वैसे तो मैं अपनी सुरक्षा के लिए हमेशा

एक लाइसेंसी रिवाल्वर साथ रखता हूँ लेकिन साथ में किसी बंदूकधारी पुलिसवाले के रहने से बात दूसरी रहती है।'' सिपाही हँसने लगा, ''साहब हम लोग तो केवल हाथी के दाँत होते हैं। हम लोग किसी की क्या रक्षा करेंगे? अभी कुछ लोग आकर आपसे झगड़ा करने लगें और मैं उन पर गोली चला दूँ तो आन्दोलन शुरू हो जाएगा। बहुत सारे लोग जिन्दाबाद-मुर्दाबाद करने लगेंगे। नतीजा यह होगा कि मुझे नौकरी से निलंबित कर दिया जाएगा और मेर खिलाफ सरकारी जाँच बैठा दी जाएगी। पूरी सम्भावना यही रहेगी कि अंततः मुझे नौकरी से बर्खास्त कर दिया जाएगा। साहब आप तो बहुत पैसे वाले आदमी हैं। मैं तो थोड़ा-सा वेतन पाने वाला सरकारी नौकर हूँ। इसी थोड़े से वेतन में हम लोग किसी तहर अपने परिवार का भरण-पोषण करते हैं। अगर हमारी नौकरी चली जाएगी तो मैं और मेरा परिवार भूखों मर जाएँगे। हाथ में यह बंदूक तो हम लोग शोभा के लिए, लिये रहते हैं। हम लोग भूलकर भी कभी गोली नहीं चलाते। मेरी अपनी जान पर बन आये तो दूसरी बात है।''

परिवर्तन

डॉ. मधुरिमा महाविद्यालय में बीस वर्षों से प्राध्यापक थीं। उन्होंने जब से नौकरी करनी शुरू की, महाविद्यालय में उनके असंख्य प्रशंसक पैदा हो गये। डॉ. मधुरिमा एक तो सुन्दर थीं, दूसरे बहुत ही आधुनिक और बोल्ड महिला थीं। एक से एक आधुनिक परिधान में वे महाविद्यालय आतीं। उनकी ड्रेस देखकर अध्यापक तो अध्यापक, छात्र भी दिल थाम लेते थे। रंग-बिरंगी लिपिस्टिक, रंग-बिरंगे पर्स, रंग-बिरंगे परिधान। अध्यापक और छात्र, सब उनसे नजदीकी बनाने को बेकरार रहते थे। डॉ. मधुरिमा की छात्रों से दोस्ती करने में विशेष रुचि थी। जब घर जाने लगतीं, एक-दो छात्रों को अपनी कार में बैठा ही लेतीं। अध्यापकों को बड़ा बुरा लगता था। जलन के मारे उनका कलेजा फुँक जाता था। अध्यापक मधुरिमा के सामने इस बात का बहुत उपदेश देते कि अध्यापकों को छात्रों से एक दूरी बनाकर रहना चाहिए। इससे अध्यापक की गरिमा बनी रहती है और छात्र भी अध्यापकों की इज़्ज़त करते हैं। मधुरिमा सब समझती थीं। यह दिलजलों की भाषा है। वे ये सब बातें एक कान से सुनकर दूसरे कान से निकाल देती थीं। करती वही थीं जो उन्हें करना होता था।

इधर डॉ. मधुरिमा एकदम से बदल गयी थीं। वे देश के एक प्रसिद्ध बाबा की शिष्या बन गयीं। बहुत ही साधारण कपड़ों में महाविद्यालय आने लगी थीं। सारे बनाव-शृंगार समाप्त। अब वे बात-बात में कहतीं थीं, ''इस संसार में रखा क्या है? सब कुछ नश्वर है। सिर्फ एक ईश्वर ही सत्य है। हम अपने ऊपर कितना भी घमंड कर लें, कितना ही इतरा लें, एक दिन हम सबको इस संसार से चले जाना है। यह शरीर एक दिन पाँच मन लकड़ी में फूँक दिया जाएगा। किसी का आगे, किसी का पीछे। यही इस संसार का सत्य है। इस संसार से कोई कुछ लेकर नहीं जाएगा। न कोई कुछ लेकर आया है न कोई कुछ लेकर जाएगा। हमारा किया हुआ अच्छा कर्म ही हमारे साथ रहेगा...।'' वे अपने गुरु जी की बहुत तारीफ़ करतीं और लोगों को अपने गुरु जी का शिष्य बनने के लिए प्रोत्साहित करतीं।

एक दिन महाविद्यालय के ही प्राध्यापक डॉ. प्रांजल ने डॉ. धनंजय से कहा, "यार ये माजरा कुछ समझ में नहीं आ रहा है। डॉ. मधुरिमा में एकाएक इतना परिवर्तन कैसे आ गया? एकदम उत्तर की तरफ से एकदम दक्षिण की तरफ?" डॉ. धनंजय मुस्कराते हुए बोले, "मैं सौ प्रतिशत दावे के साथ यह शर्त लगा सकता हूँ कि डॉ. मधुरिमा की रजोनिवृत्ति हो गयी।" "बीच में यह शब्द कहीं से आ गया?" प्रांजल ने पूछा। डॉ. धनंजय बोले, "जो औरतें जवानी में बहुत छैल-छबीली होती हैं और खूब उड़ती-जमती हैं, वे रजोनिवृत्ति होते ही एकदम से बदल जाती हैं। फिर तो वे अध्यात्म और दर्शन पर ही बात करती नज़र आती हैं। वे हमारी धार्मिक परम्पराएँ, भारतीय संस्कृति का महत्त्व, पतिव्रता औरत के धर्म आदि विषयों पर विभिन्न मंचों से ऐसा व्याख्यान देने लगती हैं कि बड़े से बड़े परम्परावादी हैरान रह जाएँ।" प्रांजल उन्हें हैरत से देखते रह गये।

जरा सा वो

विमला का पति धोंधे और कमली का पति बाउल, दोनों अपने-अपने खेतों में काम करने के लिए जा चुके थे। विमला और कमली का घर गाँव में अलग-बगल ही था। पतियों के चले जाने के बाद दोनों घर से थोड़ी दूरी पर स्थित सार्वजनिक चापाकल पर नहाने चल दीं। लोटा, बाल्टी, कपड़े और साबुन लेकर दोनों लगभग साथ-साथ ही पहुँचीं।

सामान जमीन पर रखकर दोनों बैठ गयीं। नहाने के पहले दोनों अपना-अपना सुख-दुःख एक-दूसरे को सुनाने लगीं। बातें आगे बढ़ने लगीं। नहाने के बजाय दोनों पंचायत करने में मशगूल हो गयीं। अचानक विमला बोली, "कमली रात में तेरे घर से काफी जोर-जोर की आवाज़ें आ रही थीं। तेरा पति शराब पीकर तुझको मार रहा था क्या?" कमली को बात बुरी लग गयी, "तूने मुझे अपनी तरह समझ रखा है क्या? मेरा पति अगर मुझ पर हाथ उठाए तो मैं उसका हाथ तोड़ दूँ।" "ज़बान सँभाल कमली। मेरा पति मुझ पर कब हाथ उठाता है?" विमला गुर्रायी। कमली और जोर से बोली, "जो न जानता हो, उसके सामने नाटक कर! तेरे घर का सब हाल मुझे पता है।" बात बढ़ गयी। दोनों में जोर-जोर से झगड़ा होने लगा। धीरे-धीरे पूरा मुहल्ला इकट्ठा हो गया। दोनों ने एक-दूसरे का झोंटा पकड़ लिया और लगीं एक से एक गालियाँ देने। मुहल्ले की औरतों ने किसी तरह दोनों को अलग किया। दोनों बिना नहाए रोते हुए अपने-अपने घर की ओर चल दीं।

शाम को दोनों के पति खेत में काम करके अपने-अपने घर लौटे। अपने-अपने पतियों को देखकर दोनों ने छाती पीट-पीटकर रोना शुरू कर दिया। धोंधे ने विमला को चुप कराना शुरू किया, "क्या हो गया? क्यों इस तरह रो रही है?" विमला बताने लगी, "मैं चापाकल पर नहाने गयी थी। वहाँ कमली मिल गयी। मैंने उससे जरा सा कहा वो और वह मुझे गालियाँ देकर मारने लगी। उसने मुझे बहुत गालियाँ दीं। बहुत मारा। मैं बिना नहाये चली आयी।" उसने कमली की बातों को खूब

नमक-मिर्च लगाकर बताना शुरू किया। अपने द्वारा कही कोई बात नहीं बताई। धोंधे एकदम से तैश में आ गया।

उधर बाउल भी कमली को चुप कराने लगा, “क्यों रो रही है? क्या हुआ?” कमली रोते हुए अपना दुखड़ा सुनाने लगी, “अरे बस जरा सा चापाकल पर नहाने गयी थी। विमला भी वहाँ नहाने आयी थी। मैंने जरा सा बस कहा वो। वह मुझे गालियाँ देने और मारने लगी।” उसके बाद वह विमला की बातों को नमक-मिर्च लगाकर बताने लगी। अपने द्वारा कही गयी बात उसने भी नहीं बतायी। बाउल भी तैश में आकर बाहर निकल आया।

धोंधे और बाउल एक-दूसरे को गालियाँ देने लगे। कुछ देर में लाठियाँ निकल आईं। दानों तरफ से लाठियाँ चटकने लगीं। धोंधे और बाउल दोनों घायल हो गये। किसी ने पुलिस को फोन कर दिया।

पुलिस आ गयी। एक जीप में भरकर दोनों को थाने उठा ले गयी। विमला और कमली एक-दूसरे को पकड़कर रोने लगीं, “ये क्या हो गया बहन। दोनों को पुलिस पकड़ ले गयी। अब उन्हें कौन छुड़ाएगा?”

मेरी कसम पी लो

गाँव के एक मानिन्द व्यक्ति थे, भूखन। भूखन के तीन बेटे थे। शंभू, गामा और नन्हें। शंभू और गामा समझदार और जिम्मेदार थे। इसीलिए भूखन ने दोनों की शादी कर दी थी। दोनों के दो-दो बेटे भी हो गये। शंभू के बेटों की उम्र तो चौदह और बारह साल की हो गयी थी। सारी खेती-बाड़ी और घर का कामकाज शंभू और गामा ही सँभालते थे। पूरा परिवार एक ही घर में रहता था।

नन्हें की हालत बिगड़ैल घोड़े जैसी थी। हमेशा दुलत्ती झाड़ता रहता था। वह अपनी मर्जी का मालिक था। जो जी में आए, वही करता था। पूरा घर उससे त्रस्त रहता था। घर के हर काम में अंतिम निर्णय वही लेता था। जबर्दस्ती भूखन या कोई उसके निर्णय के खिलाफ जाने की कोशिश करता तो वह घर का सामान तोड़ने-फोड़ने लगता था। हारकर भूखन हथियार डाल देते और अपने दोनों बड़े बेटों को समझाने लगते, "तुम दोनों समझदार हो। जाने दो उसको। वह तो सनकी है ही। वह वही करेगा जो उसके दिमाग में सवार हो जाए। वही करो जो वह कह रहा है, नहीं तो समस्या खड़ी हो जाएगी।"

सबसे बड़ी समस्या उनकी दोनों बहुओं की थी। दोनों बहुओं के रहने की आचार-संहिता नन्हें ही तैयार करता था। दोनों भाभियों को घर के बाहर नहीं निकलना है। बहुत जरूरी काम से यदि घर के बाहर निकलना पड़े तो कम से कम एक हाथ लम्बा घूँघट निकाल लें। भाभियाँ, दालान में न जाएँ। वहाँ गाँव के लोग आकर बैठे रहते हैं। सोने के पहले भाभियाँ माँ के पैर दबाएँ, तब सोने जाएँ। खाने में कब क्या बनेगा, यह नन्हें ही तय करता था। वह बीच-बीच में दोनों भाइयों को लताड़ता भी रहता था, "औरतों को डाँट-डपटकर रखना चाहिए। तभी वे कायदे से रहती हैं। तुम लोग तो एकदम मेहरा हो। बीवियों को कुछ नहीं कहते।"

जैसे बच्चों को कहानियाँ सुनाई जाती हैं कि राक्षस की जान तोते में बसती थी, उसी तरह भूखन की बीवी की जान नन्हें में बसती थी। नन्हें के हर सही-गलती काम के साथ वे डटकर खड़ी रहती थीं। वह जहाँ लोटा उठाकर जीमन पर

पटकता, वे भूखन के ऊपर चिल्ला पड़तीं, "ठीक तो कह रहा है नन्हें! आप लोगों को उसकी हर बात गलत लगती है। आप लोग उसकी सही बात भी नहीं मानेंगे तो वह बर्तन नहीं तोड़ेगा तो और क्या करेगा?" भूखन के पैसों में हेरफेर करके वे जितना चोरौधा पैसा रखतीं, चुपके-चुपके नन्हें को देती रहतीं।

भूखन भयवश नन्हें की शादी नहीं कर रहे थे। उन्हें लग रहा था कि यह अपनी पत्नी को ठीक से नहीं रखेगा। सता-सताकर उसे मार डालेगा। नन्हें की माँ को भूखन के ऊपर गुस्सा आ रहा था। बाकी दोनों बेटों की शादियाँ तो कब की कर दीं, नन्हें की शादी की इन्हें परवाह ही नहीं है। उन्होंने नन्हें की शादी करने के लिए आसमान सिर पर उठा लिया। हारकर भूखन को नन्हें की शादी करनी पड़ी।

उस दिन नन्हें की सुहागरात थी। भूखन को पूरा डर था कि नन्हें पहली ही रात में अपनी बीवी को पीटेगा। उन्होंने शंभू के दोनों बेटों को अकेले में बुलाकर समझाया, "तुम लोग दरवाजे से कान लगाकर बैठे रहना। अगर नन्हें अपनी पत्नी को मारे तो तुरन्त आकर मुझे बताना।"

शंभू की पत्नी ने दो गिलास दूध ले जाकर अन्दर रख दिया और दरवाजा बाहर से बंद कर दिया।

नन्हें ने अपनी पत्नी से कहा, "एक गिलास दूध पी लो।"

"मैं नहीं पिऊँगी।" उसने मना कर दिया।

"मेरी कसम! पी लो!" नन्हें मनुहार करता हुआ बोला।

"मुझे दूध नहीं पसंद है। मैं दूध नहीं पीती।" उसने फिर मना किया।

"मेरी कसम! पी लो!" नन्हें फिर उसी तरह बोला।

"क्या मेरी कसम-मेरी कसम लगा रखी है? मैंने कह दिया न कि मुझे दूध नहीं पसंद है।" पत्नी ने बड़ा तेज नन्हें को डाँटा। नन्हें दूध का गिलास हाथ में लेकर उसके सामने खड़ा हो गया, "मेरी कसम! पी लो।"

सुबह शंभू के दोनों बेटे बाहर नन्हें का इन्जार कर रहे थे। नन्हें जैसे ही बाहर निकला, बड़ा बेटा बोला, "चाचा! मेरी कसम पी लो!" नन्हें की समझ में कुछ नहीं आया। तब तक दूसरा बोला, "चाचा! मेरी कसम पी लो!" नन्हें की समझ में सारा माजरा आ गया। वह शर्मिन्दा हो गया। तब तक भूखन भी वहाँ आ गये। उन्होंने नन्हें से कहा, "क्यों बे! मेरी कसम पी लो क्या होता है?"

मुफ्त की यात्रा

सुधाकर शहर के सिविल लाइन्स इलाके में खड़ा था। उसे अपने गाँव सोराँव पहुँचना था, जो वहाँ से पच्चीस किलोमीटर दूर था। जेब में एक पैसा नहीं था। उसकी समझ में नहीं आ रहा था, क्या करे!

राम-राम करता हुआ वह सोराँव जाने वाले एक विक्रम में बैठ गया। विक्रम एक किलोमीटर चला होगा कि वह चिल्लाने लगा, "अरे रोको-रोको, अनर्थ हो गया।" विक्रम रुक गया। बाकी सवारियाँ उत्सुकता से पूछने लगीं, "क्या हुआ...क्या हो गया?" "मेरा बैग सिविल लाइन्स में एक दुकान पर छूट गया।" "जल्दी उतरो, जल्दी उतरो, जाओ देखो तुम्हारा बैग वहाँ पर सही-सलामत है भी या नहीं।" एक बुजुर्ग व्यक्ति ने कहा। वह विक्रम से उतर गया। विक्रम चला गया। वह मुस्कराया। उसने एक किलामीटर का सफर बिना पैसा दिए तय कर लिया।

वह एक दूसरे विक्रम में बैठ गया। विक्रम और एक किलामीटर दूर तेज बहादुर सप्रू अस्पताल तक पहुँच गया। वह जोर-जोर से चिल्लाने लगा, "अरे बाप रे मर गया, मर गया।" "क्या हुआ?" लोगों ने पूछा। "पेट में बहुत दर्द हो रहा है।" वह बोला। "तुरन्त उतरो, तुरन्त उतरो...जाकर तुरन्त अस्पताल में दिखाओ।" लोग चिल्लाने लगे। वह उतरा और दौड़ता हुआ अस्पताल के गेट के अन्दर घुस गया। विक्रम चला गया। वह फिर बाहर आ गया।

वह एक तीसरे विक्रम में बैठा। वहाँ से पाँच किलोमीटर दूर तेलियरगंज के ऑटो स्टैंड पर रुका विक्रम। ड्राइवर विक्रम से उतरकर सोराँव-सोराँव चिल्लाता हुआ इधर-उधर टहलने लगा। सुधाकर सीधे से विक्रम से उतरा और जाकर बगल की गली में छुप गया। विक्रम का ड्राइवर वापस आया। विक्रम स्टार्ट किया। उसे तुरन्त समझ में आ गया कि एक सवारी गायब है। उसने उतरकर इधर-उधर देखा। सुधारकर कहीं नहीं दिखा। उसने सुधाकर को गाली देते हुए विक्रम स्टार्ट कर दिया।

सुधाकर बाहर निकल आया। वह चौथे विक्रम में बैठ गया। विक्रम वहाँ से सात किलोमीटर दूर फाफामऊ तक आया। उसने ऐसा अभिनय किया जैसे वह चलते

विक्रम से गिर गया हो। वह अपना पैर पकड़कर रोने का अभिनय करने लगा। विक्रम रुक गया। आसपास भीड़ इकट्ठा होने लगी। लोग सुधाकर को पकड़कर उससे सहानुभूति दिखाने लगे। विक्रमवाले ने सोचा कि कहीं वह पिट न जाए। बाकी सवारियों को लेकर भाग खड़ा हुआ।

कुछ देर बाद कराहता हुआ सुधाकर पाँचवें विक्रम में बैठ गया। विक्रम चलता जा रहा था। वह चुपचाप बैठा हुआ था। विक्रम सोराँव पहुँच गया। सारी सवारियाँ उतरने लगीं। सुधाकर भी उतर गया। ड्राइवर सबसे पैसा लेने और उनका हिसाब-किताब बराबर करने में व्यस्त हो गया। सबका हिसाब बराबर हो गया। ड्राइवर सुधाकर के पास आया। सुधाकर बदहवास सा कभी इस जेब में तो कभी उस जेब में हाथ डालने लगा। रुआँसी सूरत बनाकर बोला, "भाई! मेरी तो किसी ने जेब काट दी।" ड्राइवर गुर्राया, "ऐसी नाटकबाजी मैंने बहुत देखी है। चुपचाप पैसा दे दो, नहीं तो मुझसे बुरा कोई नहीं होगा।" भाई मेरी जब कट गयी और तुम नाटकबाजी कह रहे हो? एक भी पैसा मेरी जेब में नहीं बचा तो मैं तुम्हें कहाँ से दूँ पैसे?" ड्राइवर भड़क गया, "जब जेब में पैसे न रहा करें तो पैदल आया करो, विक्रम में मत बैठा करो, अब अगर फिर किसी दिन मेरे विक्रम में बैठे तो टाँगे तोड़ दूँगा, भाग यहाँ से...।" सुधाकर मुफ्त में सोराँव गाँव पहुँच गया।

'भौकाल' टाइट है

श्यामलाल प्रदेश के मुख्यमंत्री बन गये। छात्र जीवन में भवदेव उनके साथ पढ़े थे। भवदेव पढ़ने में बहुत अच्छे थे जबकि श्यामलाल बहुत गोबर। जैसा कि होता है, पढ़ने में अच्छे लड़के कभी मुख्यमंत्री या मंत्री नहीं बनते। इन सब पदों पर कक्षा का गदहवा की पहुँचता है।

भवदेव को श्यामलाल के मुख्यमंत्री बनने से खुशी तो हुई परन्तु वे उनसे मिलने नहीं गये। उन्हें लगा कि श्यामलाल इतने बड़े पद पर पहुँच गया है। जाने पर पता नहीं पहचानेगा या नहीं। मिलना पसंद भी करेगा या नहीं।

कुछ दिनों बाद श्यामलाल भवदेव के शहर में किसी कार्यक्रम में भाग लेने आए। कार्यक्रम में भाग लेने के बाद मुख्यमंत्री ने अपना काफिला भवदेव के घर की तरफ मुड़वा दिया। उन्हें भवदेव का घर पता था। छात्र जीवन में वे कई बार भवदेव के घर जा चुके थे। श्यामलाल को अपने घर पर देखकर भवदेव भौंचक्के रह गये। उन्हें सपने में यह उम्मीद नहीं थी कि मुख्यमंत्री कभी उनके घर पर आ जाएँगे। वे मुख्यमंत्री की आवभगत में जुट गये। यह एक तथ्य होता है कि यदि कक्षा का गदहवा बहुत ऊँचाई पर पहुँच जाता है तो वह कक्षा के बहुत तेज लड़के से मिलने जरूर जाता है, यह बताने कि देख तू कहाँ है और मैं कहाँ हूँ!

अगले दिन सारे अखबारों में छपा कि मुख्यमंत्री भवदेव से मिलने उनके घर गये। भवदेव की हवा बन गयी। बड़े-बड़े लोग आकर उनके घर हाजिरी लगाने लगे। जिला प्रशासन उनके प्रति विशेष मेहरबान हो गया। उनके घर के सामने की सड़क चमाचम हो गयी। अधिकारी उनका हालचाल लेने लगे।

बहुत सारे लोग अपना काम लेकर भवदेव के पास आने लगे। एक-दो लोगों का काम लेकर भवदेव मुख्यमंत्री से मिलने गये। मुख्यमंत्री के यहाँ उन्हें कोई भाव नहीं मिला। भवदेव को अपनी औकात समझ में आ गयी लेकिन जो एक 'भौकाल' बन गया था, उसे भी बनाए रखना जरूरी था। वे लोगों को झूठे आश्वासन देने लगे और मुख्यमंत्री से मुलाकात के झूठे किस्से सुनाने लगे।

भवदेव किसी का एक भी काम नहीं करवा पा रहे थे। धीरे-धीरे उनका 'भौकाल' ढीला होने लगा। अचानक उनके बड़े बेटे का प्रमोशन हो गया। प्रमोशन अपने आप हुआ। भवदेव ने लोगों को खूब मिठाई बँटवाई और बताया कि मुख्यमंत्री जी ने मेरे बेटे का प्रमोशन कर दिया है। भवदेव का 'भौकाल' फिर टाइट हो गया। फिर लोगों उनके यहाँ जुटने लगे। मुख्यमंत्री के नाम तरह-तरह के प्रार्थनापत्र फिर उन्हें सौंपे जाने लगे।

ढाक के तीन पात! भवदेव को पता था कि इन प्रार्थना-पत्रों को ले जाकर मुख्यमंत्री के यहाँ देने से क्या होगा! वे उन प्रार्थना-पत्रों को फाड़कर जला देते थे। लोग फिर धीरे-धीरे निराश होने लगे। लोगों के मन के किसी कोने में यह विश्वास जमने लगो कि भवदेव झूठ-मूठ का 'भौकाल' बना रहे हैं। हकीकत में मुख्यमंत्री के पास उनकी दाल कुछ खास नहीं गल पा रही है।

भवदेव के दो बेटे थे। दूसरा बेटा बेरोजगार था और प्रतियोगी परीक्षाएँ देने में जुटा हुआ था। उसकी मेहनत रंग लाई। वह पी.सी.एस. में चुन लिया गया और एस.डी.एम. बन गया। भवदेव ने अफवाह उड़ा दी कि उनका बेटा तो दरअसल पी.सी.एस. में पास भी नहीं हुआ था। उसे तो मुख्यमंत्री जी ने जोड़-तोड़ करके एस.डी.एम. बनवा दिया। फिर क्या था? भवदेव का 'भौकाल' फिर टाइट हो गया।

सरऊ बड़े आदमी

साहित्यिक संगोष्ठी अपने पूरे शबाब पर थी। साहित्यिकारों का भाषण चल रहा था। अचानक कोट-पैंट पहने और टाई लगाए एक बुजुर्ग सज्जन हॉल में घुसे एवं एक तरफ बैठ गये। मैं भी बैठा भाषण सुन रहा था। उन्हें देखकर मैं चौंक गया। मैंने बगल में बैठे अपने मित्र से कहा, "उन सज्जन को देखो। वे शायद सरऊ आदमी ही हैं न?" मेरे मित्र ने उन्हें गौर से देखा और मेरी बात का समर्थन किया, "हाँ वे सरऊ बड़े आदमी ही हैं।"

वैसे तो उनका नाम बुद्धीश प्रसाद था लेकिन हम लोगों ने उनका नाम, सरऊ बड़े आदमी रख दिया था। बुद्धीश प्रसाद शहर के दो-तीन सबसे बड़े धन पशुओं में से एक थे। वे सिर्फ धनपशुओं से ही सम्बन्ध रखते थे और मित्रों को बड़ी-बड़ी पार्टियाँ देने के लिए काफी मशहूर थे। उनके लिए किसी भी व्यक्ति के बड़े होने का मापदंड सिर्फ पैसा था। जिसके पास जितना ज्यादा पैसा, उनके हिसाब से वह उतना बड़ा आदमी। साधारण लोगों से न तो वे कोई सम्बन्ध रखते थे और न उन्हें कोई महत्त्व देते थे।

विद्वानों, साहित्यिकारों इत्यादि को वे बड़ी हेय दृष्टि से देखते थे। चूँकि विद्वान और साहित्यिकार वगैरह न तो दिन-रात हाय पैसा, हाय पैसा करते हैं और न ही आर्थिक रूप से वे बहुत समृद्ध होते हैं, इसलिए बुद्धीश प्रसाद उन्हें कीड़े-मकोड़े से ज्यादा महत्त्व नहीं देते थे। कितना भी विद्वान व्यक्ति उनसे मिलने पहुँच जाए, अगर वह बहुत धनवान नहीं होता था तो प्रायः वे उसे डाँटकर भगा देते थे। वे इतने निःसंकोच भाव से लोगों को डाँटकर भगा देते थे कि कोई भी स्वाभिमानी और आत्मसम्मान वाला व्यक्ति उनके पास नहीं जाता था।

एक बार मुझे अपने एक साहित्यिकार अग्रज के साथ उनके यहाँ जाना पड़ गया। मेरे साहित्यकार अग्रज को बड़ा कार्यक्रम करवाना था। वे बुद्धीश प्रसाद के होटल में कार्यक्रम करवाना चाह रहे थे। हम लोग बुद्धीस प्रसाद के पास इस उम्मीद में गये थे कि होटल की व्यवस्था कुछ सस्ते में हो जाए। बुद्धीश प्रसाद के

घर जाकर हम लोग उनसे मिले। पहले तो उनका मूड इसलिए ऑफ हो गया कि हम जैसे कँगले उनसे मिलने पहुँच गये थे और जब हम लोगों ने अपने आने का उद्देश्य उन्हें बताया तो उन्होंने हम लोगों को डाँटकर अपने घर से भगा दिया। तभी से हम लोगों ने उनका नाम 'सरऊ बड़े आदमी' रख दिया। सरऊ बड़े आदमी का प्रसंग शहर के अधिकांश साहित्यकारों को मालूम था।

साहित्यिक संगोष्ठी समाप्त हो जाने पर मैंने अपने मित्र से कहा, ''आज तो सूरज पश्चिम से निकल आया। ये सरऊ बड़े आदमी साहित्यिक संगोष्ठी में कहाँ से आ गया?'' मेरे मित्र हँसने लगे, ''सरऊ बड़े आदमी अपने से नहीं आया है। इसे समय ले आया है। इसके बेटों ने इससे सारा व्यवसाय छीन लिया। इसको और इसकी बीवी को एक अलग घर लेकर उसी में रख दिया है। इन दोनों की देखभाल के लिए उन लोगों ने एक नौकर रख दिया है। इसके बेटे इन दोनों को कोई भाव नहीं देते। इसलिए अब यह साहित्यिक गोष्ठियों में जाने लगा है। सुना है, अब यह कविता के नाम पर कुछ तुकबंदी भी करने लगा है।''

मार खाने की कीमत

विश्वनाथ डॉक्टर साहब का पैर पकड़ रहे थे, उनके सामने हाथ जोड़ रहे थे कि साहब पाँच हजार ले लीजिए। मेरे पास इतना ही है लेकिन डॉक्टर साहब नहीं पसीज रहे थे। वे दस हजार रुपये से एक पैसे कम लेने के लिए राजी नहीं थे।

विश्वनाथ के छोटे भाई अमरनाथ को उसके एक पड़ोसी ने लाठी से बुरी तरह मारा था। एक लाठी सिर पर लगी थी। सिर एकदम से भूसा हो गया था। इस समय अमरनाथ शहर के सरकारी अस्पताल में भर्ती था। सी.टी. स्कैन से पता चला कि सिर में खून का थक्का जमा हो गया है। खून का थक्का साफ करने के लिए सिर का ऑपरेशन करना पड़ा था। अंततः अमरनाथ की जान बच गयी। अब वह खतरे से बाहर था लेकिन अभी वह अस्पताल में ही भर्ती था।

विश्वनाथ को पहले तो थाने में एफ.आई.आर. दर्ज कराने में बहुत पापड़ बेलने पड़े थे। थाने में बड़ी चिरौरी करनी पड़ी। कुछ प्रभावशाली लोगों से सिफारिश करवानी पड़ी थी। अंततः पाँच हजार रुपये लेकर थानेदार ने रिपोर्ट लिखी थी। विश्वनाथ ने सोचा कि दुश्मनों के खिलाफ एफ.आई.आर. हो गयी, यानी काम पूरा हो गया लेकिन ऐसा नहीं था। अब सरकारी अस्पताल के डॉक्टर दस हजार रुपये माँग रहे थे। उनका कहना था कि जो-जो चोटें और घाव हैं, उनके बारे में सही-सही लिखने के लिए दस हजार रुपये लगेंगे, नहीं तो हम लोग लिख देंगे कि मामूली चोट और घाव है। विश्वनाथ के पास केवल पाँच हजार थे लेकिन डॉक्टर उसे लेने के लिए तैयार नहीं थे।

विश्वनाथ अपने वकील साहब से मिले। वकील साहब को अपनी समस्या बताने लगे। वकील साहब चिन्तित हो गये, "पैसे की व्यवस्था तो करनी पड़ेगी विश्वनाथ! पैसे के बिना तो एक इंच मामला नहीं बढ़ पाएगा। कचहरी में कदम-कद्रम पर पैसे देने पड़ेंगे, नहीं तो मामला टाँय-टाँय फिस्स हो जाएगा।"

"मैं समझ रहा हूँ वकील साहब। मैं पैसे की व्यवस्था करने का प्रयास कर रहा हूँ। आप पूरी ताकत से मुकदमा लड़िए।" विश्वनाथ बोले। "विश्वनाथ जी आप

नहीं समझ रहे हैं! केवल मेरे पैसों की बात नहीं है। अभी मजिस्ट्रेट साहब को पैसा देना पड़ेगा। तभी जो भी धाराएँ इस मामले मे लगनी चाहिए, वे लगाएँगे। अन्यथा वे मामूली धाराएँ लगा देंगे और पूरे मामले का सत्यानाश हो जाएगा।" "क्या?" विश्वनाथ चौंक गये, "क्या जज साहब लोग भी पैसा लेते हैं? यह तो घोर कलियुग आ गया।" "आप और क्या समझते हैं?" वकील साहब बोले, "जज साहब लोग भी तो इसी समाज के आदमी हैं। जब सारा समाज सड़ गया है तो उसे सँभालने के लिए भगवान ऊपर से आदमी तो टपकाएँगे नहीं।" "हे भगवान!" विश्वनाथ ने अपना सिर पकड़ लिया। "इस संसार में मार खाने के लिए भी इतना पैसा खर्च करना पड़ता है? मारने वाले को मार खानेवाले से कुछ महीने पहले ही बता देना चाहिए कि कुछ महीने बाद मैं तुम्हें मारने वाला हूँ। पैसे वगैरह की व्यवस्था ठीक से कर लो। इससे मार खाने में कुछ सहूलियत हो जाया करेगी।"

अन्तिम इच्छा

पुनीत अपने परिवार के साथ शहर में रहते थे। उनके पिता जी गुज़र चुके थे। माँ अभी जीवित थीं। वे पुनीत के साथ ही रहती थीं। पुनीत अपनी माँ की बहुत इज़्ज़त करते थे और उनका हर तरह से ध्यान रखते थे।

पुनीत की माँ की तीन बहनें और थीं। अपनी सारी बहनों में से वे सबसे बड़ी थीं। एक दुर्घटना में एक बार उनकी सबसे छोटी बहन की मृत्यु हो गयी। उनकी सबसे छोटी बहन के एक बेटा था। नाम था, गोली। गोली की उम्र बीस साल थी। गोली गाँव में ही, अपने माँ-बाप के साथ रहता था। उनकी माँ की मृत्यु हो जाने पर पुनीत की माँ ने उसे अपने पास बुला लिया। गोली के पिता ने उनके आगे बहुत हाथ-पैर जोड़े। वे उसे अपने पास रखना चाहते थे। पुनीत की माँ ने उनकी एक नहीं सुनी। उनका कहना था कि जब बच्चे की माँ मर जाती है तो घर में कोई बच्चे की ठीक से देख-भाल नहीं करता। सब उसकी उपेक्षा करने लगते हैं। इसलिए गोली को मैं अपने पास रखूँगी।

गोली बहुत जिद्दी और बदतमीज़ था। उसका पढ़ने-लिखने में मन नहीं लगता था। पुनीत ने उसे बहुत पढ़ाने-लिखाने की कोशिश की। वह पढ़ता ही नहीं था। हारकर पुनीत ने उसे पढ़ाने का विचार मन से निकाल दिया। पुनीत को अच्छा-खासा नाश्ता करना और बढ़िया भोजन करना पसन्द था। खा-पीकर वह साइकिल उठा लेता और पूरे शहर मे इधर से उधर घूमता रहता। घर से सम्बन्धित कोई छोटे से छोटा काम करना भी उसे अपनी शान के खिलाफ लगता था। पुनीत या पुनीत की पत्नी अगर उससे कोई काम करने के लिए कहते तो वह साफ मना कर देता था। पति-पत्नी दोनों खून का घूँट पीकर रह जाते थे। कारण था कि कोई अगर गोली को कुछ कह देता तो पुनीत की माँ का मुँह फूल जाता था। चूँकि गोली मृत बहन का इकलौता बेटा था, अतः वह उनका बड़ा लाड़ला था।

गोली की उद्दंडता और बदतमीजियाँ पुनीत के बर्दाश्त के बाहर हो रही थीं। गोली उनकी पत्नी पर भी हुक्म चलाने की कोशिश करने लगा था। पुनीत का

बस चलता तो वे उसे दो लात मारकर घर से निकाल देते लेकिन वे अपनी माँ के आगे लाचार थे। गोली इस बात को भलीभाँति समझता था कि जब तक उसकी मौसी हैं, घर मे उसका कोई बाल भी बाँका नहीं कर सकता। इसलिए वह खूब मानमानी करता था।

गोली को झेलते हुए दस साल बीत गये। पुनीत की माँ काफी अस्वस्थ चलने लगीं। ऐसा लगने लगा कि अब वे ज्यादा दिन नहीं चलेंगी। पुनीत ने मन ही मन तय कर लिया कि माँ के न रहने पर सबसे पहले तो मैं गोली को दो लात मारकर उसके गाँव भगा दूँगा। इस विपत्ति को और झेल पाना अब उनके वश में नहीं रह गया था।

एक दिन पुनीत की माँ की तबीयत काफी खराब हो गयी। उन्होंने पुनीत को अपने पास बुलाया, "बेटा लगता है अब मेरे जाने का समय हो गया।" "ऐसा मत कहो माँ।" पुनीत ने भावुक होकर अपनी माँ का हाथ पकड़ लिया। "बेटा एक दिन सबको जाना पड़ता है। मेरी एक अन्तिम इच्छा है! पूरी करोगे?"

"हाँ माँ! तुम मुझे आदेश दो!"

"बेटा तुम वचन दो कि तुम मेरी अन्तिम इच्छा पूरी करोगे।"

"माँ मैं वचन देता हूँ कि मैं तुम्हारी अन्तिम इच्छा जरूर पूरी करूँगा।"

"बेटा जब तक तुम जिन्दा रहना, गोली की अच्छी तरह से देखभाल करना। यही मेरी अन्तिम इच्छा है।"

पुनीत की माँ की आँखें हमेशा के लिए बंद हो गयीं।

वास्तविक प्राप्तव्य

रात का समय था। गुरुकुल में लगभग सन्नाटा था। गुरु जी की कुटिया में चार शिष्य गुरु जी के पास बैठकर गुरु जी की सेवा कर रहे थे। गुरु जी जमीन पर चटाई बिछाकर लेटे थे। शिष्य गुरु जी के हाथ-पैर दबा रहे थे, आपस में बातें भी कर रहे थे। होते-होते बात इस पर आकर टिक गयी कि अगर भगवान मिल जाएँ तो कौन क्या वरदान माँगेगा।

पहला शिष्य बोला, "अगर मुझे भगवान मिल जाएँ तो मैं उनसे यह वरदान माँगूँगा कि मुझे वे इस धरती का चक्रवर्ती सम्राट बना दें। फिर तो मजा आ जाएगा। इस धरती पर मैं एकछत्र शासन करूँगा।"

दूसरा शिष्य बोला, "मैं तो भगवान से यह वरदान माँगूँगा कि मैं जब तक जीवित रहूँ, मुझे कोई दुःख न मिले। यह संसार पूरी तरह से दुःखों से भरा हुआ है। मुझे कोई दुःख न व्यापे और मेरा जीवन पूरी तरह सुखों से भरा रहे। मेरा जीवन आनन्दमय हो जाएगा।"

तीसरा शिष्य बोला, "मैं तो भगवान से अमर होने का वरदान माँगूँगा। अमर हो जाऊँगा तो मजा आ जाएगा। मैं कभी नहीं मरूँगा। हमेशा इस धरती पर बना रहूँगा।"

चौथा शिष्य बोला, "मैं भगवान से वरदान माँगूँगा कि मैं देवता बन जाऊँ। तब धरती के सारे लोग मेरी पूजा करेंगे। मैं दैवी शक्तियों से सम्पन्न हो जाऊँगा। मैं तुम तीनों से बड़ा हो जाऊँगा।"

चारों शिष्य की बात सुनकर गुरु जी ठहाका मारकर हँस पड़े। कहने लगे, "तुम चारों ही अज्ञानी हो। सृष्टि में ईश्वर से बड़ा प्राप्तव्य क्या है? जिसे साक्षात् ईश्वर ही मिल गया, उसे किसी और चीज की क्या आवश्यकता है? ईश्वर मिल जाएँ तो फिर कुछ भी मिलना शेष नहीं रह गया। वह बड़भागी है जो ईश्वर को पा गया। सारे सत्कर्म ईश्वर को प्राप्त करने के लिए हैं, किसी और चीज को पाने के लिए ईश्वर प्राप्ति की कामना नहीं करनी चाहिए।"

ताहू पै कछु और

चारों दोस्त इलाहाबाद में रहकर प्रतियोगी परीक्षाओं की तैयारी कर रहे थे। नाम थे उनके आनन्द, अच्युत, समीर और राघव। चारों दोस्त अलग-अलग मुहल्लों में रहते थे लेकिन शाम को चारों अक्सर कहीं न कहीं एक जगह इकट्ठा होते थे। कभी चारों में से किसी के कमरे पर, कभी किसी और जगह।

चारों में आनन्द महाकंजूस और मक्खीचूस था। सबके साथ खाने-पीने में हर जगह आगे-आगे रहता था लेकिन कभी भी अपना एक पैसा नहीं खर्च करता था। उसकी इस आदत से बाकी तीनों दोस्त परेशान रहते थे लेकिन उसके सामने संकोचवश कुछ नहीं बोल पाते थे।

उस साल अर्धकुम्भ मेला इलाहाबाद में लगा था। अच्युत, समीर और राघव ने तय किया कि आनन्द हम लोगों का बहुत पैसा खर्च कराता है। चलो इसे अर्धकुम्भ मेले में लिवा चला जाए और वहाँ परेशान किया जाए।

तीनों ने अपनी-अपनी साइकिल निकाली और पहुँच गये आनन्द के कमरे पर। समीर ने कहा, "आनन्द, आज हम लोगों ने अर्धकुम्भ मेला घूमने की योजना बनाई है। चलो चलकर वहाँ कुछ खाते-पीते हैं। तुम अपनी साइकिल मत निकालो। हम तीनों में से किसी की साइकिल पर बैठकर चले चलो।" आनन्द मान गया और तैयार होकर उन लोगों के साथ चल दिया।

तीनों मेला क्षेत्र में टहलते-घूमते एक मिठाई की दुकान पर पहुँचे। वहाँ तमाम मिठाइयाँ और नमकीन मिल रही थीं। चारों मित्रों ने साइकिल पास में थोड़ी दूर खड़ी की और दुकान में बैठकर मिठाइयाँ और नमकीन खाने लगे। अच्युत, राघव और समीर ने पहले से तय कर रखा था। पेशाब करने का बहाना या और कोई बहाना करके एक-एक करके तीनों साइकिल लेकर भाग खड़े हुए। तीनों दूर जाकर एक पान की दुकान पर खड़े हो गये। उधर काफी देर तक तीनों को न आता देखकर आनन्द परेशान हो गया और खुद भी उठकर जाने लगा। दुकानदार ने उसे पकड़ लिया, "बिना पैसा दिए भाग रहे हो? चोट्टे कहीं के! चारों का पैसा दो, तब जाओ

यहाँ से।'' ''उन तीनों को मैं नहीं जानता। वे लोग पता नहीं कौन थे।'' आनन्द बोला। दुकानदार खिसिया गया, ''अभी डंडा उठाकर चूतड़ पर दस डंडा मारूँगा। तुम उन्हीं लोगों की साइकिल पर बैठकर आए थे। उनसे हँस-बोल रहे थे। वे सब तुम्हारे दोस्त थे। तुम सबका पैसा दो, नहीं तो तुम्हें आज मारे बिना नहीं छोड़ूँगा।'' दोनों में किचकिच होने लगी। अंत में समझौता इस बात पर हुआ कि आनन्द केवल उतने का भुगतान करेगा, जितना उसने खुद खाया है।

उसको पैसा देकर आनन्द गुस्से से फनफनाता हुआ चल दिया। कुछ दूर आगे जाने पर तीनों उसे पान की दुकान पर मिल गये। आनन्द लगा तीनों को गालियाँ देने। समीर ने भोलेपन से पूछा, ''तुम इतने गुस्से में क्यों हो?'' आनन्द चिल्लाता हुआ बोला, ''तुम लोग बिना पैसे दिए दुकान से भाग आए। दुकानदार ने मुझसे बहुत झगड़ा किया।'' समीर आश्चर्य व्यक्त करते हुए बोला, ''लेकिन मैं तो उसे एक हजार रुपये देकर आया था। मैंने उससे कहा था कि हम चारों दोस्तों के खाने का पैसा काटकर जो बचेगा, उसे हमारे इस दोस्त को लौटा देना। कम से कम पाँच सौ तो बचा ही होगा।'' ''तुम सच कह रहे हो?'' आनन्द ने आश्चर्य प्रकट करते हुए पूछा, ''तुम लोग भी चलो मेरे साथ। मैं दुकानदार साले का बताता हूँ।'' समीर बोला, ''हम लोग अभी पान खा रहे हैं। तुम तब तक चलो। हम लोग भी आ रहे हैं।'' आनन्द दोगुने गुस्से से दुकान की ओर चल दिया। तीनों दोस्त साइकिल उठाकर घर भाग खड़े हुए। दुकान पर पहुँचकर आनन्द दुकानदार पर चीखा, ''मेरे दोस्तों ने तुम्हें एक हजार रुपये दिए थे। उसमें से वापस लौटाने के बजाय तुमने मुझसे और पैसे ले लिए?'' दुकानदार एक बड़ी कड़ाही में एक मोटे डंडे से खोया औंट रहा था। वही डंडा लेकर गाली देते हुए उसने आनन्द को दौड़ा लिया।

कर्मफल कथा

जीवात्मा 'प' और जीवात्मा 'फ' एक ही गाँव में पैदा हुए। जीवात्मा 'प' जीवत्मा 'फ' पर बहुत अत्याचार करता था। समय बीतने पर दोनों ने शरीर त्याग दिया और पुनः जीवात्मा के रूप में आ गये।

'जीवात्मा' 'प' ने शरीर धारण करने पर शरीरधारी जीवात्मा 'फ' पर बहुत अत्याचार किया था। अतः कर्मफल यह बना कि अगले दो जन्मों तक जीवात्मा 'फ' जीवात्मा 'प' को दंडिता करेगा या कि अपने ऊपर किए गये अत्याचार का बदला लेगा।

जीवात्मा 'प' और 'फ' दोनों ने फिर एक ही गाँव में शरीर धारण करके जन्म लिया। अंग्रेजी राज था। 'फ' गाँव के जमींदार ठाकुर साहब के यहाँ पैदा हुआ। 'प' एक हरिजन परिवार में पैदा हुआ। 'प' का शरीर युवावस्था में पहुँचा तो वह 'फ' के यहाँ काम करने लगा। 'फ' बात-बात में 'प' को दंडित करता। 'प' जीवनभर कष्ट उठाकर 'फ' की सेवा करता रहा। अंततः शरीर वृद्ध हो जाने पर दोनों जीवात्माओं ने शरीर त्याग दिया। जीवात्मा 'फ' पहले गया। जीवात्मा 'प' कुछ वर्षों बाद विदा हुआ।

अंग्रेजों से भारत देश को आजाद हुए पचास साल हो गये। देश में नयी राजनैतिक चेतना का जन्म हो रहा था। देश में ऊँच-नीच का भेद समाप्त हो रहा था। लोग अपने अधिकारों के प्रति सजग हो रहे थे।

पिछले जन्म में जीवात्मा 'फ' जिस परिवार में पैदा हुआ था, उसी परिवार में इस जन्म में जीवात्मा 'प' जीवात्मा 'फ' के पौत्र के रूप में पैदा हुआ। जीवात्मा 'फ' जीवात्मा 'प' के पौत्र के रूप में पैदा हुआ। बड़े होने पर 'फ' जीवात्मा का शरीर अपने बड़ों से इस बात के खूब किस्से सुनता था कि बाबा को 'प' का बाबा बहुत सताता था। उन किस्सों को सुन-सुनकर 'फ' का खून खौल जाता था। अबकी बार 'फ' हरिजन परिवार में पैदा हुआ था जबकि 'प' ठाकुर परिवार में पैदा हुआ था।

'फ' खूब मेहनत से पढ़ाई-लिखाई कर रहा था। उसके मन में बस एक ही धुन

थी। अपने बाबा पर हुए अत्याचार का बदला लेना है। 'प' अपने परिवार के साथ खेती-बाड़ी में ही मस्त था। 'फ' पढ़ने में भी ठीक था, ऊपर से अनुसूचित जाति को मिलने वाले आरक्षण का भी फायदा मिल गया। वह बहुत बड़ा अधिकारी बन गया।

'प' अपने खानदान में हुई एक हत्या के मामले में फँस गया। हत्या में उसका भी हाथ था। 'फ' पूरी ताकत से 'प' के पीछे पड़ गया। 'प' जेल चला गया। 'फ' ने उसकी जमानत नहीं होने दी। वह जेल में ही पड़ा रह गया। 'प' को हत्या के आरोप में आजीवन कारावास की सजा हो गयी। फिर क्या था। उसका पूरा जीवन जेल में ही बीता।

हिस्सा

आडिट विभाग की एक टीम इस समय मंत्री जी के सामने बैठी थी। वह प्रयाग में सम्पन्न हुए कुम्भ मेले का हिसाब-किताब उन्हें दिखा रही थी। केवल उनके विभाग से सम्बन्धित हिसाब-किताब! टीम के सबसे वरिष्ठ सदस्य ने कहा, "सर, पांटून पुल बनाने और चकर्ड प्लेटें बिछाने में कुल पचास करोड़ का घोटाला हुआ।" उनकी बात सुनकर मंत्री जी एकदम से आग-बबूला हो गये। उन्होंने तुरन्त विभाग के सचिव को तलब किया। सचिव महोदय थोड़ी देर में पहुँच गये। मंत्री जी उनके ऊपर भड़क उठे, "आप तो कह रहे थे कि कुम्भ मेले में पांटून पुल और चकर्ड प्लेटें बिछाने में तीस करोड़ का हेर-फेर हुआ है। मुझे हिस्सा भी तीस करोड़ में से ही मिला। ए.जी. की टीम सामने बैठी हुई है। यह कह रही है कि पचास करोड़ का हेरफेर हुआ है। बाकी के बीस करोड़ कहाँ गये। उसमें भी मेरा हिस्सा दिलवाओ, नहीं तो किसी न किसी बहाने मैं तुम्हें निलंबित करवा दूँगा।"

ए.जी. की टीम भौंचक रह गयी। कहाँ तो वह शिकायत करने आई थी और कहाँ उसके सामने ही हिस्से की बात होने लगी। सचिव सफाई देने लगे, "सर, बिजली विभाग के मंत्री ने कहा कि इसमें मेरा भी हिस्सा बनता है। तीस करोड़ में आपका हिस्सा दिया और बीस करोड़ में उनको हिस्सा दिया गया।" मंत्री जी बिगड़ गये, "मेरे विभाग के बजट में उनका हिस्सा कैसे बन गया? बिजली विभाग को तो वैसे ही भारी-भरकम राशि आबंटित की गयी थी। वे अपने में भी खाएँगे और मेरे में भी खाएँगे?" सचिव ने बात को सँभालने की कोशिश की, "सर आप परेशान मत होइए। बिजली विभाग के बजट में जो हेरफेर हुआ है, उसके बीस करोड़ में से आपको हिस्सा दिलवा देते हैं।" "ऐसे हिस्सा दिलवाने की बात कर रहे हो जैसे मेरे ऊपर एहसान करोगे।" मंत्री जी उसी स्वर में बोले, "ये तो अच्छा हुआ बेचारे ए.जी. वाले आ गये अन्यथा बीस करोड़ तो तुम लोग आपस में बाँटकर खा गये होते। जाओ यहाँ से।"

ए.जी. के सबसे वरिष्ठ सदस्य ने नाराज होते हुए कहा, "हम तो आपके पास

शिकायत लेकर आए थे कि आप अपने विभाग के दागी अधिकारियों पर कार्रवाई करें...आपकी बातें सुनकर हमें बड़ा धक्का लगा। अब हम अपने स्तर से आप लोगों के खिलाफ कार्रवाई करेंगे।" मंत्री जी ने उन्हें आँखें दिखाते हुए कहा, "क्या कर लेगा बे? तू शासन से टकराएगा? सीधे से पेश आओगे तो तुम लोगों को भी अपना हिस्सा मिल जाएगा। ज्यादा उड़ने की कोशिश करोगे तो अंजाम बहुत बुरा होगा। तुम हम लोगों के खिलाफ कोई कार्रवाई करने की कोशिश करोगे तो तुम्हें अपने बेटे की लाश किसी गटर में पड़ी हुई मिलेगी और तुम हमारा कुछ भी नहीं बिगाड़ पाओगे।"

ए.जी. टीम के सारे सदस्यों को मंत्री जी की बात सुनकर साँप सूँघ गया।

आत्मदीपो भव

जुगनू गाजीपुर के एक गाँव में रहता था। उसने अपने गाँव में ही इंटर कॉलेज से बारहवीं की परीक्षा उत्तीर्ण कर ली। आगे की पढ़ाई के लिए वह बनारस चला गया।

जुगनू ने किस्से-कहानियों में गुरु की बड़ी महिमा सुन रखी थी। गुरु चाह ले तो लोहे जैसे शिष्य को सोना बना देता है। सबसे बड़ी बात होती है गुरु का विश्वास जीतना। गुरु अपने प्रिय शिष्य को अपना सारा ज्ञान दे देता है। उसे सब कुछ सिखा देता है। गुरु के चरणों में ही सारा संसार है।

जुगनू का प्रवेश काशी हिन्दू विश्वविद्यालय में बी.ए. में हो गया। उसने पढ़ने के लिए तीन विषय लिए—हिन्दी, राजनीतिशास्त्र और अर्थशास्त्र। अर्थशास्त्र विषय के विश्वविद्यालय में एक प्रोफेसर थे, प्रो. राघवेन्द्र। परिसर में जुगनू ने प्रो. राघवेन्द्र की विद्वत्ता की बड़ी चर्चा सुनी। एक विद्वान अर्थशास्त्री के रूप में वे पूरे देश में विख्यात थे। जुगनू ने निश्चय किया। बस! इन्हीं के चरण पकड़ने चाहिए।

जुगनू ने प्रो. राघवेन्द्र से मिलना-जुलना शुरू किया। शुरू में उन्होंने जुगनू की उपेक्षा की। बहुत सारे लड़के उनके आगे-पीछे टहलते रहते थे। रोज-रोज दिन में कई बार चरण छूने से धीरे-धीरे प्रो. राघवेन्द्र जुगनू को पहचानने लगे। कभी-कभी जुगनू को छोटा-मोटा काम भी बताने लगे। जुगनू दौड़कर उनका काम करता था। धीरे-धीरे वह उनकी निगाह में चढ़ने लगा। बी.ए. पास होते-होते जुगनू प्रो. राघवेन्द्र का प्रिय छात्र बन गया। वह उनके घर भी आने-जाने लगा।

जुगनू ने एम.ए. में अर्थशास्त्र विषय लिया। प्रो. राघवेन्द्र अब जुगनू को बहुत मानने लगे थे। जुगनू अब प्रायः उनके घर जाता।

अब जुगनू जब भी उनके घर जाता, वे प्रायः उसे एक काम बता देते। जाओ सब्जी खरीद लाओ, जाओ आटा पिसा लाओ, जाओ बिजली का बिल जमा कर आओ, टेलीफोन का बिल जमा कर आओ, बिजली का बोर्ड खराब हो गया है, कोई मिस्त्री बुलाकर उसे ठीक करवाओ आदि-आदि। जुगनू अक्सर उनके घर के कामों में की व्यस्त रहता। जब वह उनसे पढ़ाई सम्बन्धी बात करता तो जैसे उनका

मूड उखड़ जाता, "यार फलाँ किताब पढ़ लो। उसमें तुम्हारी इस समस्या का समाधान मिल जाएगा।" जुगनू सोच रहा था कि शायद गुरु जी अभी मेरी परीक्षा ले रहे हैं। जब मुझे ठोक-बजाकर देख लेंगे कि मैं एक पात्र शिष्य हूँ, तब वे मुझे ज्ञान देना शुरू करेंगे।

प्रो. राघवेन्द्र की सेवा करने में अब जुगनू की पढ़ाई का नुकसान होने लगा। उनकी सेवा के चक्कर में उसका एम.ए. प्रथम वर्ष का परीक्षा परिणाम काफी खराब हो गया। जुगनू ने देखा कि उसका परीक्षा परिणाम काफी खराब हो जाने से प्रो. राघवेन्द्र को कोई अफसोस नहीं हुआ। उसे लगा कि ऐसी गुरु सेवा में तो वह बर्बाद हो जाएगा।

जुगनू धीरे-धीरे प्रो. राघवेन्द्र से दूरी बनाने लगा। उसे लगा कि किसी गुरु के चक्कर में पड़ने से अच्छा गौतम बुद्ध का यह सिद्धान्त है कि, 'आत्मदीपो भव'।

पगलवा

बद्रीनाथ ने हिन्दी से एम.ए. किया। इधर-उधर बहुत हाथ-पैर मारे लेकिन कहीं नौकरी नहीं मिली। थक-हारकर उन्होंने नौकरी खोजना ही छोड़ दिया और अपने गाँव में रहकर खेती-बाड़ी करने लगे। उन्होंने शादी नहीं की थी या तो कह लीजिए कि नौकरी न मिलने से शादी के ढंग के प्रस्ताव ही नहीं आये।

बद्रीनाथ अपने गाँव में एक छोटे से घर में रहते थे। खेती-बाड़ी करके गुजर-बसर करना और बचे हुए समय में भगवान की पूजा, यही उनकी दिनचर्या थी। न किसी का बुरा सोचते थे और न ही किसी को कुछ नुकसान पहुँचाने का प्रयास करते थे। कोई मिल गया तो उससे थोड़ा-बहुत हँस बोल लिए, नहीं तो अपने काम से काम। न ऊधो का लेना न माधो का देना। बहुत सच्चे और साफ हृदय के व्यक्ति थे। उनके सामने कोई किसी की बुराई करने लगता तो वे कभी उसकी हाँ में हाँ नहीं मिलाते थे। औपचारिकतावश भी नहीं।

एक बार बद्रीनाथ के एक रिश्तेदार उनसे मिलने आये। वे जिससे भी बद्रीनाथ का पता पूछते, वह यही जवाब देता, "अच्छा पगलवा? पगलवा के घर जाना है? पगलवा का घर उस तरफ है।" रिश्तेदार को बद्रीनाथ के लिए 'पगलवा' शब्द का प्रयोग अच्छा नहीं लगा। इतने संत पुरुष को गाँव वाले पगलवा-पगलवा कह रहे हैं।

रिश्तेदार बद्रीनाथ के घर पहुँच गये। नाश्ता-पानी करने के बाद उन्होंने कहा, "आपका गाँव तो बड़ा गंदा है। यहाँ के लोग आपको पगलवा कहते हैं।" बद्रीनाथ ठठाकर हँस पड़े, "इसमें कोई आश्चर्य की बात नहीं है। यह एक आम धारणा है कि गाँव के लोग बहुत सीधे-सादे और भोले-भाले होते हैं। बात एकदम इसके उलट है। गाँव के लोग अगर व्यवहार में यह देखते हैं कि कोई आदमी एकदम सज्जन और सीधा-सादा है तो वे उसे मूर्ख समझते हैं और यह मानते हैं कि इसक अन्दर अपना काम लोगों से निकाल लेने की सामर्थ्य नहीं है। बहुत सीधे-सादे आदमी को गाँव के लोग पागल घोषित कर देते हैं, बशर्ते वह किसी कारण से एक प्रसिद्ध आदमी न हो जाए। गाँधी जी अगर इतने प्रसिद्ध आदमी न रहे होते तो वे

जिस ढंग से रहते थे, लोग उन्हें भी पगलवा कहने लगते। सिर्फ घुटने तक की एक धोती पहने रहना, कमर में घड़ी खोंसे रहना, हमेशा सच बोलना, किसी का कुछ बुरा न करना, एक गाल पर थप्पड़ खाने पर थप्पड़ खाने के लिए दूसरा गाल भी आगे बढ़ा देना आदि गाँधी जी के ऐसे काम थे कि लोग उन्हें बहुत आसानी से 'पगलवा' घोषित कर देते।''

शहर में दीवार-दीवार

रमेश प्रसाद जी को शहर में लोग जानते नहीं थे। शहर के प्रसिद्ध लोगों को देखकर उनके दिल में भी हूक उठती थी कि उन्हें भी लोग जानें। उन्हें इसके लिए कोई उपाय नहीं सूझा रहा था। एक दिन उन्होंने देखा कि पूरे शहर में पर्यावरण दिवस मनाया जा रहा है। फिर क्या था! उनके दिमाग का बल्ब जल उठा।

अब वे घूम-घूमकर पूरे शहर में पर्यावरण प्रदूषण के खिलाफ दीवारों पर नारे लिखने लगे। पर्यावरण का उत्थान काम महान—रमेश प्रसाद। पर्यावरण को शुद्ध बनाइए, मनाव का अस्तित्व बचाइए—रमेश प्रसाद। चारों तरफ वृक्ष की हरियाली छाएगी, हमारी धरती सजकर मुस्कराएगी—रमेश प्रसाद। भविष्य की पीढ़ियों का दो उपहार, धरती से प्रदूषण का करो संहार—रमेश प्रसाद। आदि-आदि।

रमेश प्रसाद जी नारे लिखने का काम रात में करते थे। दिन में एक तो उन्हें यह काम करने में शर्म आती थी, दूसरे यह डर लगता रहता था कि अपनी दीवार गन्दी करने के लिए कोई पीट न दे। रमेश प्रसाद जी रात में नारे लिखते थे और दिन में मोटर साइकिल से टहल-टहलकर यह देखते थे कि नारे देखने में कैसे लग रहे हैं। उनकी लिखावट काफी सुन्दर थी। ब्रश द्वारा लाल-नीले-हरे रंग के पेंट से वे नारे लिखते थे। उन्हें लिखे हुए नारे बहुत सुन्दर लगते थे। वे मन ही मन अपने लिखे हुए की बलैया लेते। शहर के अन्दर से लेकर शहर के बाहर दूर-दूर तक उन्होंने नारे लिख मारे। थी जगह न कोई जहाँ नहीं, किसी दीवार पर कहाँ नहीं।

कोई भी व्यक्ति पैदल निकले, साइकिल से निकले, स्कूटर से निकले, मोटर साइकिल से निकले, कार से निकले, ऑटो से निकले, बस से निकले, ट्रेन से निकले, उसका पाला रमेश प्रसाद जी के नारों से पड़ना था। धीरे-धीरे शहर में सब रमेश प्रसाद को जान गये। इस शहर में है एक बहुत बड़ा पर्यावरण प्रेमी। शहर के लोग अपनी दीवारें गन्दी किए जाने से परेशान थे। पता नहीं रमेश प्रसाद जी को कैसे पता चल जाता था कि अमुक जगह एक आदमी ने अपने घर की नयी-नयी पुताई कराई है। कुछ ही दिनों में उसकी दीवार पर रमेश प्रसाद जी नारे सहित

हाजिर हो जाते थे। खास बात यह थी कि दीवारों पर गोंचने के अलावा पर्यावरण को सुरक्षित रखने के लिए रमेश प्रसाद जी और कुछ नहीं करते थे।

एक बार शहर में दिल्ली से पर्यावरण सम्बन्धी सूचनाएँ एकत्र करने के लिए सरकारी टीम आयी। उसने चारों तरफ रमेश प्रसाद जी के नारों को देखा तो आश्चर्यचकित रह गयी। पर्यावरण को सुरक्षित रखने के लिए केवल एक आदमी इतना काम कर रहा है? रमेश प्रसाद का पता लगाकर टीम उनसे मिली और उनके विचारों से बहुत प्रभावित हुई। उस टीम की संस्तुति पर भारत सरकार ने उन्हें पर्यावरण संरक्षण का देश का सर्वोच्च पुरस्कार दिया। शहर में ही नहीं, पूरे देश मे लोग प्रसाद जी को जान गये।

ईश्वर की माया

अतुल का मन बहुत अशांत और उद्विग्न था। उसे विश्वास नहीं हो रहा था कि ऐसा हुआ है। लेकिन सूचना पुख्ता थी। वैसा हुआ था। उससे रहा नहीं गया तो वह अपने दर्शनशास्त्र पढ़ानेवाले गुरु जी के यहाँ चल दिया। दर्शनशास्त्र के गुरु जी में उसकी अपार श्रद्धा थी। जब वह परेशान होता था तो परामर्श लेने अपने दर्शनशास्त्र के गुरु जी के पास ही जाता था।

गुरु जी घर पर मिल गये। उसने उनके पैर छुए। गुरु जी ने उसे बैठने को कहा। पूछा, "कैसे आना हुआ?" अतुल ने कहा, "गुरु जी, मानसिक रूप से मैं बहुत परेशान और क्षुब्ध हूँ। इसीलिए आपका दर्शन करने चला आया।" "क्या समस्या है?" गुरुजी ने पूछा। अतुल बताने लगा, "गुरु जी अमन पिछले बीस साल से मेरा सबसे घनिष्ठ मित्र रहा है। मैं और वह हमेशा एक दूसरे के लिए जान देने के लिए तैयार रहते थे। हर दुःख और मुसीबत में मैंने उसका साथ दिया और उसने मेरा। वह मेरे प्रति इतना वफादार था कि मैं अपने से ज्यादा उस पर विश्वास करता था। लेकिन अचानक उसने मेरे साथ ऐसा विश्वासघात किया कि मैं विश्वास नहीं कर पा रहा हूँ। मेरी और रंजन की दुश्मनी चल रही है। उसका रंजन से कोई सम्बन्ध भी नहीं था। फिर भी वह अब चुपके-चुपके मेरे विरुद्ध रंजन की मदद कर रहा है। मेरे पास इस सम्बन्ध में पुख्ता सबूत हैं।"

गुरु जी ने कहा, "तुम्हें इस बात की तरफ ध्यान नहीं देना चाहिए कि अब वह तुम्हारा मित्र नहीं रहा। तुम्हें मन ही मन उसे इस बात के लिए धन्यवाद देना चाहिए कि उसने बीस साल तक तुम्हारा साथ दिया। जीवन के सफर में एक व्यक्ति भी ऐसा नहीं मिलता जो प्रारम्भ से लेकर अन्त तक साथ दे। माँ-बाप शुरुआत में मिलते हैं तो बीच रास्ते में छोड़ जाते हैं। पत्नी या बच्चे भी शुरू से साथ नहीं होते। वे बीच रास्ते में मिल जाते हैं। इसलिए पूरे जीवन कोई साथ नहीं देता। मित्र या अन्य व्यक्ति भी कहीं पर मिल जाते हैं और कुछ दूर या काफी दूर तक साथ देते हैं। फिर वे अपना रास्ता बदल लेते हैं। जीवन के सफर में यदि कोई कुछ दूर

तक साथ दे तो उतनी दूर तक साथ देने के लिए हमें उसका आभार मानना चाहिए। किसी से यह उम्मीद नहीं करनी चाहिए कि वह जीवन के अन्त तक साथ देगा।"

"लेकिन मनुष्य का यह व्यवहार कैसा? अमन अभी तक तो मेरा शुभचिन्तक था, अचानक मेरा बुरा क्यों सोचने लगा?" गुरु जी हँसने लगे, "मनुष्य का व्यवहार बहुत ही विचित्र होता है। यही ईश्वर की माया है। ईश्वर की माया संसार में सब कुछ नचाती रहती है। एक विशेष क्रिया होने पर एक मनुष्य हो सकता है निन्यानवे बार एक ही तरह से उस पर प्रतिक्रिया करे। परन्तु हो सकता है कि उसी क्रिया पर सौंवी बार वह दूसरी तरह से प्रतिक्रिया करे। इसीलिए एक कहावत है कि जब तक किसी आदमी के ताबूत में अन्तिम कील न ठोंक दी जाय, उसके बारे में अन्तिम राय नहीं बनानी चाहिए।"

अलग रिक्शेवाला

वारिधि शहर के सबसे धनी व्यक्ति थे तो सारंग सबसे यशस्वी। दोनों में पटती भी थी। एक दिन दोनों ने तय किया कि चलो रिक्शे से घूमा जाय।

उन्होंने एक रिक्शा रोका और उस पर बैठ गये। उन्होंने किराया भी नहीं तय किया। दोनों चल दिये। अचानक वारिधि ने रिक्शेवाले पूछा, "इस शहर का सबसे धनी आदमी कौन है, तुम्हें पता है?" रिक्शेवाले ने लापरवाही से कहा, "होगा कोई! मुझे क्या करना है!" वारिधि को बुरा लगा, "इस शहर में रिक्शा चलाते हो और तुम शहर के सबसे धनी आदमी को नहीं जानते? इस शहर के सबसे धनी आदमी हैं वारिधि, यानी की मैं, जो इस समय तुम्हारे रिक्शे पर बैठा हुआ है।" रिक्शेवाला चुप रहा।

कुछ देर बाद सारंग ने रिक्शेवाले से पूछा, "इस शहर का सबसे यशस्वी आदमी कौन है, तुम्हें पता है?" रिक्शेवाले ने फिर कंधे उचकाये, "होगा कोई! मुझे उससे क्या लेना देना है?" सारंग को भी बुरा लगा, "इस शहर के सबसे यशस्वी आदमी हैं सारंग, अर्थात् मैं! ...कुछ देश दुनिया की भी खबर रखा करो!"

कुछ देर में रिक्शेवाले ने दानों से पूछा, "इस शहर का सबसे पढ़ा-लिखा रिक्शा चलानेवाला कौन है, आप दोनों को पता है?" दोनों ने अनभिज्ञता जाहिर की। रिक्शेवाला ठहाका लगाकर हँस पड़ा, "जब आप लोगों को मेरे बारे में जानकारी नहीं है तो मैं आप लोगों के बारे में जानकारी क्यों रखूँ?" "क्या मतलब?" वारिधि ने पूछा। रिक्शेवाला बोला, "मैं एम.ए., पी.एच.डी हूँ। एम.ए. में मैंने टॉप किया है। नेट और जे.आर.एफ. की परीक्षाएँ भी उत्तीर्ण कर चुका हूँ। आपके शहर में है कोई इतना काबिल रिक्शा चलानेवाला? आश्चर्य यह है कि आपको अपने शहर के ऐसे शख्स के बारे में कुछ नहीं पता है।" वारिधि और सारंग अचकचा गये।

वारिधि ने पूछा, "इतने पढ़े-लिखे होकर रिक्शा क्यों चलाते हो?" रिक्शेवाले ने पलट कर पूछा, "इतना अधिक पैसा होने पर भी आप फालतू का पैसा क्यों कमाते हैं?" वारिधि बिगड़ गये, "इस संसार में पैसे से बढ़कर कुछ नहीं है।

आदमी के पास जितना अधिक पैसा रहता है, उतनी ही अधिक खुशियाँ रहती हैं।'' रिक्शेवाला हँसा, ''सारे शास्त्रों में अपरिग्रह का उपदेश दिया गया है। व्यक्ति को अनावश्यक संचय नहीं करना चाहिए। पैसों का भी नहीं। पैसा रहने से आप खुश हैं? पैसा न रहने पर भी मैं आपसे ज्यादा खुश हूँ। मुझे जितने पैसे की आवश्यकता है, उतना मैं रिक्शा चलाकर कमा लेता हूँ।''

सारंग ने पूछा, ''इतना पढ़-लिखकर तुम रिक्शा क्यों चलाते हो? कोई नौकरी क्यों नहीं की?'' ''मुझे निश्चित रूप से नौकरी मिल जाती। मैंने वह नौकरी नहीं की तो दूसरे को मिल गयी वह नौकरी। एक ढंग से किसी की खुशी के लिए मैंने अपनी नौकरी दान कर दी। रिक्शा चलाने से मुझे जो मिल जाता है, उससे मैं प्रसन्न हूँ। आप लोग भी सब कुछ दान कर सकते हैं?'' दोनों चुप।

दोनों रिक्शे से उतर गये। वारिधि ने जेब से सौ रुपये का नोट निकाला और रिक्शेवाले को देते हुए बोले, ''लो रख लो!'' रिक्शेवाला बोला, ''केवल तीस रुपया किराया हुआ। आप अपना सत्तर रुपये वापस ले लीजिए।'' वारिधि ने फिर कहा, ''अरे सारा रख लो!'' रिक्शेवाले ने वह सौ का नोट वारिधि को पकड़ाते हुए कहा, ''मेरी तरफ से मेरे तीस रुपये आप ही रख लीजिए।'' वारिधि भड़क गये, ''तुम्हारी इतनी हिम्मत? तुम मुझे तीस रुपये दान दे रहे हो?'' रिक्शेवाले ने शांत भाव से कहा, ''फिर आप मुझे सत्तर रुपये दान देने की कोशिश क्यों कर रहे हैं? मैं हराम की नहीं खाता।''

पचहत्तर प्रतिशत उपस्थिति की अनिवार्यता

सवितेश्वर ने विश्वविद्यालय के बी.ए. प्रथम वर्ष में प्रवेश लिया। प्रवेश के उपरान्त कक्षाएँ प्रारम्भ हो गयीं। सवितेश्वर बड़े मनोयोग से कक्षाएँ करने लगा। घर से काफी पढ़-लिख कर और तैयारी के साथ कक्षा में आता। अध्यापक कक्षा में जो कुछ पूछते, वह तुरंत खड़ा होकर जवाब देता। किसी प्रश्न का उत्तर भले पूरी कक्षा के लड़कों के पास न हो, सवितेश्वर के पास अवश्य उत्तर रहता था। कभी-कभी वह कक्षा में खड़ा होकर अध्यापक से ही कोई प्रश्न पूछ लेता। अध्यापक की खोपड़ी नाच जाती। प्रायः अध्यापक यही कहते कि ठीक है; कल कहीं से इस प्रश्न का उत्तर खोजूँगा, तब बताऊँगा। सारे अध्यापक और छात्र सवितेश्वर से बहुत प्रभावित थे। सवितेश्वर एक भी कक्षा में अनुपस्थित नहीं होता था।

अचानक सवितेश्वर विश्वविद्यालय से एकदम गायब हो गया। हर कक्षा में अनुपस्थित! हफ्तों बीत गये तो अध्यापकों को उसकी चिन्ता होने लगी। वे कक्षा के अन्य छात्रों से उसके बारे में पूछने लगे। किसी भी छात्र को सवितेश्वर का पता-ठिकाना नहीं मालूम था। उसके बारे में कोई कुछ भी बता पाने में असमर्थ था।

वार्षिक परीक्षाएँ पास आ गयीं। सवितेश्वर फिर विश्वविद्यालय मे प्रकट हो गया। विश्वविद्यालय में यह नियम था कि जिस भी छात्र की उपस्थिति पचहत्तर प्रतिशत से कम होती थी, उसे परीक्षा देने से रोक दिया जाता था। सवितेश्वर की साल भर में मुश्किल से दस प्रतिशत कक्षाओं में उपस्थिति थी। उसे भी परीक्षा देने से रोक दिया गया।

सवितेश्वर अपने सारे अध्यापकों से मिलकर उनके पैर पकड़ने लगा। किसी भी तरह परीक्षा देने मिल जाय। विश्वविद्यालय के कुलपति को यह विशेषाधिकार प्राप्त था कि यदि किसी छात्र की उपस्थिति पचहत्तर प्रतिशत न हो, तब भी वे यदि चाहें तो उसे परीक्षा देने की अनुमति प्रदान कर सकते थे। अध्यापकों ने कुलपति से मिलकर उन्हें समझाया कि सवितेश्वर पढ़ने में अच्छा छात्र है। उसे परीक्षा देने की अनुमति प्रदान कर दीजिए। अध्यापको के कहने-

सुनने पर बड़ी मुश्किल से माने कुलपति। उन्होंने सवितेश्वर को परीक्षा देने की अनुमति प्रदान कर दी।

परीक्षाएँ हो गयीं। परीक्षा का परिणाम भी आ गया। पूरे विश्वविद्यालय में बी.ए. प्रथम वर्ष में सवितेश्वर ने सर्वोच्च स्थान प्राप्त किया।

कुलपति को भी यह बात पता चली। उन्हें बड़ा आश्चर्य हुआ। उन्होंने सवितेश्वर को मिलने के लिए बुलाया।

कुलपति से मिलकर सवितेश्वर ने उनके पैर छुए। कुलपति ने उसे आशीर्वाद देकर बैठने के लिए कहा। उन्होंने पूछा, "तुम इतने अच्छे छात्र हो। आखिर तुम कक्षाएँ क्यों नहीं करते?" सवितेश्वर ने दोनों हाथ जोड़कर कहा, "सर, परीक्षा देने के लिए पचहत्तर प्रतिशत उपस्थिति की अनिवार्यता समाप्त कर दीजिए।" "क्यों?" कुलपति ने आश्चर्य से पूछा। उसने कहा, "सर! विश्वविद्यालय के अधिकांश अध्यापक ऐसे हैं, जिनकी कक्षा पढ़ना अपना समय बर्बाद करना है। मुझे ऐसी अशालीन भाषा का प्रयोग करना तो नहीं चाहिए लेकिन सर सच्चाई यही है कि विश्वविद्यालय के अधिकांश अध्यापक अच्छे छात्रों के स्तर के नहीं हैं।"

नेताओं का जनता-विचार

उस दिन देश की चार बड़ी पार्टी के हाईकमान चाय पर एक अनौपचारिक बैठक में आमंत्रित थे। पहली पार्टी के हाईकमान 'क' ने अपने घर पर यह चाय पार्टी दी थी। पार्टी में दूसरी पार्टी के हाईकमान 'ख', तीसरी पार्टी के हाईकमान 'ग' और चौथी पार्टी के हाईकमान 'घ' भी 'क' के साथ उपस्थित थे।

सार्वजनिक रूप में ये पार्टियाँ एक दूसरे की कट्टर विरोधी थीं और कोई किसी को बर्दाश्त करने के लिए तैयार नहीं था। उपस्थित चारों नेता एक दूसरे के विरुद्ध इतना जहर उगलते थे कि प्रतीत होता, आपस में मिलने पर ये एक-दूसरे को गोली मार देंगे। परन्तु अन्दरूनी सम्बन्ध यह चाय पार्टी थी। किसी को इसकी कानोंकान भनक नहीं थी।

चाय बेचारी का तो नाम था। वहाँ इतने तरह की वाय रखी हुई थी कि चाय बेचारी सकुचाती-सिमटी एक कोने में बैठी थी। हर तरह की वाय चारों नेताओं के पेट में जा रही थी। आपस में हँसी-ठट्ठा हो रहा था। अचानक बात जनता जनार्दन की तरफ मुड़ गयी। जनार्दन अर्थात् भगवान। 'क' ने कहा, "मीडियावाले ऐसा जनता-जनता छापते हैं जैसे जनता सर्वगुण सम्पन्न और सर्वज्ञ कोई चीज हो, जबकि जनता साली सबसे कमीनी चीज है। साली के लिए कलेजा निकालकर रख दो, लेकिन एहसान नहीं नानती। पता चला, अगले चुनाव में जनता ने हरा दिया।" 'ख' बोले, "यह तो आपने सोलहों आने सही बात कही। बड़े से बड़े अर्थशास्त्री, बड़े से बड़े रक्षा विशेषज्ञ, बड़े से बड़े विदेशनीतिज्ञ मिलकर देश के लिए नीतियाँ तैयार करते हैं, लेकिन चुनाव के समय देशभर के अँगूठाटेक, नकल मारकर ग्रेजुएट, पोस्टग्रेजुएट बने और हलजोत सबसे बड़े विशेषज्ञ बन जाते हैं। पता चलता है, भगवान ने सारी बुद्धि जनता में ही डाल रखी है। कितना भी हाथ जोड़े सारे देश में दिन-रात घूमो, जनता मादर...हमें हरा ही देती है।" 'ग' कहाँ पीछे रहने वाले थे, "जनता ससुरी को दस-दस जूता मारा जाय तो अकल ठिकाने आ जाएगी। कमीनी जनता हमारे भ्रष्टचार की बात करती है। सांसद-विधायक बनने के पहले

हमें सरकार कुछ देती है? उसके पहले से हम नेतागिरी करते रहते हैं। उस समय राजनीति में इधर-उधर से हमारे आका लोग हमारे लिए कुछ व्यवस्था न बनाएँ तो हम लोग भूखों मर जायँ। सांसद, विधायक, मंत्री न रहने वाले नेता भीख माँगते हुए नज़र आयें। सांसदी और विधायकी कौन सा स्थायी पद है? उसमें हम चार पैसे इधर-उधर से कमायेंगे नहीं तो आगे चुनाव कैसे लड़ेंगे? चुनाव हार गये तो समाज में इज़्ज़त के साथ कैसे रहेंगे? हम हवाई चप्पल फटकारते हुए चलें? लोग कहें कि देखो भूतपूर्व मंत्री जी जा रहे हैं!'' 'घ' ने भी हाँ में हाँ मिलायी, ''मीडियावाले ऐसा जनता-जनता करते हैं, जैसे जनता ससुरी दूध की धुली हो! जनता भों...वाली खुद हर तरह का कुकर्म करे तो कोई बात नहीं, लेकिन हमसे अर्थात् किसी नेता से जरा सा कोई गलती हो जाय तो जनता चाहती है कि नेता को फाँसी पर लटका दिया जाय। सारे नेता फाँसी पर ही लटक जाएँगे तो देश कौन चलायेगा? यह बुड़बक जनता? फिर विदेशियों का कब्जा हो जाएगा। सब्सिडी पर सब्सिडी देते जाओ तो सब कुछ हराम का डकारती जाएगी जनता...तब ससुरी साँस नहीं लेगी...''

चारों नेताओं का जनता-विमर्श जारी था।

न्याय के रखवाले-1

कचहरी के पास एक आदमी ठेले पर केले लादे हुए चिल्ला रहा था, "चालीस रुपये दर्जन! चालीस रुपये दर्जन!"

एक वकील साहब पहुँच गये, "क्यों भाई? कैसे दे रहे हो केले?" फलवाला उत्साह से बोला, "चालीस रुपये दर्जन है साहब!" वकील साहब ने त्यौरियाँ चढ़ायीं, "केला कहीं चालीस रुपये दर्जन बिकता है? लोगों को लूट रहे हो? वह भी न्याय के मंदिर के पास?" "साहब बड़ी महँगाई है। कहीं भी पता कर लीजिए। केले का यही भाव है आजकल।" फलवाला बड़े मधुर स्वर में बोला। "ठीक है-ठीक है!" वकील साहब हल्का सा गुर्राये, "जरा छाँटकर आधा दर्जन बढ़िया केले दो।" फलवाला आधा दर्जन बढ़िया केले छाँटने लगा।

वकील साहब वहीं खड़े-खड़े केले खाने लगे। शायद काफी भूखे थे। कुछ ही देर में आधा दर्जन केले खा गये। फलवाला कुछ देर तक तो चुप रहा। आखिर उसका धैर्य जवाब दे गया, "साहब, केले के पैसे दे दीजिए।" वकील साहब ने उसे घूरा, "तू मुझसे पैसे माँग रहा है? जानता है हम कौन हैं? हम लोग न्याय के रखवाले हैं। तू न्याय के रखवालों से पैसा लेगा?" "साहब आप चाहे जो हों, लेकिन मैं एक गरीब आदमी हूँ। दिनभर फल बेचकर अपने परिवार का पेट भरता हूँ। लाइए दीजिए मेरे बीस रुपये।" फलवाला बोला। वकील साहब का पारा चढ़ गया, "साले, तू लात खाने पर उतारू है क्या? मैंने तुझे बताया कि हम न्याय के रखवाले हैं। हमसे पैसे माँगने की जुर्रत करेगा तो दस मुकदमे में फँसा दूँगा। जिन्दगी बर्बाद हो जाएगी। कमीना कहीं का!"

फलवाले को भी गुस्सा आ गया, "काली कोट पहनकर भीख माँग रहे हो और चले हो मुझे ताव दिखाने? जेब में पैसे न रहा करें तो मेरे ठेले से फल मत लिया करो।" "क्या कहा बे? मैं भिखारी हूँ? तेरी इतनी हिम्मत...।" वकील साहब चिल्लाये और लगे फलवाले को पीटने। लड़ाई-झगड़ा देखकर कई वकील

इकट्ठा हो गये। बिना जाने कि बात क्या है, सारे वकील मिलकर लगे फलवाले को पीटने। संगठन में शक्ति है! वकील एकता जिन्दाबाद!

फलवाला मार खाते-खाते अधमरा हो गया और वहीं पर ग़िर गया। वकीलों ने ठेले पर से केले उठाने शुरू किये। किसी के हाथ एक दर्जन लगा, किसी के हाथ आधा दर्जन। ठेले पर के सारे केले समाप्त हो गये। बहुत सारे वकील जुट गये। "मारो साले को-मारो साले को।" चिल्लाते हुए। पुलिस भी आ पहुँची। वकीलों ने पुलिस से फलवाले की शिकायत की। न्याय के रखवालों अर्थात् माननीय अधिवक्ताओं की इज़्ज़त का प्रश्न था। फलवाले ने उन्हें कालीकोट वाला भिखारी कह दिया था। पुलिस फलवाले को पकड़ ले गयी। फलवाले का बेबस और असहाय ठेला वहीं खड़ा था। सारी घटना को देखकर वह समझ गया था कि न्याय का कोई रखवाला उसे भी उठा ले जाएगा।

न्याय के रखवाले-2

उस दिन उच्च न्यायालय के आस-पास का सारा माहौल अस्त-व्यस्त था। उच्च न्यायालय के वकीलों ने उच्च न्यायालय के चारों तरफ की सड़कों पर चक्का जाम कर दिया था। वे वाहनों में तोड़-फोड़ भी कर रहे थे। एक सरकारी बस को उन्होंने आग के हवाले कर दिया था। माननीय न्यायमूर्तिगण उच्च न्यायालय के अन्दर फँसे हुए थे। पुलिस भी दूर खड़ी तमाशा देख रही थी। पुलिस अधिकारियों की हिम्मत नहीं पड़ रही थी कि वे वकीलों के पास जाकर उनसे कुछ कहें या उन्हें समझाने-बुझाने की कोशिश करें। वकील बहुत ही आक्रोशित थे और उन्होंने एकदम रौद्र रूप धारण कर रखा था। न्यायमूर्तिगण भी अन्दर चुपचाप बैठे रहने में ही अपनी भलाई समझ रहे थे।

बहुत सारे मुवक्किल, जिनका आज मुकदमा लगा था, वे भी दूर खड़े तमाशा देख रहे थे। वे जान चुके थे कि अब आज उच्च न्यायालय में कोई कामकाज होने से रहा। बाहर के एक मुवक्किल ने एक स्थानीय मुवक्किल से पूछा, "भाई साहब, माजरा क्या है? वकील लोग इतने गुस्से में क्यों हैं?" स्थानीय मुवक्किल बताने लगा, "दरअसल आज रात में, शहर में उच्च न्यायालय के एक वकील की हत्या हो गयी। इसीलिए सारे वकील इतने गुस्से में हैं। वे हत्यारों की तुरंत गिरफ्तारी की माँग कर रहे हैं।" "हत्या क्यों हुई और किसने करवायी, कुछ पता चला?" बाहरी मुवक्किल ने पूछा। स्थानीय मुवक्किल आगे बताने लगा, "दरअसल वकील एक मकान में किराये पर रहता था। दस साल तक किरायेदार के रूप में रहने के बाद वकील ने मकान पर कब्जा कर लिया और मकान मालिक के सारे सामान को घर के बाहर फेंककर उसे घर से निकाल दिया। मकान मालिक ने वकील के खिलाफ थाने में एफ.आई.आर. लिखवा दी। जवाब में किरायेदार वकील की तरफ से बहुत सारे वकील इकट्ठा हो गये और उन्होंने मकान मालिक के खिलाफ़ एफ.आई.आर. दर्ज करा दिया। मकान मालिक बारह साल से अपना मकान खाली कराने के लिए मुकदमा लड़ रहा था। मकान मालिक ने समझ लिया कि मुकदमा

लड़ते-लड़ते उसकी जिन्दगी बीत जाएगी, लेकिन न्यायालय के माध्यम से वह कभी अपना मकान खाली नहीं करा पायेगा। इसीलिए आज रात में उसने वकील की हत्या कर दी और फरार हो गया।''

बाहरी मुवक्किल बोला, ''बड़ा अंधेर है। वकीलों ने तो एकदम गुंडागर्दी मचा रखी है। इन्हें कोई कुछ बोलनेवाला भी नहीं है।'' स्थानीय मुवक्किल ने कहा, ''ये न्याय के रखवाले हैं। इन्हें कोई कुछ नहीं बोल सकता। इनको देखकर पुलिस को भी साँप सूँघ जाता है। पुलिस इनके विरुद्ध तभी कुछ कर सकती है, जब शासन का आदेश हो। सत्तारूढ़ पार्टी वकीलों के खिलाफ कोई कार्रवाई करने का जोखिम नहीं उठा सकती, क्योंकि पूरे प्रदेश में वकीलों की संख्या बहुत ज्यादा है और उनके बहुत वोट हैं। चाहे सत्तारूढ़ पार्टी हो या विरोधी पार्टियाँ, वकीलों के खिलाफ़ कुछ नहीं बोलते, क्योंकि वकील न्याय के रखवाले हैं। अभी पिछले साल यहीं पर विश्वविद्यालय के छात्रों ने इसी तरह का उत्पात करने की कोशिश की थी। उच्च न्यायालय के सर्वोच्च न्यायाधीश ने राष्ट्रपति को फोन करके सेना बुलवा ली थी। प्रदेश की सरकार बड़ी मुश्किल से गिरते-गिरते बची थी। कोई और संगठन यहाँ उच्च न्यायालय के पास चक्काजाम करने की कोशिश करे तो न्यायाधीश लोग फौरन जिलाधिकारी और वरिष्ठ पुलिस अधीक्षक को तलब कर लेंगे। चक्काजाम करने वाले मिनटों में जेल के अन्दर कर दिये जाएँगे। लेकिन न्यायाधीशों के भाई-बन्धु ये वकील लोग चाहे जो करें कोई न्यायाधीश कुछ नहीं बोलता।'' बाहरी मुवक्किल मुस्कराया, ''यही सब समझकर तो मैं भी अपने बेटे को वकालत पढ़ा रहा हूँ।''

सरकार की समीक्षा बैठक

प्रदेश में एकदम नयी पार्टी की सरकार बनी। पार्टी के मुखिया मुख्यमंत्री की गद्दी पर आसीन हुए। राजनीतिक रूप से कई सालों से उन्होंने तपस्या की थी। मुख्यमंत्री बनते ही वे उस तपस्या का फल भोगने में व्यस्त हो गये। जगह-जगह स्वागत लेना, उद्घाटन करना, मुख्य अतिथि बनना उनकी दिनचर्या का अंग हो गया। मुख्यमंत्री बनने पर कितने उच्च स्तर की सुरा-सुंदरियों का भोग करने को मिलता है, यह उन्होंने मुख्यमंत्री बनकर जाना। जैसा कि होता है, शासन चलाने का काम प्रशासनिक अधिकारियों के जिम्मे था।

एक दिन मुख्यमंत्री ने प्रमुख सचिव से चर्चा की, "सचिव साहब, मेरे पास न जाने कहाँ से पाँच सौ रुपये का एक नकली नोट आ गया है।" "अच्छा?" प्रमुख सचिव ने आश्चर्य व्यक्त किया, "आप मुझे वह नोट दीजिए। मैं इस पर आवश्यक कार्रवाई करता हूँ।" मुख्यमंत्री ने पाँच सौ रुपये का नकली नोट उन्हें दे दिया।

प्रमुख सचिव ने अगले दिन सभी विभाग के मुख्य सचिवों की एक समीक्षा बैठक बुलायी। बैठक शुरू हुई। सभी सचिव इस बात की समीक्षा करने लगे कि पाँच सौ रुपये का नकली नोट माननीय मुख्यमंत्री तक कैसे पहुँचा? समीक्षा बैठक पाँच घंटे तक चली। नाश्ते और भोजन की भव्य व्यवस्था थी। समीक्षा बैठक का नेतृत्व कर रहे थे प्रमुख सचिव, प्रदेश शाससन; जिन्हें मुख्यमंत्री ने पाँच सौ रुपये का नकली नोट दिया था। समीक्षा बैठक में न तो कोई ठोस निष्कर्ष निकलता है और न किसी समस्या का समाधान होता है। समीक्षा बैठक इसलिए होती है, जिससे अधिकारी बहुत गम्भीरता से काम करते हुए दिखें। समीक्षा बैठक सम्पन्न हो गयी। लाखों रुपये फुँक गये।

अब जब भी मुख्यमंत्री प्रमुख सचिव से किसी समस्या पर चिन्ता व्यक्त करते, प्रमुख सचिव सभी विभाग के मुख्य सचिवों की समीक्षा बैठक बुला लेते। समीक्षा बैठक में कुछ देर तक उस विषय पर बात होती, जिसे मुख्यमंत्री ने उठाया होता। उसके बाद उसी बात की समीक्षा होने लगती कि आखिर पाँच सौ रुपये का नकली

नोट मुख्यमंत्री तक पहुँच कैसे गया? गहन मंथन होता। सचिव लोग मामले को पूरा मथ डालते थे। उसी तरह जैसे मंदराचल पर्वत से देवताओं और दानवों ने समुद्र को मथ डाला था। अंत में उत्सव के माहौल में समीक्षा बैठक समाप्त हो जाती।

मुख्यमंत्री मुख्य अतिथि बनने में व्यस्त थे। वे बीच-बीच में प्रमुख सचिव से समीक्षा बैठकों के बारे में पूछते रहते। प्रमुख सचिव उन्हें तरह-तरह की बातें बताते रहते। इस बार की समीक्षा बैठक में यह तय किया गया है कि प्रदेश के विकास को पटरी पर लाने के लिए हमें ठोस योजनाएँ बनानी पड़ेंगी। इस बार की समीक्षा बैठक में यह तय किया गया है कि विकास का लाभ आखिरी आदमी तक पहुँचना चाहिए। इस बार की समीक्षा बैठक में में यह तय किया गया है कि प्रदेश सरकार विकास के जो काम कर रही है, उसकी जानकारी प्रदेश के हर व्यक्ति तक पहुँचायी जाय। मुख्यमंत्री संतुष्ट हो जाते। प्रदेश के विकास की गाड़ी पूरे रफ्तार के साथ दौड़ रही है।

धीरे-धीरे सरकार के पाँच साल पूरे हो गये। अगले चुनाव की घोषणा हो गयी और आदर्श चुनाव संहिता लागू हो गयी। प्रशासनिक अधिकारियों द्वारा बताये गये विकास कार्यों का मुख्यमंत्री चारों तरफ गुणगान करते घूम रहे थे। उधर प्रदेश के वरिष्ठ प्रशासनिक अधिकारियों ने पाँच साल का समय पाँच सौ रुपये के नकली नोट की समीक्षा करते हुए ही काट लिया।

मेरा भारत महान्

चितरंजन दास अमेरिका में पचीस वर्षों से रह रहे थे। वे वहाँ पढ़ने गये थे। पढ़ाई पूरी कर लेने के बाद उन्होंने वहीं पर एक कम्पनी खोल ली और बिजनेस करने लगे। अमेरिका में ही उन्होंने एक भारतीय लड़की से शादी कर ली और उनके दो बेटे भी हो गये।

अमेरिका में ठीक से जम जाने के बाद चितरंजन दास का देश प्रेम जोर मारने लगा। उन्होंने सोचा कि भारत चलकर, वहाँ पर एक घर बनवाता हूँ और वहाँ भी बिजनेस शुरु करता हूँ। काम जम गया तो मैं भारत में ही रहकर अपना उद्योग सम्हालूँगा। यहाँ अमेरिका का अपना सारा काम-काज बच्चों को सौंप दूँगा।

भारत में उनका एक छोटा भाई रहता था, जिससे उनका सम्पर्क बराबर बना हुआ था। छोटे भाई को सूचना देकर वे भारत आ गये। बीवी-बच्चों को अमेरिका में ही छोड़कर। भाई को उन्होंने अपनी योजना बतायी। भाई बहुत प्रसन्न हुआ। दोनों ने मिलकर घर बनवाने के लिए एक जमीन देखी और उसे चितरंजन दास ने अपने छोटे भाई के नाम खरीद लिया।

पहले तो चितरंजन दास का पसीना घर का नक्शा पास करवाने में ही छूट गया। हर कदम पर घूस। घूस तो अपनी जगह, रोज-रोज दौड़ना पड़ रहा था। घर बनने लगा। इधर घर बन रहा था, उधर चितरंजन दास को नाकों चने चबाने पड़ रहे थे। चाहे पानी का कनेक्शन लेना हो या बिजली का कनेक्शन। हर जगह रिश्वत पर रिश्वत। रिश्वत देने के बाद भी कोई सुनने वाला नहीं था। रोज सबके पास दौड़ो, सबसे हाथ जोड़कर घिघियाओ। दो साल में घर बनकर तैयार हुआ। दो साल तक चितरंजन दास प्रायः भारत में ही जमे रहे। वे यह देखकर दंग रह गये कि यहाँ के लोग अक्सर एक न एक जंग में उलझे रहते हैं। वे एकदम से त्रस्त हो चुके थे।

उन्होंने अपने भाई से कहा, "यह घर तुम्हारे नाम बना है। तुम्हीं इस घर में रहो। मैं अमेरिका वापस जा रहा हूँ। मैं वहीं पर ठीक हूँ। मैं अमेरिका में पचीस साल रहा और पचीस सालों में वहाँ मुझे कहीं एक बार भी रिश्वत नहीं देनी पड़ी।

भारत में तो रिश्वत देते-देते मेरी कमर टेढ़ी हो गयी। यहाँ तो ईमानदार लोगों की सारी कमाई रिश्वत देने में ही चली जाती होगी।'' छोटा भाई बोला, ''भैया आप अमेरिका वापस मत जाइए। यहीं पर रहिए। आप जानते नहीं, हमारा भारत महान् है।'' चितरंजन दास बोले, ''तुम सच कह रहे हो। मेरा भारत महान् है, लेकिन दूर रहने पर यह और ज्यादा महान् दिखता है। इसलिए मैं अमेरिका में ही रहूँगा। यहाँ पर तुम्हीं सम्हालो।''

भगवान की दुनिया में

मंदर स्वास्थ्य विभाग में अधिकारी थे। एक कनिष्ठ अधिकारी। स्वास्थ्य विभाग में एक बड़ा घोटाला जाँच एजेंसियों ने पकड़ा था। पाँच अरब का घोटाला। मंदर घोटाले के मुख्य अभियुक्त थे। उनके साथ पाँच-छः और कनिष्ठ अधिकारियों को दोषी पाया गया था। मंदर बहुत तनाव में चल रहे थे। जाँच की गति से पता चल रहा था कि उन्हें सारी जिन्दगी जेल में काटनी पड़ेगी। अखबारों में रोज थू-थू हो रही थी, सो अलग। समाज में भी वे किसी को मुँह दिखाने लायक नहीं बचे थे।

मंदर के एक मित्र थे, नीतीश। एक दिन वे मंदर का हाल-चाल लेने पहुँचे। उन्हें देखकर मंदर फूट-फूटकर रोने लगे। नीतीश ने उन्हें धीरज बँधाया। मंदर ने कहा, "नीतीश भाई! मैंने तय कर लिया है। अब मैं आत्महत्या कर लूँगा।" नीतीश ने उन्हें डाँटा, "कायरों जैसी बात मत करो। हालात से डटकर मुकाबला करो। आत्महत्या करना पाप है। ऐसा पाप करने के बारे सोचो भी मत।" "मैं क्या करूँ नीतीश भाई। मेरा जीवन नरक से भी बदतर हो गया है। किसी के घर आने-जाने लायक नहीं रह गया हूँ। किसी से मिलने-जुलने लायक नहीं रह गया हूँ। जिन्दगी भर जेल में सड़ने का भय सता रहा है सो अलग। इतने तनाव में घुट-घुटकर जीना मेरे लिए संभव नहीं है।" मंदर रोते हुए बोले। नीतीश ने पूछा, "आखिर तुमने यह नौबत ही क्यों आने दी? इतना बड़ा गलत काम तुमने क्यों किया ?"

मंदर बताने लगे, "मेरा विश्वास करो नीतीश भाई। मैं इस घोटाले में शामिल नहीं हूँ। मेरे विभाग के सबसे वरिष्ठ अधिकारी ने सारा घोटाला किया है। वह करता यह था कि खुद किसी कागज पर हस्ताक्षर नहीं करता था। सारे कागजों पर वह कनिष्ठ अधिकारियों से हस्ताक्षर करवाता था। खासकर मुझसे। जिन-जिन कनिष्ठ अधिकारियों ने हस्ताक्षर किया है, वही लोग इस घोटाले में फँसे हैं। हम लोग डर के मारे हस्ताक्षर करने से मना नहीं कर पाते थे। बड़े-बड़े अपराधियों से उसकी जान-पहचान है। वे सब उससे बराबर ऑफिस में मिलने के लिए आते

रहते हैं। उसके कहे हुए कागज पर हस्ताक्षर न करने का मतलब है, अपनी जान से हाथ धोना।"

नीतीश गंभीर हो गये, "तब तो आत्महत्या करके तुम बहुत ही गलत काम करने जा रहे हो। तुम्हारा वरिष्ठ अधिकारी इतना बदमाश है, मतलब उसके अत्याचार से बहुत सारे लोग पीड़ित होंगे। तुम्हारा कर्त्तव्य है कि पहले तुम किसी तरह उसको मार डालो। तुम्हारा यह काम भले ही गैर कानूनी होगा, लेकिन अनैतिक नहीं होगा। आगे जो लोग तुम्हारे अधिकारी के अत्याचार से पीड़ित होंगे, वे सब भी बच जाएँगे। जब तुम अपनी जान लेने पर उतारू हो गये हो तो पहले उस दुष्ट की जान लो। उसके खिलाफ कोई सबूत नहीं है, अतः वह बच जाएगा। लेकिन तुम्हें तो पता है कि वह बहुत बड़ा अपराधी है और इस प्रकरण में वही पूर्ण रूप से दोषी है। भगवान भी इस दुनिया में बार-बार दुष्टों को मारने के लिए ही आते हैं। इसलिए भगवान की दुनिया में वही करो जो खुद भगवान करते हैं।"

मंदर सहमत हो गये, "मेरे पास लाइसेंसी रिवाल्वर है। मैं कल ही ऑफिस में जाकर अपने वरिष्ठ अधिकारी को मौत के घाट उतार दूँगा। अपनी आत्महत्या के बारे में बाद में सोचूँगा।"

विचित्र भलाई

नुक्कड़ पर चार मित्र खड़े होकर गप्पें लड़ा रहे थे। दीन-दुनिया से बेखबर। बगल में एक बाइक खड़ी हुई थी। चारों मित्रों में से किसी की नहीं थी वह। न जाने कौन उसे वहाँ खड़ी कर गया था।

अचानक वहाँ एक आदमी पहुँचा। एकदम बदहवास। वह हर तरफ कुछ खोज रहा था। चारों मित्र उसे उत्सुकता से देखने लगे। अचानक उसने चारों से पूछा, "आप लोगों को मोटरसाइकिल की कोई चाभी मिली है क्या?" चारों में से एक ने कहा, "नहीं, हमें तो कोई चाभी नहीं मिली है। तुम्हारी बाइक कहाँ है?" अजनबी ने कहा, "आप लोगों के पास जो बाइक खड़ी है, वह मेरी ही है। इसकी चाभी मुझसे कहीं गिर गयी। मिल ही नहीं रही है। अब मैं क्या करूँ?" एक मित्र ने समझाया, "चाभी अगर नहीं मिल रही है तो परेशान होने से कोई फायदा नहीं है। यहाँ से दो किलोमीटर दूर नेतराम चौराहे पर चाभी बनती है। ऐसा करिए कि आप एक रिक्शा ले आइए। आप रिक्शे पर बैठ जाइए। हम लोग आपकी बाइक रिक्शे पर लदवा देते हैं। आप बाइक पकड़कर रिक्शे पर कायदे से बैठ जाइए और नेतराम चौराहे पर ले जाकर इसकी चाभी बनवा लीजिए।"

आदमी एक रिक्शा लेकर आया। वह उस पर बैठ गया। चारों मित्रों ने ताकत लगाकर मोटरसाइकिल उठा ली और उसे रिक्शे पर लदवा दिया। अपरिचित ने चारों मित्रों को बहुत धन्यवाद दिया और रिक्शे पर मोटरसाइकिल लेकर चला गया।

चारों मित्र वहीं खड़े गपशप ही कर रहे थे। वे खुश थे कि उन्होंने किसी जरूरतमंद की मदद की। आधे घंटे बाद अचानक एक आदमी वहाँ फिर आ गया। वह भी एकदम बदहवास था। चारों तरफ पलट-पलटकर वह कुछ खोज रहा था। एक मित्र ने पूछा "क्या खोज रहे हैं आप?" उसने कहा, "यहीं पर मैं अपनी बाइक खड़ी करके गया था। दिख ही नहीं रही है।" चारों मित्र एकदम से सकपका गये। एक ने हिम्मत करके बाइक का हुलिया वगैरह पूछना शुरू किया। अजनबी

हूबहू वही सब बातें बताने लगा, जो अभी-अभी रिक्शे पर लदकर चली गयी मोटरसाइकिल से मेल खा रही थीं। चारों मित्र एक दूसरे का चेहरा देखने लगे। एक बाकी तीनों से फुसफुसाकर बोला, "भलाई इसी में है कि हम लोग धीरे से यहाँ से खिसक लें, अन्यथा चारों बहुत बुरी तरह फँसेंगे।" चारों मित्र एक-एक कर वहाँ से फूट लिये।

चयन प्रक्रिया

अनुग्रह एक अति प्रतिभाशाली व्यक्ति थे। उन्होंने हाईस्कूल और इंटरमीडिएट की परीक्षाओं में प्रदेश में सर्वोच्च स्थान प्राप्त किया था। बी.ए. और एम.ए. में उन्होंने अपने विश्वविद्यालय में रिकार्ड तोड़ते हुए सर्वोच्च स्थान प्राप्त किया। उनके घर के सभी सदस्य, सभी रिश्तेदार और इष्ट-मित्र उन पर दबाव डालने लगे कि वे आई.ए.एस. की परीक्षा दें और आई.ए.एस. बनें। देश में देवता का दर्जा प्राप्त दो ही प्राणी होते हैं-मंत्री और आई.ए.एस.।

अनुग्रह की रुचि पढ़ाई-लिखाई में थी, अतः उन्होंने सब का आग्रह ठुकरा दिया। वे किसी अच्छे विश्वविद्यालय में प्रोफेसर बनना चाहते थे। उन्होंने यू.जी.सी. की जे.आर.एफ. और नेट परीक्षाएँ दीं और उनमें उत्तीर्ण होकर पी.एच.डी. करने लगे। उन्होंने सोचा कि किसी विश्वविद्यालय में प्रोफेसर बनना उनके बाएँ हाथ का खेल है, क्योंकि उनके जैसी मेरिट के लड़के विश्वविद्यालयों को बड़ी मुश्किल से मिलते होंगे। उन्होंने पी.एच.डी. बड़े मन से की। उन्होंने बहुत ही उच्च स्तर का शोध ग्रंथ लिखा। पी.एच.डी. की डिग्री भी उन्हें प्राप्त हो गयी।

उन्होंने विभिन्न विश्वविद्यालयों में प्राध्यापक बनने के लिए आवेदन फॉर्म भरने शुरू किये। दर्जनों विश्वविद्यालयों में उन्होंने साक्षात्कार दिया, किन्तु कहीं भी उनकी नियुक्ति नहीं हुई। वे बड़े आश्चर्यचकित थे। हर जगह मेरिट में उनका नाम सबसे ऊपर रहता, लेकिन न जाने कैसे उनका साक्षात्कार गड़बड़ा जाता और उनका चयन न हो पाता। उन्हें अब आकर आटे-दाल का भाव पता चला। किसी मेधावी छात्र के लिए आई.ए.एस. बनना बड़ा आसान है, लेकिन किसी विश्वविद्यालय में प्राध्यापक बनना टेढ़ी खीर है। राष्टपति, प्रधानमंत्री से लेकर आमजन तक सब इस बात का रोना रोते हैं कि हमारे देश के विश्वविद्यालयों में इस समय बहुत उच्च स्तर के प्राध्यापक नहीं हैं, लेकिन जब कोई बहुत योग्य व्यक्ति किसी विश्वविद्यालय में प्राध्यापक बनने चलता है तो उसे व्यवस्था या तो धकियाकर बाहर कर देती है या पागल बनाकर दर-ब-दर ठोकर खाने के लिए छोड़ देती है।

खैर, दस साल तक प्रयास करने के बाद अनुग्रह एक विश्वविद्यालय में नियुक्ति पा ही गये। दस साल तक उन्होंने इतना संघर्ष किया कि पढ़ाने का उनका सारा उत्साह मर गया। वे बस नौकरी किये जा रहे थे और अपना परिवार पाले जा रहे थे।

अनुग्रह कुछ दिनों बाद विभागाध्यक्ष बन गये। विभाग में एक पद खाली था। उस पद के लिए विज्ञापन हुआ। साक्षात्कार की तिथि काफी नज़दीक आ गयी। एक दिन विश्वविद्यालय के कुलपति ने उन्हें अपने कक्ष में बुलवाया।

अनुग्रह कुलपति के पास गये। कुलपति ने उनसे कहा, "आपके विभाग में एक प्राध्यापक का चयन होना है। मुख्यमंत्री जी का फोन आया था। मुख्यमंत्री जी के एक रिश्तेदार ने भी आवेदन किया है। मुख्यमंत्री जी का आदेश है कि हर हाल में उनके रिश्तेदार का ही चयन होना है...।" अनुग्रह ने उनकी बात काटते हुए कहा, "लेकिन सर, मैं तो यह चाहता हूँ कि जो सबसे योग्य अभ्यर्थी हो, उसका चयन किया जाय।" कुलपति बोले, "ये सब आदर्श की बातें छोड़िए और जो मैं कह रहा हूँ, उसे सुनिए। मैंने सारे आवेदन-पत्र देख लिए हैं। एक लड़का बहुत ही अच्छी मेरिट का है। उसे ही काटना है। ऐसे प्रश्नों का एक सेट तैयार कीजिए जिनके उत्तर कोई भी न दे सके। उस लड़के से वही सारे सवाल पूछिएगा। इसी तरह मुख्यमंत्री जी के रिश्तेदार को मैं एक दिन बुला लेता हूँ और आप उसे बता दीजिए कि आप उससे कौन-कौन से प्रश्न पूछेंगे। उन प्रश्नों के उत्तर भी उसे ठीक से रटा दीजिएगा।" "और अगर मैं ऐसा न करूँ तो?" अनुग्रह ने पूछा। "तो मुख्यमंत्री जी किसी न किसी आरोप में आपको जेल भेजवा देंगे और आप जेल में सड़ते रहेंगे। आपके बीवी-बच्चे दाने-दाने के लिए मोहताज हो जाएँगे।" कुलपति ने उत्तर दिया। अनुग्रह ने कुलपति की बात मान लेने में ही अपनी भलाई समझी। विश्वविद्यालयों की चयन-प्रक्रिया उनकी समझ में आ गयी।

प्रिय पाठक! आप कहानी के अंत से सहमत नहीं होंगे। आप चाहते होंगे कि मैं अनुग्रह से व्यवस्था के ख़िलाफ विद्रोह करा दूँ। माफ करिएगा! एक परिवार को उजाड़कर उसे दाने-दाने के लिए मोहताज करने का पाप मुझसे नहीं होगा। आपका स्वस्थ-समुचित मनोरंजन हो न हो!

पुलिस की माया

झम्पू बहुत दुःखी था। उसका पड़ोसी बिस्सू छः महीने में तीन बार जेल जा चुका था, वह भी एक-एक महीने के लिए। इन छः महीनों में थाने से झम्पू को एक बार भी जेल नहीं भेजा गया।

झम्पू और बिस्सू गाँव के बाहर बसी मजदूर बस्ती में रहते थे। यह बस्ती पुलिसवालों की बहुत खास थी और बस्ती में पुलिसवालों का बहुत आना-जाना था। बस्ती से चार किलोमीटर दूर थाना था। बस्ती में मजदूर यूँ तो मजदूरी करके गुजर-बसर करते थे, लेकिन उनके ऊपर पुलिस की भी कृपा रहती थी।

पूरे थाना-क्षेत्र के अन्दर बसने वाले छोटे-बड़े अपराधी थाने की ऊपरी कमाई के साधन थे। वे हर महीने अपने लिए निर्धारित एक निश्चित धनराशि अर्थात् 'महीना' थाने में पहुँचा देते थे। जवाब में पुलिस उनके खिलाफ कोई कार्रवाई नहीं करती थी। अपराधी अपराध करने के लिए स्वतंत्र थे। कोई बड़ा कांड हो जाने पर लीपापोती की जिम्मेदारी पुलिस की होती थी।

प्रश्न था कि फिर क्षेत्र में थाना किसलिए है? थाने के अच्छे काम दिखाने की जिम्मेदारी मजदूर बस्ती की थी। पुलिस अक्सर मीडिया को सूचना देती थी कि अवैध शराब बनाने के आरोप में या हीरोइन रखने के आरोप में या डकैती की योजना बनाते हुए—इतने लोगों को थाने की पुलिस ने गिरफ्तार किया है। अखबारों में पुलिस की वाहवाही छपती। शासन में भी उनका काम गुड-वर्क में दर्ज होता।

इन सब आरोपों में मजदूर बस्ती के चार-छः लोग महीने-दो महीने के लिए जेल में डाल दिये जाते। पुलिस और मजदूरों में यह समझौता था कि जो-जो मजदूर जेल में रहेगा, उसे जेल के अन्दर दो वक्त नाश्ता और दो वक्त भरपेट भोजन मिलेगा। साथ में दस रुपये प्रतिदिन के हिसाब से जेल में रहवाई मिलेगी। यद्यपि एक दिन में दस रुपये का कोई मतलब नहीं था, फिर भी मजदूरों के लिए दस रुपये ही बहुत थे। नाश्ता, भोजन और इलाज तो मुफ्त में मिल ही जाता था। दस रुपया उनके लिए भत्ते का काम कर देता था।

झम्पू से रहा नहीं गया। वह उठकर थाने चल दिया। उसे थानाध्यक्ष मिल गये। वह उनका पैर पकड़कर रोने लगा। "क्या बात हो गयी झम्पू?" थानाध्यक्ष ने हँसते हुए पूछा। झम्पू दोनों हाथ जोड़कर दुःखभरी आवाज़ में बोला, "सरकार, छः महीने में मुझे एक बार भी जेल नहीं भेजा गया, जबकि मेरा पड़ोसी बिस्सू एक-एक महीने के लिए तीन बार जेल जा चुका। यह कहाँ का न्याय है सरकार?"

"क्या चाहते हो?"

"सरकार मुझको भी दो महीने के लिए जेल भेज दिया जाय!"

"ठीक है! कल एक पुड़िया गाँजा लेकर आ जाना। तुमको भी जेल भिजवा दूँगा।"

झम्पू धीरे से फुसफुसाया, "सरकार, मेरी लुगाई और चारों बेटों को भी जेल भेज दीजिए। जो रोज दस रुपये मिलते हैं, साठ रुपये रोज बनेगा। वह सारा पैसा आप ही रख लीजिएगा, बस मेरे पूरे परिवार को जेल भेज दीजिए।"

थानाध्यक्ष बोले, "ठीक है! सारे पैसे मेरे। कल एक पुड़िया गाँजा और पूरे परिवार को लेकर थाने पर आ जाना। मैं सबको जेल भिजवा दूँगा।"

इतना नश्वर

महाविद्यालय सिर्फ स्नातक स्तर तक का था। वहाँ सिर्फ बी.ए., बी.एस.सी. और बी.काम. की पढ़ाई होती थी। जैसा कि उत्तर भारत में होता है, महाविद्यालय में पढ़ाई और नेतागिरी दोनों होती थी।

दिसम्बर का महीना आ गया था, लेकिन महाविद्यालय में अभी छात्रसंघ का चुनाव नहीं हुआ था। महाविद्यालय प्रशासन से चुनाव करवाने का आग्रह करते-करते छात्रनेता आजिज आ गये। अन्ततः उन्होंने महाविद्यालय में हड़ताल कर दी। हड़ताल लम्बी खिंचने लगी तो महाविद्यालय प्रशासन झुका। महाविद्यालय में छात्रसंघ चुनाव की घोषणा कर दी गयी।

बी.ए. तृतीय अर्थात् अन्तिम वर्ष में एक लड़का था, रंजीत। रंजीत एक सम्पन्न घर का लड़का था। इसके पहले उसने कभी नेतागिरी नहीं की थी परंतु खरबूजे को देखकर खरबूजा रंग बदलता है। वह भी छात्रसंघ अध्यक्ष के पद पर खड़ा हो गया।

चुनाव की तिथि जनवरी में थी। रंजीत ने खूब धुँआधार प्रचार शुरू किया। पोस्टर, बैनर और कारों के काफिले महाविद्यालय के चारों तरफ अट गये। रंजीत का चुनाव प्रचार चढ़ गया। महाविद्यालय में उसकी समाँ बन गयी। उसने पचीस-तीस लाख रुपये फूँक दिये। अन्ततः उसने अध्यक्ष पद का चुनाव जीत लिया।

चुनाव के बाद शुरू हुआ रंजीत का स्वप्रायोजित विजय-जलूस और अभिनन्दन का सिलसिला। खूब अभिनन्दन हुआ रंजीत का। प्रदेश सरकार के कुछ मंत्री तक आये उसके अभिनन्दन समारोह में। सारे अभिनन्दन समारोहों में बीसों लाख फुँके।

रंजीत सातवें आसमान पर था। अब वह महाविद्यालय बड़ी अकड़ से आता था। बीच-पच्चीस लड़के उसके पीछे-पीछे चलते थे। महाविद्यालय के प्राध्यापक और कर्मचारी भी उससे थोड़ा भय खाने लगे। उसे लगता था कि वह अब महाविद्यालय के प्राचार्य से भी बड़ी हस्ती हो गया।

मार्च-अप्रैल में महाविद्यालय की परीक्षाएँ हुईं। जून के अन्तिम सप्ताह तक परीक्षा परिणाम भी आ गया। रंजीत बी.ए. की परीक्षा पास होकर स्नातक हो गया।

अगस्त तक अगले सत्र की कक्षाएँ शुरू हो गयीं। महाविद्यालय का सारा प्रवेश कार्य पूरा हो चुका था। सितम्बर में एक दिन रंजीत कार से महाविद्यालय घूमने आया। उसे महाविद्यालय में अपना पिछले सत्र का दबदबा याद आ रहा था। उसे साथ दो लड़के और थे।

रंजीत दोनों लड़कों के साथ महाविद्यालय परिसर में इधर से उधर घूमने लगा। महाविद्यालय के लड़के उसे थोड़ा बहुत भाव तो दे रहे थे, लेकिन पुरानी वाली बात नहीं थी। अचानक उसे महाविद्यालय के प्राचार्य मिल गये। प्राचार्य ने उसे रोक लिया, "अपना परिचय-पत्र दिखाओ!" रंजीत को ताव आ गया, "कैसा परिचय-पत्र? मुझे पहचान नहीं रहे हैं? मैं छात्रसंघ का अध्यक्ष हूँ।" प्राचार्य बोले, "हो नहीं, थे! अब तुम इस महाविद्यालय के छात्र नहीं रहे। बिना किसी काम के महाविद्यालय परिसर में मत दिखायी पड़ा करो। बदमाशी करने की कोशिश करोगे तो मैं पुलिस बुला लूँगा।" रंजीत जैसे आसमान से जमीन पर आ गिरा। कुछ ही महीने के अंदर इतने सम्मान से ऐसा अपमान? इतने से दिनों की इतनी झूठी शान के लिए इतने पैसा फूँक दिया? उसने यह तो सुन रखा था कि इस संसार में सारी चीजें नश्वर होती हैं; लेकिन इतनी नश्वर होती हैं, उसे नहीं पता था।

दलित उत्पीड़न बनाम महिला उत्पीड़न

पाले और गदन का घर गाँव में अगल-बगल था। पाले अनुसूचित जाति का था जबकि गदन सवर्ण। दोनों में पटती नहीं थी। अदावत का कारण कुछ खास नहीं था। दोनों में पहली समस्या यह थी कि मैं बड़ी की तू बड़ी। दूसरी समस्या थी, पड़ोस की झार। हमरे पड़ोसी क माचा मरकइ, हमसे सहा न जाइ।

आदमी जब तक थाना और कचहरी के चक्कर में फँसता नहीं, तब तक उसे थाना और कचहरी बहुत सामान्य चीज लगते हैं। गरदन जब एक बार थाना और कचहरी के चक्कर में फँसती है, तब आटे-दाल का भाव पता चलता है।

पाले को इस बात का बड़ा घमंड था कि वह अनुसूचित जाति का है और जब चाहे तब गदन को दलित-उत्पीड़न के केस में फँसा सकता है। गदन की जिन्दगी बर्बाद हो जाएगी। यह बात पाले को मानसिक रूप से बहुत उकसाती थी और वह गदन के खिलाफ हमेशा आक्रामक रहता था। गदन भी इस बात को समझता था, लेकिन तू तू-मैं मैं होने पर पाले से दबना उसे मंजूर नहीं होता था।

एक बार पाले और गदन में जमकर झगड़ा हुआ। मारपीट तक तो नौबत नहीं पहुँची, लेकिन गाली-गलौज खूब हुआ। पाले पहुँच गया थाने। उसने गदन के विरुद्ध थाने में एक प्रार्थना पत्र दिया कि गदन ने उसे मारा-पीटा, जाति सूचक गालियाँ दीं और जान से मारने की धमकी दी। गदन की पत्नी को जैसे ही पता चला कि पाले थाने गया हुआ है, उसने भी अपने कपड़े वगैरह फाड़ लिये और थाने की ओर दौड़ी। गदन भी उसके पीछे-पीछे चल दिया। गदन की पत्नी ने थाने में प्रार्थना पत्र दिया कि पाले ने घर में उसे अकेला पाकर उसके साथ बलात्कार का प्रयास किया और उसके कपड़े फाड़ डाले। शोर मचाने पर लोग आ गये और वह भाग गया। पुलिस ने पाले और गदन दोनों को थाने में बैठा लिया।

पुलिस की जाँच शुरु हुई। पाले और गदन, दोनों को पुलिस ने इत्मीनान से दुहना शुरू किया। पुलिस को दक्षिणा चढ़ाते-चढ़ाते दोनों के घरों के सारे गहने बिक गये। दोनों अपनी औकात में आ गये। दोनों ने पुलिस से रिरियाना शुरू कर दिया कि हम दोनों के बीच में समझौता हो जाएगा। पुलिस ने दोनों को झिड़क दिया, "दोनों पर काफी संगीन धाराएँ हैं। ऐसे कैसे समझौता हो जाएगा?"

रेलगाड़ी

छग्गनलाल अपनी राजनीतिक पार्टी के सर्वेसर्वा थे। इसीलिए उन्हें पार्टी का हाईकमान कहा जाता था। छग्गनलाल ने पार्टी को जमीन से खड़ा किया था। उन्होंने ही अपनी पार्टी की नींव रखी थी। शुरू में उनकी पार्टी का कोई नामलेवा नहीं था। छग्गनलाल ने इतना परिश्रम और संघर्ष किया कि धीरे-धीरे उनकी पार्टी राष्ट्रीय स्तर की एक सम्मानित पार्टी बन गयी। वे तीन बार अपने प्रदेश के मुख्यमंत्री भी रह लिये। केन्द्र सरकार में भी एक बार मंत्री रहे। इस समय पार्टी चालीस साल की हो चुकी थी।

पार्टी में छग्गनलाल के तीन-चार अति विश्वस्त लोग थे। वे लोग ही छग्गनलाल के आँख और कान थे। वे लोग हर जरूरी सूचना अपने हाईकमान तक पहुँचाते थे। छग्गनलाल भी उन लोगों से विचार-विमर्श करके ही कोई आवश्यक कदम उठाते थे।

जब भी पार्टी का कोई बहुत महत्वपूर्ण व्यक्ति पार्टी छोड़ देता तो छग्गनलाल के विश्वस्त बहुत चिन्तित हो जाते। वे छग्गनलाल को समझाते कि उस व्यक्ति को समझा-बुझाकर पार्टी छोड़ने से रोका जाय। छग्गनलाल पार्टी छोड़नेवालों की कोई परवाह नहीं करते थे। भले ही वह राजनीतिक रूप से कितना ही महत्वपूर्ण व्यक्ति हो। इस सम्बन्ध में वे अपने विश्वस्तों को एक ही जवाब देते, ''कोई भी पार्टी एक रेलगाड़ी की तरह होती है। जब भी कोई स्टेशन आता है, कुछ लोग उस रेलगाड़ी से उतर जाते हैं और कुछ लोग उस पर चढ़ जाते हैं। रेलगाड़ी हर स्टेशन पर नये चढ़ने वाले यात्रियों का स्वागत करती है। कौन उतरकर चला गया इस पर वह ध्यान नहीं देती। उतरकर जानेवाला भले ही कितना महत्वपूर्ण व्यक्ति हो। ऐसी ही हमारी भी पार्टी है। रोज कुछ लोग पार्टी में शामिल होते हैं, कुछ पार्टी छोड़कर चले जाते हैं। हमें नये शामिल होनेवालों का स्वागत करना चाहिए। जो पार्टी छोड़कर चले गये उनका दुःख मनाने की कोई आवश्यकता नहीं।''

छग्गनलाल के विश्वस्त लोग इस बात का कोई जवाब नहीं दे पाते थे।

लोकसभा का चुनाव आ गया। छग्गनलाल की पार्टी ने खूब जोर-शोर से प्रचार किया। छग्गनलाल ने भी ताकत झोंक दी और प्रचार में रात-दिन एक कर दिया।

वे दिमाग में प्रधानमंत्री बनने का सपना पाले थे। उनके विश्वस्त भी इसी रणनीति पर काम कर रहे थे कि इस बार छग्गनलाल को प्रधानमंत्री बनाना है।

लोकसभा चुनाव का परिणाम आ गया। छग्गनलाल की पार्टी को पूरे देश में एक भी सीट नहीं मिली। खुद छग्गनलाल भी चुनाव हार गये। की दुःख जाने दुखिया या दुखिया की माँ। छग्गनलाल बहुत दुःखी थे। उनका दुःख कोई नहीं समझ सकता था। उनके एक विश्वस्त ने उन से पूछा, "बाबूजी, अबकी बार तो रेलगाड़ी का इंजन ही पटरी से उतर गया। अब क्या होगा?"

जन्म से पहले मौत

सावन, शशिधर और मयूख-तीनों बहुत अच्छे मित्र थे। गाढ़ी मित्रता का कारण थी-कविता। तीनों मित्र भले ही शहर में अलग-अलग विभागों में नौकरी करते थे, लेकिन तीनों कवि थे। सड़क छाप कवि नहीं थे वे। बहुत उच्च स्तर के कवि थे। समानधर्मा होने के कारण वे एक-दूसरे को बहुत अच्छी तरह समझते थे। तीनों अपनी किसी नयी लिखी गयी कविता को पहले आपस में ही सुनाते-सुनते थे।

तीनों मित्रों ने एक बार तय किया कि कविता के लिए कोई पुरस्कार शुरू किया जाय। सावन ने प्रस्ताव रखा, "हर साल एक अत्यन्त उत्कृष्ट कविता संग्रह पर पुरस्कार दिया जाय। पुरस्कार की राशि कम से कम पाँच लाख रुपये रखी जाय। पुरस्कार की राशि बड़ी रहेगी तो पुरस्कार बड़ी जल्दी राष्ट्रीय स्तर पर चर्चित हो जाएगा। परन्तु समस्या यह है कि इतने पैसों की व्यवस्था कहाँ से होगी?" शशिधर बड़े गर्व से बोले, "पैसे की व्यवस्था हो जाएगी। कई कम्पनियों के मालिक मेरे मित्र हैं। सबसे चन्दा लेकर पुरस्कार के लिए एक ट्रस्ट बना दिया जाएगा। सारा पैसा उस ट्रस्ट के खाते में जमा हो जाएगा। उस पैसे के ब्याज से पुरस्कार की भी व्यवस्था हो जाएगी और पुरस्कार प्रदान करने के लिए जो अन्य इंतजाम करने पड़ेंगे, उसका भी खर्च सम्हल जाएगा। जब सोच लिया गया है तो पुरस्कार शुरू ही कर दिया जाय।" मयूख ने कहा, "हम लोग पुरस्कार शुरू कर रहे हैं, सो तो ठीक है, लेकिन पुरस्कार में एक बात का बहुत ही कड़ाई से पालन सुनिश्चित किया जाएगा। पुरस्कार पूरी निष्पक्षता से दिया जाएगा। किसी की भी सिफारिश स्वीकार नहीं की जाएगी। जो व्यक्ति पुरस्कार पाने के लिए सिफारिश करेगा या करवायेगा, उसे तो किसी कीमत पर पुरस्कार नहीं दिया जाएगा। हमें ऐसा हर हाल में करना होगा, जिससे पुरस्कार की साख पर कोई आँच न आने पाये।"

तीनों मित्र मिलकर पुरस्कार पर जोर-शोर से काम करने लगे। चारों तरफ पुरस्कार का प्रचार भी करने लगे। बात धीरे-धीरे फैलने लगी।

शहर में ही केन्द्रीय अन्वेषण ब्यूरो अर्थात् सी.बी.आई. के एक बहुत बड़े

अधिकारी रहते थे। वे भी कविताएँ लिखते थे। कविताएँ तो वे निहायत ही दो कौड़ी की लिखते थे, लेकिन देश का हर बड़ा प्रकाशक ससम्मान उनके कविता संग्रह छापता था और हर बड़ा आलोचक भयवश उन्हें महाकवि स्वीकार करता था। उड़ते-उड़ते पुरस्कार की बात उन तक भी पहुँच गयी। फिर क्या था! एक दिन उन्होंने तीनों मित्रों को पकड़ लिया।

उनके मन्तव्य से अनजान, तीनों मित्र उनसे बड़ी गर्मजोशी से मिले। कुछ देर में उन्होंने तीनों मित्रों से अपने मन की बात कह ही दी, "सुना है, आप लोग कविता पर पाँच लाख रुपये का एक पुरस्कार शुरू करने जा रहे हैं? आप लोग तो जानते ही हैं कि मैं कितना बड़ा कवि हूँ? मेरे कई कविता संग्रह छप चुके हैं। पहली बार यह पुरस्कार मुझे ही मिलना चाहिए।" तीनों मित्रों को साँप सूँघ गया। उनके कवित्व की असलियत तीनों मित्र भलीभाँति जानते थे, लेकिन किसी की हिम्मत नहीं थी कि उन्हें मना करे। कौन माई का लाल देश के सौ-पचास कानूनों को नहीं तोड़ता? मयूख बोले, "क्यों नहीं, क्यों नहीं? आप जैसे लोग ही तो इस पुरस्कार के असली हकदार हैं। हम लोग पहली बार आपको ही पुरस्कृत करेंगे।"

उनके चले जाने के बाद तीनों मित्रों ने तय किया कि पुरस्कार देना तो बहुत ही खतरनाक काम है। भलाई इसी में है कि पुरस्कार को शुरू ही न किया जाय।

भगवान की बदमाशी

पैकू और चिलरू दोनों सगे भाई थे। अपने गाँव में एक ही घर में रहते थे। काम-भर की खेती-बाड़ी थी। दोनों बड़े मेहनती थे। अपने खेतों से इतना पैदा कर लेते थे कि गृहस्थी की गाड़ी खिंच जाती थी। दोनों भाइयों का शादी ब्याह हो चुका था। पैकू बड़ा था और चिलरू छोटा। पैकू के दो बेटे और एक बेटी थी, जबकि चिलरू के दो बेटे ही थे।

दोनों भाइयों में आपसी समझ-बूझ बहुत अच्छी थी। दोनों की लुगाइयाँ उन्हें अलगौझी करने के लिए भड़काती रहती थीं, लेकिन दोनों भाई बीवियों के झाँसे में नहीं आते थे। दोनों की बीवियाँ आपस में चाहे जितना टिन्न-पुन्न करें, दोनों भाई कभी झगड़ा नहीं करते थे। दोनों अच्छी तरह समझते थे कि अगर खेतों का बँटवारा हो गया और अलग-अलग काम करना पड़ा तो मजदूर रखने पड़ेंगे और अगर मजदूर रखने पड़े तो आधी फसल ही घर में आयेगी। फिर तो चल चुकी गृहस्थी की गाड़ी।

दोनों भाइयों को एक ही टीस थी। दोनों भाइयों ने स्कूल का मुँह नहीं देखा था और उनके लिए काला अक्षर भैंस बराबर था। उनके अन्दर एक हौंस थी कि उनके बच्चे ठीक से पढ़ाई-लिखाई करें। वे बच्चों को खेती-बाड़ी के झंझट में ज्यादा नहीं फँसाते थे और उन्हें पढ़ने-लिखने के लिए बराबर हड़काते रहते थे।

पैकू का बड़ा बेटा इस साल हाईस्कूल में पहुँच गया था। हाईस्कूल की परीक्षा बोर्ड से होती थी। घर में पहली बार कोई बोर्ड की परीक्षा देने जा रहा था। दोनों भाई दिल की पूरी गहराई से चाह रहे थे कि बेटा बोर्ड की परीक्षा प्रथम श्रेणी में पास हो।

एक दिन दोनों भाई इसी बात पर विचार-विमर्श कर रहे थे। पैकू बोला, "चिलरू, अगर तुम कहो तो मैं भगवान को मन्नत मान दूँ।" चिलरू ने कहा, "भैया, भगवान के काम में आगा-पीछा नहीं सोचना चाहिए। जब तुम्हारे मन में बात आ गयी है, तो मान दो मन्नत।" पैकू ने दोनों हाथ जोड़कर आँखें बन्द कर

लीं, "हे भगवान! अगर मेरा बेटा प्रथम श्रेणी में पास हो गया तो मैं तुम्हें एक किलो मिठाई चढ़ाऊँगा।"

कुछ दिनों बाद पैकू के बेटे की परीक्षाएँ हो गयीं। घर में सब बेसब्री से परीक्षा के परिणाम का इंतज़ार करने लगे। आखिरकार आ गया परीक्षा का परिणाम। पैकू का बेटा पास तो हो गया, लेकिन द्वितीय श्रेणी में। प्रथम श्रेणी में उत्तीर्ण होने का ख्वाब पूरा नहीं हो पाया। घर में लोग बेटे के पास हो जाने पर थोड़ा सा खुश थे, तो प्रथम श्रेणी में न पास होने के कारण थोड़ा सा दुःखी।

एक दिन पैकू ने चिलरू से कहा, "चिलरू, मैं सोच रहा हूँ कि भगवान को एक किलो मिठाई चढ़ा दूँ। मैंने मन्नत मानी थी।" चिलरू बोला, "लेकिन मन्नत पूरी कहाँ हुई! तुमने तो मन्नत मानी थी कि अगर बेटा प्रथम श्रेणी में पास होगा तो तुम भगवान को एक किलो मिठाई चढ़ाओगे।" "तो क्या हुआ?" पैकू समझाने लगा, "प्रथम श्रेणी में न सही द्वितीय श्रेणी में ही सही, पास तो हो गया।" चिलरू भड़क गया, "हमारी मन्नत पूरी नहीं हुई। मैं तुम्हें किसी कीमत पर मिठाई नहीं चढ़ाने दूँगा।...इस तरह तो भगवान की आदत ख़राब हो जाएगी। वे सोच लेंगे कि हम दोनों एकदम मूर्ख आदमी हैं। वे हमारा काम करें चाहे न करें। हम दोनों तो उन्हें मिठाई चढ़ायेंगे ही। फिर तो वे लापरवाह हो जाएँगे और हमारा कोई काम नहीं करेंगे। इसलिए मिठाई तो किसी कीमत पर नहीं चढ़ानी है। भइया तुम भी इतने सीधे हो। जानते नहीं हो कि जमाना कितना ख़राब हो गया है!"

बेटा किसलिए

हनुमान जी का एक प्रसिद्ध मंदिर था। दूर-दूर से लोग उस मंदिर में हनुमान जी का दर्शन करने आते थे। उस मंदिर के बारे में एक विशेष बात आम लोगों में प्रचलित थी। लोगों की मान्यता थी कि जिस व्यक्ति के बेटा न रहे, वह अपने घर में बेटा पैदा होने की मन्नत मान सकता है। हनुमान जी की कृपा से उसके घर में बेटा ज़रूर पैदा होगा। लेकिन एक शर्त थी कि बेटा होने के बाद व्यक्ति को मंदिर में निशान लाकर चढ़ाना पड़ेगा। निशान चढ़ाने पर ही बेटा आगे कुशलपूर्वक रहेगा।

लोगों में इस जनश्रुति के प्रति बड़ी आस्था थी। मंदिर के पुजारी पण्डित जालपादीन लोगों को बड़े उत्साह से तरह-तरह की कथाएँ सुनाते थे इस बारे में। उसका यह प्रभाव था कि मंदिर में बेटा पाने के लिए मन्नत माननेवालों का ताँता लगा रहता। दूसरी ओर मंदिर में निशान चढ़ाने वालों का भी ताँता लगा रहता था। बाजे-गाजे और नाच-गाने के साथ तमाम टोलियाँ निशान उठाये मंदिर की ओर बढ़ती नज़र आतीं।

मंदिर से थोड़ी दूर, एक साधारण साधु कुटिया बनाकर रहते थे। मंदिर में आने वाले उन्हें भी कुछ दान-दक्षिणा दे देते थे, जिससे उनका गुजर-बसर हो जाता था। मंदिर के पुजारी जालपादीन से उनके अच्छे सम्बन्ध थे। उनकी कुछ मदद जालपादीन भी कर दिया करते थे। वे साधु यह देखकर बहुत व्यथित होते कि हर आदमी हनुमान जी से बेटा ही माँगता है। कोई अपने घर में बेटी पैदा होने के लिए मन्नत नहीं माँगता।

एक दिन रात में वे साधु जालपादीन के साथ बैठे हुए थे। मन्दिर में एकदम सन्नाटा हो चुका था और जालपादीन ने मन्दिर का दरवाजा बन्द कर, उसमें ताला लगा दिया था। साधु जालपादीन से अपनी व्यथा कहने लगे, "पण्डित जी मुझे यह देखकर बड़ा दुःख होता है कि हर आदमी इस मन्दिर में बेटा पैदा होने के लिए ही मन्नत मानता है। बेटी पैदा होने के लिए कोई मन्नत नहीं मानता। बेटियाँ नहीं रहेंगी तो यह सृष्टि कैसे चलेगी?" जालपादीन हँसने लगे, "अरे महात्मा! आप

रह गये मूरख के मूरख। बेटियाँ पैदा करने के लिए मन्नत नहीं माननी पड़ती। वे तो अपने आप पैदा हो जाती हैं। बेटों को पैदा करने के लिए मन्नत माननी पड़ती है। वैसे हमारे यहाँ इज़्ज़त लड़कियों की ही ज्यादा है। किसी के घर जब बेटी पैदा होती है तो लोग कहते हैं कि लक्ष्मी आयीं। किसी के घर अगर बेटा पैदा होता है तो कोई यह नहीं कहता कि विष्णु भगवान आये। यह दूसरी बात है कि बेटा पैदा होने पर लोगों की खुशी की कोई सीमा नहीं रहती। उसका कारण यह है कि लोग सोचते हैं कि घर का नौकर आ गया। थोड़ा सा बड़ा होकर यह आटा पिसायेगा, बिजली खराब होने पर बिजली का मिस्त्री पकड़कर लायेगा और बिजली ठीक करायेगा, नल सम्बन्धी कोई समस्या आने पर प्लम्बर ले आयेगा, लकड़ी का कोई काम पड़ने पर जाकर बढ़ई ले आयेगा और काम करायेगा, दुकान पर जाकर रोजना के घरेलू सामान लायेगा, सब्जी खरीदकर लायेगा, दूध वाले के यहाँ से दूध लायेगा इत्यादि-इत्यादि। दुनिया बड़ी मतलबी है। बेटा पैदा होने पर लोग इसलिए नहीं खुश होते कि उसके पंख लगे होते हैं। लोग इसलिए खुश होते हैं कि आ गया हमारा नौकर!''

फंगस बनाम भुकुड़ी

राप्ती बहुत पढ़ी-लिखी लड़की थी। प्रथम श्रेणी में एम.एस.सी. करके उसने पी.एच.डी. में दाखिला ले लिया था। इसी बीच उसकी शादी तय हो गयी।

उसकी शादी गाँव में हुई। लड़का गाँव में ही इण्टरमीडिएट कॉलेज में लेक्चरर था। लड़के की अपने गाँव में ही पक्की नौकरी थी, यही देखकर राप्ती के घरवालों ने उसकी शादी तय कर दी।

शादी होकर राप्ती अपनी ससुराल पहुँच गयी। गाँव क्या था, धुर देहात था। वहाँ पर अपने को समायोजित करने में राप्ती को बहुत दिक्कत हो रही थी। ससुर ने राप्ती की पढ़ाई छुड़वा दी। उनके घर में लड़कियों का नौकरी करना परिवार की शान के खिलाफ था और राप्ती ने जितनी पढ़ाई कर ली थी, उतना घर-परिवार चलाने के लिए पर्याप्त था। राप्ती ने ससुर के आगे बहुत हाथ-पैर जोड़े कि मुझे पी.एच.डी. पूरी कर लेने दीजिए, लेकिन उन्होंने एक नहीं सुनी। पति को हमेशा अपने गाँव में ही नौकरी करनी थी, अतः उस घर और गाँव से मुक्ति की उम्मीद भी नहीं थी।

एक दिन राप्ती मर्तबान में आम का अचार देख रही थी। वह मर्तबान लेकर अपनी सास और ननद के पास पहुँच गयी, "मम्मी देखिए तो जरा! अचार में फंगस लग गया है। ननद गाँव के पास स्थित एक महाविद्यालय में बी.ए. में पढ़ रही थी। सास तो सास, उसे भी नहीं पता था कि फंगस क्या होता है! दोनों राप्ती का मुँह ताकने लगी। सास ने पूछा, "यह फंगस क्या होता है?" राप्ती ने बड़ी मासूमियत से कहा, "फंगस अर्थात् फफूँद। आम के आचार में फफूँद लग गया है।" ननद ने मर्तबान में झाँक कर देखा और ठहाका लगाकर हँसने लगी, "अम्मा अचार में भुकुड़ी लग गयी है...फंगस...हा हा हा...फंगस...हा हा हा...भुकुड़ी अब फंगस हो गयी...हा हा हा...वाह फंगस वाह...हमारे घर में फंगस आ गया... हा हा हा...फंगस..." सास भी हँसने लगी। वह भी फंगस फंगस करके बहू का मजाक उड़ाने लगी।

फिर तो सास और ननद महीनों फंगस फंगस करके राप्ती का मजाक उड़ाते रहे। राप्ती को पता नहीं था कि यहाँ गाँव में फंगस या फफूँद को भुकुड़ी कहते हैं। अब जान गयी वह। महीने भर वह लज्जित और सहमी रही।

ननद ने एम.ए. कर लिया तो उसकी भी शादी तय कर दी गयी। लड़का पुणे में एक बहुत बड़ी कम्पनी में साफ्टवेयर इंजीनियर था। शादी हो गयी तो ननद भी अपनी ससुराल चली गयी।

ननद की शादी के पाँच साल हो गये। बीच-बीच में वह मायके आती रहती थी। अब वह पहचान में ही नहीं आती थी। किसी तरफ से लगती ही नहीं थी कि वह किसी गाँव में पैदा हुई और पली-बढ़ी है। उधर राप्ती गाँव में रहते-रहते लगभग देहाती हो चुकी थी।

एक बार ननद मायके आयी हुई थी। राप्ती उसकी सेवा में लगी हुई थी। एक दिन राप्ती अचार का मर्तबान लेकर सास के पास पहुँची। सास के पास ननद भी बैठी हुई थी। सास को मर्तबान दिखाती हुई राप्ती बोली, "मम्मी, अचार में तो भुकुड़ी लग गयी है।" ननद ठठाकर हँस पड़ी "क्या भाभी! तुम पढ़ी-लिखी होकर भी फंगस को भुकुड़ी कह रही हो? भुकुड़ी...हा हा हा...भुकुड़ी...हा हा हा...क्या शब्द है...हा हा हा..."

गौरैया में कैरियर

स्नेहा बला की सुंदर महिला/लड़की थीं। उम्र पचीस के आसपास थी, इसलिए उन्हें लड़की कहा जा सकता था। हमेशा बहुत बड़े लोगों की महफिल में रहती थीं, इसलिए महिला भी कहा जा सकता था।

स्नेहा शहर की हर वी.आई.पी. महफिल की शान थीं। लखनऊ और दिल्ली चले गये बड़े-बड़े लोग भी स्नेहा के लिए शहर के बार-बार चक्कर लगाते रहते थे। जैसे उड़ि जहाज को पंछी पुनि जहाज पे आवै। उनके साथ घंटे-दो घंटे गपशप करके और उनके हाथ हमबिस्तर होकर बड़े-बड़े लोग अपने को धन्य समझते थे। स्नेहा ऐसा बिन्दु थीं, जहाँ हर पार्टी के बड़े-बड़े नेताओं के आपसी मतभेद समाप्त हो जाते थे और सबकी विचारधारा समान हो जाती थी। स्नेहा हमेशा बहुत बड़े लोगों से घिरी रहती थीं। चाहे जिस पार्टी की सरकार आये-जाये, स्नेहा हमेशा किसी बहुत बड़े लाभ के पद पर बनी रहती थीं। बड़े लोग उन्हें हमेशा किसी बहुत बड़े लाभ के पद पर इसलिए रखवाये रहते थे, जिससे स्नेहा को किसी भी तरह की कोई कमी न रहे और उनकी जिन्दगी की गाड़ी पूरे रफ्तार से दौड़ती रहे। बड़े पदों पर रहने के कारण उन्हें खूब भाषणबाजी भी करनी पड़ती थी। भाषण के नाम पर वे चाहे जो बकवास करें, तालियाँ खूब बजती थीं।

समय का चक्र बहुत तेजी से भागता है। स्नेहा पचास साल की हो गयीं। फूल के मुरझाने पर सारे भँवर उड़ गये। अब स्नेहा एकदम अकेली थीं। न कोई बात करनेवाला, न कोई साथ रहनेवाला। वे अपने को बड़ा असहाय महसूस करने लगीं।

उन्होंने सोचा कि क्यों न कोई समाजसेवी संस्था खोलकर समाजसेवी बन जाऊँ। पैसे की उनके पास कोई कमी नहीं थी। आज के जमाने में समाज सेवा का तमगा, अर्थात् हारे को हरिनाम। लोगों को बताने के लिए इज़्ज़त बचाने वाला शब्द। मैं समाजसेवी हूँ।

एक दिन स्नेहा ने अखबार में पढ़ा कि देश में गौरैया कम होती जा रही हैं। उनके दिमाग में एक विचार कौंधा। क्यों न गौरैया में कैरियर बनाया जाय? अनाथ,

गरीब या बेसहारा किसी भी प्रकार के बच्चों के लिए मदद की घोषणा की जाय, या उनके लिए समाजसेवी संस्था बनायी जाय तो समस्या हो जाएगी। ऐसे बच्चे सचमुच में बहुत बड़ी संख्या में मौजूद हैं। उन्हें सचमुच में झेलना पड़ेगा। ऐसे बदबू मारते बच्चों को कौन झेलेगा?

गौरैया में केवल संस्था बनाकर जगह-जगह भाषण करवाना पड़ेगा। गौरैया बचाने के लिए जागरूकता रैली निकालनी पड़ेगी, दीवारों पर नारे लिखने पड़ेंगे। बस! कोई सचमुच में गौरैया को पकड़कर उसे दाना-पानी थोड़े न देना पड़ेगा। कैरियर चमक गया तो देश से, विदेश से मुझे गौरैया पर भाषण देने के लिए बुलाया जाएगा। मैं गौरैया-विशेषज्ञ हो जाऊँगी। अखबारों में खूब नाम छपेगा। हो सकता है, देश-विदेश से बड़े-बड़े पुरस्कार भी मिलें।

स्नेहा ने गौरैया में कैरियर बनाने का निश्चय कर लिया।

फटीचर टीचर का वेतन

सुरंजन, मधेश और विप्लव मित्र थे। तीनों नौकरी करते थे, अतः आपस में मिलना कम हो पाता था। सुरंजन और मधेश बी.डी.ओ. थे, अर्थात् खण्ड विकास अधिकारी। विप्लव इलाहाबाद केन्द्रीय विश्वविद्यालय के एक कॉलेज में प्राध्यापक थे। बी.डी.ओ. को वेतन तो बहुत नहीं मिलता, लेकिन हराम की कमाई खूब होती है। समाज व्यक्ति की इज़्ज़त इस आधार पर नहीं करता कि वह किस तरह कमाता है। चाहे जैसे भी कमाये, जो ज्यादा कमाये वह ज्यादा इज़्ज़तदार। इस हिसाब से सुरंजन और मधेश की समाज में काफी इज़्ज़त थी।

एक बार सुरंजन के बेटे की शादी पड़ी। सुरंजन ने मधेश और विप्लव को विशेष रूप से आमंत्रित किया। दोनों मित्र शादी से दो दिन पहले ही आ गये। तीनों मित्र इकट्ठा हो गये तो महफिल जम गयी। वैसे भी शादी एक बड़े होटल से हो रही थी। कुछ करने-धरने को था नहीं।

तीनों मित्रों की महफिल चल रही थी। अचानक सुरंजन ने विप्लव से पूछ लिया, "यार तुम्हें वेतन कितना मिलता है?" विप्लव ने कहा, "डेढ़ लाख रुपये महीने।" सुरंजन और मधेश एकदम से चुप हो गये। वे दोनों अपने हिसाब से बहुत बड़ी तोप थे। उन्हें रत्तीभर भी विश्वास नहीं हुआ कि एक ससुरे मास्टर को डेढ़ लाख रुपये महीने वेतन मिलता होगा। इतने पैसे में तो आदमी इज़्ज़त के साथ जी सकता है। ऊपरी कमाई की जरूरत ही न पड़े।

दोनों ने विप्लव को नहीं बताया और चुपचाप एक होटल में पहुँच गये। दोनों के अहं को बड़ी ठेस लगी थी। थोड़ा बहुत दोनों पीते थे, लेकिन उस दिन दोनों ने ज्यादा पी ली। पी लेने के बाद बहकने लगे। सुरंजन ने कहा, "तुमने सुना था? विप्लव साला क्या गप मार रहा था? कह रहा था कि उसे डेढ़ लाख रुपये वेतन मिलता है। सरकार के पास पैसा फालतू है क्या कि वह कॉलेज के मास्टरों को डेढ़ लाख वेतन देगी।" मधेश बोले, "हम लोगों से अपनी फटीचरी छुपाने के लिए बेचारा गप मार रहा था। कॉलेज के मास्टरों

को डेढ़ लाख रुपये वेतन मिलने लगे तो साले वे अपने को भारत का राष्ट्रपति समझने लगें।''

वहीं बगल में किसी महाविद्यालय के एक प्राध्यापक भी बैठे चुपचाप एक-एक घूँट ले रहे थे। उन्होंने दोनों से मुस्कराकर कहा, ''भाई साहब लोग बुरा मत मानिएगा। मैं भी कॉलेज का मास्टर हूँ। मुझे भी डेढ़ लाख रुपये वेतन मिलते हैं।'' सुरंजन ने उन्हें बुरी तरह घूरा, ''मुझे एक बात बताइए। क्या सरकार ने सभी मास्टरों को नौकरी मिलते ही गप मारने में पी.एच.डी. करना अनिवार्य कर दिया है क्या?''

ड्राइवर साहब

वसुंधरा एक महाविद्यालय में प्राध्यापक थीं। निहायत ही दिखावा पसंद। मँहगी-मँहगी साड़ियाँ पहनना, खूब बन-ठन कर रहना उनके शगल थे। भगवान ने शक्ल-सूरत भी ठीक-ठाक दे दी थी सो और जमीन पर पाँव नहीं पड़ते थे।

एक बार समारोह में वसुंधरा की मुलाकात शहर के मेयर की पत्नी से हो गयी। उनके सामने वसुंधरा ने अपने को ऐसा प्रस्तुत किया मानो वे बहुत ही रईस परिवार से सम्बन्ध रखती हों। मेयर की पत्नी उनसे बहुत प्रभावित हुईं। दोनों में दोस्ती हो गयी। वसुंधरा ने उनसे कहा, "मेयर जी से मुझे थोड़ा काम था। आप करवा देतीं तो बड़ी कृपा होती।" मेयर की पत्नी ने कहा," "ठीक है। कल शाम को छः बजे आप मेरे घर आइए। मेरे पति घर पर ही रहेंगे। मैं आपको उनसे मिलवा दूँगी।"

वसुंधरा के पति कुछ नहीं करते थे। घर में एक मोटरसाइकिल थी और एक लम्बी कार। वसुंधरा के पति एक ढंग से वसुंधरा के ड्राइवर का काम करते थे। वैसे तो वे हर जगह वसुंधरा को मोटरसाइकिल से छोड़ते थे, लेकिन जहाँ थोड़ी सी इज़्ज़तवाली बात होती, वहाँ कार से लेकर जाते थे।

अगले दिन शाम को वसुंधरा ने अपने पति से कार से मेयर के यहाँ चलने को कहा। दोनों चल दिये तो वसुंधरा ने पति से कहा, "वहाँ चुपचाप बाहर कार में ही बैठे रहना। अन्दर आने की जरूरत नहीं है। मेयर साहब से मुझे कुछ जरूरी बातें करनी हैं।"

मेयर के घर पहुँचकर वसुंधरा ने घंटी बजायी। एक नौकर बाहर निकला। वह वसुंधरा को अन्दर ले गया। पतिदेव सड़क पर गाड़ी लिये खड़े रहे। मेयर की पत्नी ने वसुंधरा को प्रेम से ड्रांइगरूम में बैठाया। कुछ देर में मेयर साहब भी आ गये। उनकी पत्नी ने संभवतः उन्हें पहले से ही बता रखा था वसुंधरा के आने के बारे में। पत्नी ने मेयर साहब से वसुंधरा का परिचय करवाया। चाय आ गयी। वसुंधरा ने मेयर की पत्नी से कहा, "मेरा ड्राइवर गाड़ी लेकर बाहर खड़ा है। एक कप चाय उसे भी भिजवा दीजिए।"

काफी देर तक बातचीत होती रही। आखिरकार वसुंधरा बाहर निकलीं। मेयर और उनकी पत्नी उन्हें बाहर तक छोड़ने आये। वसुंधरा के पति ने वसुंधरा कहा, "बहुत देर लगा दिया।" उन्होंने इतने अधिकार से वसुंधरा से बात कही कि मेयर और उनकी पत्नी भौंचक्के रह गये।

वसुंधरा चली गयीं। मेयर की पत्नी ने मेयर से कहा, "आपने देखा? ड्राइवर किस तरह से वसुंधरा से बात कर रहा था। मैं पूरे यकीन से कह सकती हूँ कि वसुंधरा का अपने ड्राइवर से गलत सम्बन्ध है।" "मुझे भी ऐसा ही लग रहा है।" मेयर ने कहा, "इस तरह की औरतों को घर के अन्दर मत आने दिया करो।"

नये क्षेत्र में कैरियर

हुलसित गाजीपुर स्नातकोत्तर महाविद्यालय में प्राध्यापक था। निहायत ही चलता-पुर्जा आदमी। हर तरह के दन्द-फन्द में निष्णात। परन्तु कितना भी चतुर आदमी हो कभी-कभी गच्चा खा ही जाता है। हुलसित अपनी नौकरी सम्बन्धी एक ऐसे लफड़े में फँस गया था कि दो साल से लाख हाथ-पाँव मारने के बावजूद उबर नहीं पा रहा था।

इलाहाबाद स्थित उत्तर प्रदेश उच्च शिक्षा निदेशालय से लेकर लखनऊ स्थित उच्च शिक्षा मंत्रालय तक वह बराबर दौड़ लगा रहा था, लेकिन दाल गल नहीं पा रही थी।

लखनऊ में उच्च शिक्षा सचिव बदल गये। वह नये उच्च शिक्षा सचिव से मिलने लखनऊ पहुँचा। बड़ी मुश्किल से उनसे मिल पाया। उस समय उच्च शिक्षा सचिव अपने कार्यालय में बैठे, अपने एक मित्र से बात कर रहे थे। अंदर से बुलावा आया। हुलसित अंदर गया और उच्च शिक्षा सचिव का पैर छूकर बैठ गया। सचिव अपने मित्र से कह रहे थे, "यार, आजकल मैं बहुत परेशान चल रहा हूँ। मेरी पत्नी से मेरे सम्बन्ध काफी तनावपूर्ण हो गये हैं। बाहर का तनाव तो आदमी झेल लेता है, लेकिन जब घर के अन्दर भी माहौल तनावपूर्ण हो जाता है तो जीना मुश्किल हो जाता है।" हुलसित बीच में कूद पड़ा, "सर, इस मामले में मैं आपकी मदद कर सकता हूँ।" सचिव ने जिज्ञासा से उसकी ओर देखा, "कैसे?" "सर, आप मुझे अपना दाहिना हाथ दिखाइए!" हुलसित ने कहा और बिना मौका गँवाये, वह उच्च शिक्षा सचिव का दाहिना हाथ पकड़कर उसे गौर से देखने लगा।

कुछ देर बाद वह बड़े आत्मविश्वास से बोला, "सर आप पाँच सोमवार सौ ग्राम चावल लाल कपड़े में बाँधकर पार्वती जी के चरणों में चढ़ा दीजिए। आपकी सारी समस्या छू-मंतर हो जाएगी।" उच्च शिक्षा सचिव हुलसित से बहुत प्रभावित हुए। उन्होंने उसके मोबाइल फोन का नम्बर लिया और उसका पता नोट किया। उन्होंने हुलसित से आने का कारण पूछा। हुलसित ने अपनी सारी समस्या बता दी।

उच्च शिक्षा सचिव ने इलाहाबाद फोन लगाया। उत्तर प्रदेश उच्च शिक्षा निदेशक को। आदेश दिया कि फलाँ प्रकरण को आज ही डॉ. हुलसित के पक्ष में निस्तारित करके शाम तक मुझे सूचित करिए। उन्होंने हुलसित के लिए चाय मँगवायी।

हुलसित भौतिक विज्ञान का प्राध्यापक था। उसे ज्योतिष के बारे में कोई ज्ञान नहीं था। उसने उच्च शिक्षा सचिव को धुप्पलबाजी में समस्या का समाधान बता दिया था। वह लखनऊ से गाजीपुर वापस चला तो सोचने लगा कि भौतिक विज्ञान को फेंक-फाककर ज्योतिष का अध्ययन करूँ। उसी से नैया पार लगेगी।

हुलसित की समस्या का समाधान हो गया। वह जोर-शोर से ज्योतिष पढ़ने लगा और भौतिक विज्ञान को किनारे कर दिया। दो महीने बाद उसके पास उच्च शिक्षा सचिव का फोन आया, "हुलसित जी, आप द्वारा बताये गये उपाय से मेरी समस्या सचमुच छूमंतर हो गयी। मेरी पत्नी आपसे बहुत प्रभावित हैं। वे आपसे मिलना चाहती हैं। जल्दी लखनऊ आ जाइए।" "ठीक है सर, मैं कल ही आता हूँ।" हुलसित ने उन्हें आश्वस्त किया।

हुलसित पहले बड़े-बड़े लोगों के पीछे घूमता था। अब बड़े-बड़े लोग उसके पीछे घूमने लगे।

तृष्णा

वह पढ़ने में अच्छा था। पढ़ चुका तो एक अदद नौकरी की तलाश में लग गया। उसे पुलिस में सिपाही की नौकरी मिल गयी। सुकून मिला कि चलो जीने-खाने का एक जरिया तो मिला। कुछ दिनों तक शान्तिपूर्वक उसने नौकरी की। धीरे-धीरे उसे बेचैनी होने लगी। उसे अपनी नौकरी छोटी लगने लगी। वह सोचने लगा कि काश! मैं पुलिस में सब-इंस्पेक्टर होता। अब जब भी वह वर्दी में नहीं होता, वह अपरिचित लोगों को यही बताता कि वह पुलिस में सब-इंस्पेक्टर है।

उसने सब-इंस्पेक्टर की परीक्षा दी। पास हो गया। उसकी प्रसन्नता की सीमा न रही। वह सब-इंस्पेक्टर हो गया। अब उसे लगने लगा कि वह ढंग की नौकरी कर रहा है। अपनी वर्दी में अब वह शान से घूमता था।

कुछ दिनों तक सब कुछ ठीक-ठाक चलता रहा। धीरे-धीरे फिर उसे अपनी नौकरी छोटी लगने लगी। वह सोचने लगा कि काश! किसी तरह डिप्टी-एस.पी. के पद पर पहुँच जाता तो रुतबा ही कुछ और रहता। अब वर्दी में न रहने पर वह लोगों से अपने को डिप्टी-एस.पी. ही बताता। मन के एक कोने में यह भय भी बना रहाता कि कहीं पोल न खुल जाए। वह पी.सी.एस. की परीक्षा की तैयारी में जुट गया। उसने जान लड़ा दी। उसका चयन पी.सी.एस. में हो गया। संयोग से उसे पुलिस की ही नौकरी मिली। वह डिप्टी-एस.पी. हो गया।

फिर उसकी प्रसन्नता की सीमा न रही। वह एक बड़ा पुलिस अधिकारी हो गया। वर्दी में रहने पर उसे किसी को यह बताने की आवश्यकता नहीं रहती थी कि वह किस पद पर है और वह अक्सर वर्दी में ही रहता था।

धीरे-धीरे उसके मन में यह ख्वाहिश पनपने लगी कि वह एडिशनल एस.पी. अर्थात् 'अतिरिक्त पुलिस अधीक्षक' हो जाता! अब वह वर्दी कम पहनने लगा। अपरिचित लोगों को वह यही बताता कि वह 'अतिरिक्त पुलिस अधीक्षक' है। कुछ वर्षों की नौकरी के बाद उसकी पदोन्नति हो गयी। वह अतिरिक्त पुलिस अधीक्षक हो गया। उसे सन्तोष मिला। उसकी वर्दी पर सितारा बढ़ गया।

धीरे-धीरे उसे यह नौकरी भी छोटी लगने लगी। वह पुलिस अधीक्षक बनने का सपना देखने लगा। अब वर्दी में न रहने पर अपने को पुलिस अधीक्षक ही बताने लगा। पुलिस अधीक्षकों को देखकर उसे ईर्ष्या होती थी।

काफी साल की नौकरी हो गयी। उसकी पदोन्नति हो गयी। वह पुलिस अधीक्षक बन गया। वह बहुत प्रसन्न हुआ। अब वह पूरे जिले के पुलिस प्रशासन का मालिक था। अब वह बड़े शान से अपनी वर्दी में घूमता था। धीरे-धीरे यह पद भी उसे कुछ छोटा लगने लगा।

अब वह उप-पुलिस महानिरीक्षक के सपने सँजोने लगा। बाहर जाने पर वह लोगों को बताने भी लगा कि वह उप-पुलिस महानिरीक्षक है। ईश्वर उसकी हर इच्छा को पूरी करता जा रहा था। उसकी पदोन्नति हो गयी। वह उप-पुलिस महानिरीक्षक बन गया। फिर वही। प्रसन्नता की कोई सीमा नहीं।

जैसा कि होता था, वह कुछ दिनों के बाद अपरिचित लोगों से अपने को पुलिस महानिरीक्षक बताने लगा।

पुण्य और पाप

बादल और भाजन पड़ोसी थे। दोनों में अच्छी बैठती थी। अच्छे सम्बन्ध के बावजूद दोनों के बीच एक समस्या थी। पड़ोस की झार। पड़ोस की झार में सब से बड़ा प्रश्न यह होता है कि मैं बड़ी या तू बड़ी?

बादल के सिर्फ एक बेटा था, जबकि भाजन के सिर्फ एक बेटी। बादल का बेटा दसवीं कक्षा में पढ़ता था। भाजन की बेटी बारहवीं कक्षा में थी। बादल अक्सर किसी न किसी दूसरे के बहाने या किसी कहानी के बहाने भाजन को ताना मारते रहते थे, "जो लोग बहुत पुण्य करते हैं, उनके घर बेटा पैदा होता है। इसीलिए आदमी को हमेशा अच्छे काम करने चाहिए। जो लोग अच्छे काम नहीं करते, हमेशा बुरे कामों में लिप्त रहते हैं, उनके घर बेटी होती है। बेटी मनुष्य के पापों के फल से पैदा होती है। बेटी रूपी पाप मनुष्य को हमेशा सताती है। बेटी के पैदा होते ही मनुष्य उसके दहेज जुटाने में लग जाता है और वह कभी शान्ति से नहीं रह पाता।"

बादल की बात सुनकर भाजन बहुत दुःखी होते। उनकी बात आकर वे अपनी पत्नी को बताते। पत्नी भी दुःखी हो जाती। उन्होंने बहुत प्रयास किया कि उनके घर भी एक बेटा पैदा हो जाय, लेकिन वे असफल रहे। उनके आँगन में दूसरी संतान नहीं आयी-न बेटा, न बेटी।

बादल का बेटा पढ़-लिखकर काफी उँचे पद पर पहुँच गया। उनका सीना गज भर चौड़ा हो गया। उन्होंने देख-सुनकर एक सुन्दर लड़की से बेटे की शादी कर दी। बादल अब भाजन से अपने बेटे और बहू के बारे में खूब डींगें हाँकते । भाजन के सामने चुपचाप उनकी बातें सुनने के अलावा कोई चारा नहीं था। उनकी बेटी भी पढ़-लिख चुकी थी। उन्होंने भी एक अच्छा लड़का देखकर अपनी बेटी की शादी कर दी।

समय का चक्र चलता रहा। बादल की पत्नी का देहांत हो गया। बादल एकदम अकेले हो गये। बेटा अपने परिवार में रम चुका था और साल में एकाध बार ही वह बादल के पास आता था। वह न तो बादल को अपने साथ ले गया और न

ही उनकी कोई आर्थिक मदद ही की। बादल अपना खुद बनाते-खाते हुए अकेले घर में पड़े थे।

भाजन की पत्नी भी नहीं रहीं। उनकी बेटी उन्हें अपने साथ ले गयी। अपने पिता को वह अपने घर में बड़े सम्मान और प्यार से रखती थी। घर में बेटी के बच्चे भी भाजन के साथ खूब घुलमिल गये। भाजन का समय खूब अच्छे ढंग से बीतता था।

एक बार भाजन घूमने के लिए अकेले ही अपने घर गये। वहाँ पहुँचने पर उन्हें बादल अपने घर के बाहर ही मिल गये। बादल ने लपककर भाजन को अपने सीने से लगा लिया। भाजन ने उनसे हाल-चाल पूछा। वे लगे अपने बेटे को गालियाँ देने, "मेरा बेटा तो महानालायक निकला। मुझे कभी पूछता ही नहीं। किसी तरह बनाते-खाते अकेले घर में पड़ा हुआ हूँ। नौकर रखने की औकात नहीं है। ऐसा बेटा होने से न होना ही अच्छा है।" भाजन हँसने लगे, "मेरे बेटी-दामाद तो मुझे बड़े सम्मान और प्यार से रखते हैं। मैं उनके बच्चों के साथ खेलता लगा रहता हूँ। मेरा पाप तो मुझे बड़ी अच्छी तरह से ढो रहा है। हाँ, मुझे यह देखकर बड़ी तकलीफ हो रही है कि आपका पुण्य आपको बहुत कष्ट दे रहा है।"

अर्थ बदलता शब्द

क्षेत्र में 'चमार' शब्द एक गाली था। चूँकि यह क्षेत्र की एक अति निचली जाति का नाम था, अतः लोग एक-दूसरे को गाली देने के लिए इस शब्द का प्रयोग करते थे।

क्षेत्र के थाने में एक नया थानाध्यक्ष आया। अत्यन्त ईमानदार और सख्त; अपराधियों के लिए अत्यन्त क्रूर! जाति का 'चमार'।

थानाध्यक्ष दो-चार सिपाहियों को साथ लेकर अक्सर क्षेत्र में घूमता रहता। कमर में रिवाल्वर और हाथ में पुलिस का मजबूत डंडा। वह क्षेत्र के हर अपराधी का इतिहास-भूगोल पता कर चुका था। रास्ते में उसे अगर कोई बदमाश दिख जाता तो वह उसे रोक लेता। उसके बाद दोनों हाथ से दनादन पुलिसिया डंडे! भीड़ इकट्ठा हो जाती। बदमाश की भरपूर धुनाई कर लेने के बाद वह गरजता, "साले मैं खानदानी चमार हूँ। चमार का काम है खाल उधेड़ना। तुम्हारे पूरे खानदान की खाल उधेड़कर रख दूँगा।...और करेगा बदमाशी?...बोल?" बदमाश सहित सारी भीड़ उसका अंदाज़ देखकर थर्रा उठती।

कहीं किसी को बदमाशी करते देखकर वह फेंककर डंडा मारता, "मैं आ गया खानदानी चमार। अभी तेरी खाल उधेड़ता हूँ साले। क्षेत्र में जितने बदमाश हैं, उन सब की खाल उधेड़कर ही यहाँ से जाऊँगा। मेरे जाने के बाद लोग याद करेंगे कि इस थाने में आया था कोई खानदानी चमार...।"

क्षेत्र के सारे बदमाश 'खानदानी चमार' शब्द से खौफ खाने लगे। बहुत सारे बदमाश इलाका छोड़कर भाग गये। क्षेत्र के शरीफ लोग आपस में एक-दूसरे से थानाध्यक्ष की तारीफ़ करने लगे और उसे प्रशंसा भरी नज़रों से देखने लगे।

क्षेत्र में 'चमार' शब्द अब गाली नहीं रह गया। अब यह एक सम्मानजनक शब्द हो गया था।

वीभत्स रस

दास्तान केसरलाल की है, सो पहले तो यह जान लीजिए कि एक थे केसर लाल। केसरलाल एक महाविद्यालय में प्राध्यापक थे।

मामला पाखाने और सुबह-सुबह उठकर फारिग होने से सम्बन्धित है, सो बात को बजाय इधर-उधर घुमाने के हम सीधे फारिग होने की बात पर ही आते हैं।

केसरलाल एक गाँव में पैदा हुए थे और इंटरमीडिएट तक की पढ़ाई उन्होंने वहीं से की थी। सो जब तक वे गाँव में रहे, फारिग होने के लिए खेतों में जाते थे। सुबह-सुबह उठे और तुरंत लोटे में पानी भरकर खेतों की ओर चल दिये। घर से दो-तीन किलोमीटर दूर जाकर फारिग होते थे। गाँव के लोगों को इसीलिए प्रातः कालीन भ्रमण की आवश्यकता नहीं पड़ती। फारिग होने के बहाने ही सुबह की शुद्ध हवा में टहलना हो जाता है। केसरलाल कुछ ज्यादा ही दूर निकल जाते थे। शाम का भी यही कार्यक्रम था। दिन डूबा। उन्होंने लोटे में पानी भरा। चल दिये।

बी.ए. में पढ़ने के लिए वे शहर में आ गये। विश्वविद्यालय के एक छात्रावास में कमरा मिल गया। अब वे छात्रावास के पाखाने में फारिग होने जाने लगे। छात्रावास के पाखाने में फारिग होते-होते उन्होंने अपनी पढ़ाई पूरी कर ली।

उन्हें नौकरी भी मिल गयी। काफी दिनों तक तो वे किराये के मकान में रहे, धीरे-धीरे उन्होंने अपना घर बनवा लिया। किराये के मकानों में फारिग होने से पिंड छूटा। अब शान से अपने मकान में फारिग होते थे।

धीरे-धीरे अंग्रेजी माध्यम के पाखाने भी कहीं-कहीं दिखने लगे। जिस पर कुर्सी की तरह बैठकर काफी शान से फारिग हुआ जाता है। केसरलाल कहीं अंग्रेजी मााध्यम का पाखान देख लेते तो उन्हें बहुत घबराहट होती। अंग्रेजी माध्यम से फारिग होना उन्हें नहीं आता था। जिन्दगी भर हिन्दी माध्यम से पढ़े और हिन्दी माध्यम से फारिग हुए। दोनों पैर जमीन पर रखकर अपने पैरों पर मजबूती के साथ बैठे और शुरू-तड़ तड़ धड़ाक...।

एक बार उन्हें दिल्ली जाना पड़ा। दरियागंज मुहल्ले में कुछ काम था। दिल्ली

पहुँचकर दिल्ली रेलवे स्टेशन से उन्होंने एक रिक्शा लिया और पहुँच गये दरियागंज। रिक्शे से उतरकर वे ढंग का होटल खोजने लगे। एक होटल उन्हें पसंद आया। नाम था-होटल श्यामा इन।

होटल के कमरे में अपना सामान रखकर वे बिस्तर पर आराम से लेट गये। अचानक उनके दिमाग में कुछ कौंधा। वे तुरन्त उठकर बाथरूम में गये। उनका डर सही निकला। वहाँ सिर्फ एक ही पाखाना था, वही अंग्रेजी माध्यम वाला। वे परेशान हो उठे। उन्हें तुरंत फारिग होने जाना था। उन्होंने सोचा कि अब ओखली में सिर तो दे ही दिया है।

उन्होंने अपने सारे कपड़े उतार दिये। सावधानी से कमोद पर चढ़े और कमोद के ऊपर दोनों पैर रखकर बैठ गये। उन्हें भय लग रहा था कि कमोद कहीं टूट न जाय। राम-राम करते हुए वे फारिग हुए और सम्हालकर कमोद पर से उतर आये। अब समस्या थी सफाई कैसे हो? उन्होंने बाल्टी में पानी भरा। जग द्वारा बाल्टी में से पानी निकाल-निकालकर उन्होंने अपना मलद्वार साफ किया। इस प्रक्रिया में मल पूरे बाथरूम में फैल गया। पानी बहने के लिए लोहे की एक जाली लगी थी। उन्होंने बाल्टी नल के नीचे रखकर नल चालू कर लिया। जग से पानी निकाल-निकालकर बाथरूम में फैला सारा मल लोहे की जाली के तरफ बहाने लगे। लोहे की जाली तक मल के टुकड़े इकट्टे हो गये, लेकिन वे वे बह नहीं रहे थे। मल के टुकड़े बड़े थे और जाली में छेद छोटे।

उन्होंने एक हाथ से मसल-मसलकर मल के टुकड़ों को छोटा-छोटा किया और किसी तरह उन्हें बहाया। बड़ी मेहनत से उन्होंने बाथरूम को साफ किया। अब कमोद साफ करने की बारी थी। बाल्टी से पानी डाल-डालकर उन्होंने कमोद को भी चमका दिया।

फिर तो दुबारा दिल्ली में फारिग होने की उनकी हिम्मत नहीं हुई। शाम तक दिल्ली में अपना काम निबटाकर, शाम की ट्रेन से वे अपने शहर लौट आये। अपने घर पहुँचकर उन्होंने राहत की साँस ली और इत्मीनान से फारिग होने के लिए अपने देसी बाथरूम में घुसे।

अपने घर में फारिग होते हुए वे सोच रहे थे, 'जिन्दगी में बहुत वीभत्स रस पढ़ाया, लेकिन वीभत्स रस को साक्षात् देखने का सौभाग्य दिल्ली में ही मिला।'

बुराइयाँ और अवगुण

असित अपने माँ-बाप की इकलौती संतान था। माँ-बाप संस्कारी थे सो उन्होंने असित को भी अच्छे संस्कार दिये। असित पढ़ने में अच्छा था। पढ़-लिखकर वह एक निजी कंपनी में इंजीनियर हो गया। कुछ दिनों बाद असित के पिताजी नौकरी से सेवानिवृत्त हो गये। इकलौती संतान होने के कारण असित ने अपने माँ-बाप को भी अपने पास रख लिया।

माँ-बाप ने एक अच्छी सी लड़की देखकर असित की शादी कर दी। लड़की का नाम था, हेमा। ससुराल में हेमा को बड़ा लाड़-प्यार मिला। हेमा अपनी ससुराल में बहुत प्रसन्न थी। शादी के साल भर के अन्दर हेमा असित के साथ कई जगह बाहर घूम आयी। हेमा को लगा कि वह बहुत किस्मतवाली है, जो इतनी अच्छी ससुराल मिली।

साल भर बीतते-बीतते हेमा बदलने लगी। किसी न किसी बात पर अक्सर वह असंतुष्ट ही रहती। अब वह असित से बात-बात पर सास-ससुर की बुराई करती। शुरू-शुरू में तो असित एकदम परेशान हो गया। धीरे-धीरे वह नयी परिस्थितियों से अपना सामंजस्य बैठाने लगा।

असित जैसे ही ऑफिस से घर आता, हेमा सबसे पहले उसे पानी लाकर देती। फिर उसके बगल में बैठकर शुरू हो जाती। सास-ससुर द्वारा दिनभर में किये गये अनुचित कार्यों की पूरी लिस्ट वह खोलकर बैठ जाती। चाय-नाश्ता आता। फिर शुरू! सास-ससुर की गलतियों और पापों का पूरा लेखा-जोखा। इतनी बारीकी से यमराज के सामने चित्रगुप्त किसी के पापों का लेखा-जोखा क्या रखते होंगे। सुन-सुनकर असित के कान पक जाते, लेकिन शान्त होकर वह सब कुछ सुनता रहता। उसे पता था कि कुछ बोलने का मतलब है, मधुमक्खी के छत्ते में पत्थर मारना।

असित के ऑफिस से आने के बाद ऐसे ही हेमा एक दिन सास-ससुर की

बुराई कर रही थी। असित चुपचाप सुन रहा था। अचानक वह बोला, "संसार के हर आदमी को शादी अवश्य करनी चाहिए।" हेमा चौंक गयी, "क्यों?" असित ने उत्तर दिया, "आदमी अगर शादी न करे तो उसे पता ही न चल पाये कि उसके माँ-बाप में कितनी बुराइयाँ और कितने अवगुण हैं!"

फाइव स्टार होटल में लेखक

लेखक जी को एक लम्बी कहानी लिखनी थी। फाइव स्टार होटल की पृष्ठभूमि में। लेखक जी परेशान। वे कभी किसी फाइव स्टार होटल में नहीं रुके थे। कहीं बाहर जाना होता तो किसी सस्ते होटल में रुकते थे। फाइव स्टार होटल तो बाहर से लेखक जी ने बहुत देख रखे थे, लेकिन अंदर से फाइव स्टार होटल किस चिड़िया का नाम होता है, लेखक जी को नहीं मालूम था।

लेखक जी ने जी कड़ा किया। उन्होंने तया किया कि शहर के किसी फाइव स्टार होटल में एक दिन चार-पाँच घण्टे रुकता हूँ। चाहे जितना पैसा लगे। देखा जाय कि अन्दर से फाइव स्टार होटल क्या होता है!

उन्होंने जेब में पचास हजार रुपये रखे। एक परिचय पत्र और एक निवास प्रमाण पत्र ले लिया। पहुँच गये शहर के एक नामचीन फाइव स्टार होटल में।

होटल के गेट से ही उन्होंने पूछना शुरू किया। एक कमरा बुक करना है, कहाँ बुक किया जाता है कमरा? खोजते-खाजते लेखक जी रिसेप्शन पर पहुँच गये। वहाँ बैठे हुए आदमी से उन्होंने बताया कि एक कमरा चाहिए। उसने लेखक जी को ऊपर से नीचे तक देखा "आपके पास सामान तो है ही नहीं। बिना सामान के आप कैसे आये हैं?" लेखक जी फाइव स्टार होटल में घुसकर वैसे ही सहमे हुए थे। उन्होंने शान्त भाव से कहा, "तो क्या जिसके पास सामान या बोरिया-बिस्तर न हो, उसे आप कमरा ही नहीं देते?" उनकी बात अनसुनी करते हुए आदमी ने पूछा, "आपके साथ और कौन है?" "मैं अकेला हूँ। मेरे साथ कोई नहीं है।" लेखक जी ने जवाब दिया। आदमी बड़े पशोपेश में पड़ गया। उसने लेखक जी से उनका निवास प्रमाण पत्र माँगा। लेखक जी ने जेब से निवास प्रमाण पत्र निकालकर दे दिया। उनका निवास प्रमाण पत्र देखकर आदमी चौंक गया, "आप तो इसी शहर के रहने वाले हैं। आप को कमरे की क्या जरूरत है? आपके साथ न तो कोई है न आपके पास सामान है और आप इसी शहर के रहने वाले हैं। किसलिए आपको चाहिए कमरा?" लेखक जी बोले, "मैं आपके होटल में चार-पाँच घंटे

किसी कमरे में लेटकर आराम करना चाहता हूँ।'' आदमी ने कहा, ''आप उधर रखे सोफे पर थोड़ी देर बैठ जाइए। अभी मैं आपको देखकर बताता हूँ कि कोई कमरा खाली है या नहीं?''

लेखक जी सोफे पर जाकर बैठ गये। आदमी तुरंत होटल के मैनेजर के पास पहुँचा। घबरायी हुए आवाज़ में बोला, ''सर एक आदमी आया है और कमरा माँग रहा है। वह इसी शहर का रहने वाला है और उसके पास कोई सामान भी नहीं है। वह अकेले आया है। उसके साथ कोई लड़की भी नहीं है कि हम मान लेते, वह लड़की के साथ मस्ती करने के लिए कमरा माँग रहा है। वह कह रहा है कि वह किसी कमरे में चार-पाँच घंटे आराम करना चाहता है। सर, उसके हाव-भाव से लग रहा है कि वह हमारे होटल में आत्महत्या करने के चक्कर में है। जरूर वह जेब में जहर वगैरह रखे होगा।'' मैनेजर ने कहा, ''तुम चलो मैं अभी आ रहा हूँ। उसको समझा-बुझाकर यहाँ से टरकाते हैं।''

आदमी ने दौड़-दौड़कर बहुत सारे लोगों को यह बात बता दी। होटल के बहुत से कर्मचारी छुप-छुपकर आशंका भरी नज़रों से लेखक जी को देखने लगे।

कुछ देर में मैनेजर आ गया और उस आदमी के साथ लेखक जी के पास गया। उसने हाथ जोड़कर विनम्रता से लेखक जी से कहा, ''सर, हमारे होटल में कोई कमरा खाली नहीं है। आप किसी दूसरे होटल में या अपने घर चले जाइए।'' लेखक जी उठकर वहाँ से चल दिये। वे चले गये तो मैनेजर समेत सारे कर्मचारियों ने राहत की साँस ली। मैनेजर बोला, ''कितनी ऐय्याशी का जमाना आ गया है। लोग आत्महत्या भी करना चाहते हैं तो फाइव स्टार होटल में।''

लतखोर

ठाकुर रण सिंह गाँव के जमींदार थे। अभी भी काफी जमीन-जायदाद पड़ी हुई थी, जो बताते थे कि खानदान के सितारे कभी बहुत बुलन्द हुआ करते थे। रणसिंह का इकलौता बेटा था प्रण सिंह। वह इस समय बीस साल का था। कुछ पुराने लोग अभी भी थे जो रण सिंह के परिवार के प्रति बहुत वफ़ादार थे और हमेशा सेवा में हाज़िर रहते थे।

गाँव में एक व्यक्ति था, बल सिंह। रण सिंह का पट्टीदार था वह। बल सिंह भयंकर शराबी था। उसकी उम्र पचास के आसपास थी। शराब के चलते सब कुछ बिक चुका था उसका। इस समय वह दो वक्त के भोजन के लिए मोहताज था। रस्सी जल गयी थी, लेकिन ऐंठन बाकी थी। गाँव में वह अपने को किसी से कम नहीं समझता था। खासकर रण सिंह से । रण सिंह को वह अपना प्रतिद्वन्द्वी मानता था। कभी-कभी जब वह नशे में एकदम धुत रहता, रण सिंह के दरवाजे पर चढ़ आता और लगता रण सिंह को गालियाँ देने। रण सिंह के शुभचिंतक भी जुट जाते। रण सिंह बल सिंह को बचाने के लिए खड़े हो जाते। मजाल क्या कि कोई बल सिंह पर हाथ छोड़ दे। उसकी ओर जो भी हाथ उठाने के लिए बढ़ता उसे रण सिंह आँखे तरेरकर डाँटने लगते। वह लोगों से कहते कि इसको ठेल-ठालकर इसके घर तक छोड़ आओ।

रण सिंह अपने वफादारों को अक्सर डाँटते-फटकारते रहते थे। कभी-कभी गुस्से में आकर उन्हें उल्टा-सीधा भी कह देते। लेकिन वे बल सिंह को कभी कुछ कहने के बजाय हमेशा उसकी मान-मनुहार में ही लगे रहते। कभी छुपाकर उसे पैसे देते, कभी चुपके से उसके घर बोरे-दो बोरे अनाज भिजवा देते, कभी चुपचाप उसके लिए कपड़े खरीद देते। उम्र में बल सिंह रण सिंह से छोटा था, फिर भी रण सिंह उसे नमस्कार करते थे। वे हमेशा इस बात के लिए परेशान रहते कि मैं ऐसा क्या कर दूँ कि बल सिंह मुझसे खुश रहे, लेकिन कुत्ते की दुम थी कि सीधी होने का नाम नहीं ले रही थी। रण सिंह की देखा-देखी उनका बेटा प्रण सिंह भी

बल सिंह की खुशामद में लगा रहता। वह बल सिंह को चाचा कहता था और उसे देखते ही झुककर प्रणाम करता। बल सिंह फिर भी ऐंठा रहता। जब मन में आता शराब पीकर रण सिंह के दरवाजे पर चढ़ आता और उन्हें गालियाँ देने लगता था।

रण सिंह का एक बहुत ही वफादार व्यक्ति था, चन सिंह। उम्र में चालीस के आसपास। चन सिंह इस बात से बड़ा क्रुद्ध रहता कि बल सिंह जब नहीं तब रण सिंह के दरवाजे पर चढ़ आता और उन्हें गालियाँ देता। बल सिंह को कहीं भी देखकर चन सिंह की भुजाएँ फड़कने लगतीं। रण सिंह के सामने वह बल सिंह को नहीं पीट पाता था। उसने एक अनोखा तरीका निकाल लिया था। बल सिंह से कभी -कभार अकेले में वह अनावश्यक झगड़ा कर लेता और उसे पटक-पटककर मारता। शराब की अति के कारण बल सिंह के शरीर में बिलकुल ताकत नहीं थी।

रण सिंह की यही एक बात, जो बेटे सहित वे हमेशा बल सिंह की खुशादम में लगे रहते थे, चन सिंह को अच्छी नहीं लगती थी। रण सिंह कभी-कभार चन सिंह को भी बुरी तरह डाँट देते थे, लेकिन चन सिंह कभी बुरा नहीं मानता था।

एक दिन चन सिंह रण सिंह को समझाने लगा, "ठाकुर, आपकी यह आदत लोगों को अच्छी नहीं लगती। आप अपने वफादारों को तो हमेशा डाँटते रहते हैं, लेकिन बल सिंह को हमेशा खुश करने में जुटे रहते हैं। बल सिंह जब नहीं तब, दरवाजे पर आकर आपको गालियाँ देने लगता है। आप अगर एक बार आदेश करें तो बल सिंह को ऐसा सबक सिखा दिया जाय कि वह कभी आपके घर की तरफ आँख उठाकर न देखे।" रण सिंह चन सिंह पर भड़क उठे, "तुम मूर्ख हो। तुम मुझे सिखाने की कोशिश कर रहे हो कि क्या करना चाहिए और क्या नहीं करना चाहिए? राजनीति से समाज में काम लिया जाता है। भविष्य में मुझे समझाने की कोशिश मत करना। समझे?" संयोग से प्रण सिंह भी वहीं था। उस दिन चन सिंह से रहा नहीं गया। वह अपना आपा खो बैठा, "आप दोनों, बाप और बेटे, लतखोर हैं। जो गरियाता है उससे दुरुस्त रहते हैं। जो इज़्ज़त से पेश आता है, हमेशा उसे ही डाँटते हैं। मैं जा रहा हूँ। आज के बाद कभी आपके दरवाजे पर नहीं आऊँगा।"

अगले दिन सवेरे ही रण सिंह और प्रण सिंह, चन सिंह के घर पहुँच गये। वे उसकी तरह-तरह से खुशामद करने में लगे थे।

घर घर की बात

"अजी सुन रहे हो? क्या कर रहे हो?" पत्नी बड़े प्रेम भरे स्वर में बोली। गणनायक घबरा गये। वे बैठकर ऑफिस का कुछ जरूरी काम कर रहे थे। वे समझ गये कि पत्नी को माँ की बुराई करनी है। वह भी एक-दो घंटे। पत्नी को जब एक-दो घंटे अपनी सास की बुराई करनी होती, तभी वह इतनी सुमधुर ध्वनि में गणनायक को सम्बोधित करती थी। अन्यथा-"तुमसे ये करने को कहा था, किया..." "तुमसे वो करने को कहा था, किया..." "एक साधारण सा काम भी कह दो तो तुम उसे ठीक से नहीं कर सकते..." "तुम्हारे जैसे कामचोर और निठल्ले से कुछ उम्मीद करना ही बेकार है," इसी तरह की जली-कटी सुनने को मिलती थी।

गणनायक ने कहा, "समझ लो कि मेरी माँ दो साल पहले मर गयीं।" पत्नी तुनकते हए बोली, "लेकिन वह तो अभी जिन्दा हैं। बुढ़िया मर जाती तो बात ही क्या थी।" "नहीं, वे सचमुच नहीं मर गयी हैं। दरअसल मैं अभी बहुत ही जरूरी काम कर रहा हूँ। मैं जैसे ही अपना काम कर लूँगा, माँ को जिला दूँगा। मैं जानता हूँ कि तुम्हें माँ के बारे में कुछ जरूरी बातें बतानी हैं, लेकिन मेरा काम ज्यादा जरूरी है। इसीलिए फिलहाल मैं माँ को मार दे रहा हूँ। काम पूरा होते ही मैं उन्हें जिला दूँगा। फिर तुम्हें उनके बारे में जो कुछ और जितना भी बताना हो, सब बता लेना।"

"लेकिन तुमको कैसे पता चला कि मैं तुमसे तुम्हारी माँ के बारे में बात करने वाली हूँ?" पत्नी ने आश्चर्य से पूछा। गणनायक बोले, "दरअसल मेरी टेलीपैथी काफी अच्छी है। उसी से मुझे पता चल गया।" "ठीक है! अपनी टेलीपैथी का इस्तेमाल करके बताओ कि मेरी माँ इस समय क्या कर रही हैं?" पत्नी ने पूछा। वे अपना सिर खुजलाने लगे, "अब मेरी टेलीपैथी इतनी भी तेज नहीं है। मैं क्या जानूँ कि वे क्या कर रही हैं इस समय?" पत्नी मुस्करायी, "सच-सच बता दो कि तुम्हें कैसे पता चला।" उनकी हिम्मत बँधी, "दरअसल तुम मुझसे बड़े प्रेम से बोली न! तुम मुझसे इतने प्रेम से तभी बोलती हो, जब तुम्हें मेरी माँ की बुराई करनी होती है।"

पत्नी ने उन्हें गुस्से से घूरकर देखा, "तुम्हारी माँ की बुराई को छोड़कर, मैं तुमसे कायदे से बात नहीं करती? तुम्हारा मतलब है कि मैं एक दुष्ट औरत हूँ?... मैं जा रही हूँ यहाँ से। तुम बात करने लायक इंसान नहीं हो। आखिर हो तो उसी नीच बुढ़िया के बेटे न! उससे उन्नीस कैसे हो सकते हो?"

पाण्डेय जी

गाँव में एक दूसरे के आस-पास सात घर थे। ये घर उपाध्याय ब्राह्मणों के थे। उनकी एक बहुत बड़ी समस्या थी। विन्ध्य के वासी उदासी तपोव्रतधारी महा बिनु नारि दुखारे वाली। ब्राह्मणों का मानना था कि उपाध्याय बहुत छोटे ब्राह्मण होते हैं। अतः उनके यहाँ उच्च कुल वाले ब्राह्मण शादी-ब्याह करने से कतराते थे। लड़कियों की शादी तो जैसे-तैसे हो जाती थी। लड़कों की शादी में बड़ी समस्या आती थी। वही बात—कानी के ब्याह में सौ-सौ बाधाएँ। उच्च कुल के ब्राह्मण एक कहावत सुनाकर उन्हें ताना भी मारते थे—ऊँट उपाध्याय ऊसर, इनके ब्रह्मा दूसर।

एक दिन सातों घर के लोगों ने एक गुप्त बैठक की। उसमें उन्होंने तय किया कि हम लोग उपाध्याय से पाण्डेय बन जाते हैं। सातों घर के लोग मिलकर एक दिन बिरादरी को भोज देते हैं और उसमें हम लोग सब को बता देते हैं कि आज से हम लोग पाण्डेय बन गये। बात एकदम तय। भोज के लिए दिन भी तय हो गया।

गाँव भर के ब्राह्मणों के यहाँ हाथ से लिखी चिट्ठी बँटने लगी। उपाध्याय टोले के ब्राह्मण पाण्डेय बन रहे हैं, इस उपलक्ष्य में फलाँ तारीख को एक बिरादरी भोज है। सब की उपस्थिति प्रार्थित है। उच्चकुल के ब्राह्मण यह सूचना या कि दावतनामा पढ़कर एक दूसरे से चुहलबाजी करने लगे। मजाक सब उड़ा रहे थे लेकिन दावत खाने से किसी को परहेज नहीं था।

नियत दिन धूमधाम से बिरादरी भोज हुआ। गाँव के सारे ब्राह्मणों ने स्वीकार कर लिया कि आज से उपाध्याय टोले के ब्राह्मण पाण्डेय हो गये।

उपाध्याय टोले के सारे लोग पाण्डेय हो गये, लेकिन समस्या जस की तस। कोई उन्हें पाण्डेय कहकर नहीं बुलाता था। दूसरी जातियों के लोग उन्हें 'उपाध्याय जी पाँव लागी' ही कहकर अभिवादन करते थे। ब्राह्मण लोग भी उन्हें— 'और उपाध्याय जी', 'कस हो उपाध्याय जी', 'कहाँ चले उपाध्याय जी' कहकर सम्बोधित करते थे।

चिन्तित उपाध्याय टोले की फिर एक दिन बैठक हुई। विचार-विमर्श होने लगा। कैसे लोग हमें पाण्डेय मानेंगे। एक युवक ने सुझाव दिया, "पहले हम

लोग तो एक-दूसरे को पाण्डेय जी-पाण्डेय जी कहकर बुलाएँ। तभी दूसरे लोग भी हमें पाण्डेय कहेंगे। अब टोले में कोई किसी का नाम लेकर नहीं बुलायेगा। सब एक-दूसरे को पाण्डेय कहा करेंगे।'' सब को विचार पसन्द आया। इस पर विस्तृत रणनीति ब[illegible] गयी।

अगले [illegible]न से तीन-चार लड़के बहुत दूर-दूर खड़े हो जाते। बीचवाला सब से आगेवाले को चिल्लाकर बुलाता। पूरी ताकत लगा कर, "पाँड़े हो SS!'' आगेवाला पूरी ताकत लगाकर चिल्लाकर जवाब देता, "हाँ पाँड़े SS! क्या बात है पाँड़े?'' बीचवाला फिर चिल्लाता, "तुमको बड़के पाँड़े बुला रहे थे।'' फिर पलटकर अपने पीछेवाले से चिल्लाकर पूछता "कस हो पाँड़े SS...बड़के पाँड़े हैं न?'' सब से पीछेवाला भी चिल्लाता "हाँ बड़के पाँड़े हैं...पाँड़े को बुलाने के लिए कह रहे हैं!'' सबसे आगेवाला चिल्लाता,'' अच्छा पाँड़े SS! बड़का पाँड़े से कह दो कि पाँड़े आ रहे हैं...।''

रोज इसी तरह का नाटक। सब जोर-जोर से चिल्लाकर टोले के दूसरों को और अपने को पाँड़े-पाँड़े बुलाते रहते। धीरे-धीरे गाँव के लोगों का दिमाग टोलेवालों के लिए पाँड़े शब्द का अभ्यस्त होने लगा। थोड़ा सा समय लगा। गाँव के लोग टोले वालों को पाण्डेय जी कहने लगे।

कम्युनिस्ट का अन्तिम संस्कार

अमृतेश्वर जी हिन्दी के प्रख्यात साहित्यकार थे और वे दिवंगत हो गये। उनके घर पर शोक-संवेदना व्यक्त करने वालों की भीड़ लगी हुई थी। वे साहित्य में कम्युनिस्ट विचारधारा के कट्टर समर्थक थे, अतः कम्युनिस्ट विचारधारा के साहित्यकारों का विशेष जमावड़ा था। कम्युनिस्ट खेमे के शीर्षस्थ आलोचक जी शोक-संतप्त परिवार के प्रति अपनी सहानुभूति प्रकट करने के लिए विशेष रूप से पधारे थे, क्योंकि उनका धाकड़ अखाड़िया चेला अब इस दुनिया में उनका साथ देने के लिए नहीं रहा।

लोग अमृतेश्वर जी के मृत शरीर को अर्थी पर लादकर श्मशान घाट की ओर चल दिये। राम नाम सत्य है करते हुए। कम्युनिस्टों ने आलोचक जी को कोंचा, "कुछ गलत नहीं हो रहा है? अमृतेश्वर जी जैसे कम्युनिस्ट की देह को उठाकर लोग राम नाम बक रहे हैं!" आलोचक जी ने समझाया, "परिवार गमज़दा है! इस समय कुछ टोका-टाकी करना ठीक नहीं है। देख नहीं रहे हैं आप लोग कि उनकी अर्थी को कन्धा देते हुए उनका बेटा आगे-आगे चल रहा है। आप लोग पीछे-पीछे चलते रहिए। राम नाम सत्य है मत बोलिए।"

शव श्मशान घाट पहुँच गया। वहाँ दो महाब्राह्मणों के नेतृत्व में गंगा नदी के किनारे विधि-विधान से चिता बनने लगी। फिर शुरू हुआ अन्तिम संस्कार। पूरे विधि-विधान से। अमृतेश्वर जी का पुत्र मुखाग्नि देने के लिए खड़ा था। कम्युनिस्टों ने फिर आलोचक जी को कोंचा, "मान्यवर यह तो अनर्थ होने जा रहा है। अमृतेश्वर जी जैसे कट्टर कम्युनिस्ट का अन्तिम संस्कार धार्मिक रीति-रिवाज के अनुसार होने जा रहा। आप जैसा प्रकाण्ड कम्युनिस्ट यह सब खड़े-खड़े देख रहा है? ऐसे तो सब कम्युनिस्ट बिगड़ जाएँगे।"

आलोचक जी को ताव आ गया। सबके सामने उनकी चड्डी-बनियान उतरी जा रही थी। वे तनतनाते हुए अमृतेश्वर जी के पुत्र के पास पहुँच गये, "यह सब क्या कर रहो हो तुम? जानते नहीं अमृतेश्वर जी कट्टर कम्युनिस्ट थे। वे धर्म-कर्म नहीं मानते थे। तुम धार्मिक रीति से कैसे उनका अन्तिम संस्कार कर सकते हो?" "मैं

क्या करूँ चाचाजी? पिताजी की यही अन्तिम इच्छा थी।'' पुत्र ने बड़ी विनम्रता से कहा। आलोचक जी लाल-पीले होने लगे, ''तुम झूठ बोल रहे हो। अमृतेश्वर की ऐसी बेवकूफी भरी अंतिम इच्छा हो ही नहीं सकती।'' पुत्र बोला, ''मरने के एक दिन पहले उन्होंने मुझसे कहा था कि बेटा मैं एक बड़ा साहित्यकार बनना चाहता था, इसलिए मैं कम्युनिस्ट बन गया। अगर मैं कम्युनिस्ट न बनता तो कम्युनिस्ट लोग मुझे साहित्यकार ही न मानते और अगर कम्युनिस्ट लोग मुझे साहित्यकार न मानते तो मैं साहित्यकार ही न माना जाता। वास्तविकता यह है कि मन से मैं कभी कम्युनिस्ट-वम्युनिस्ट नहीं रहा। मरने के बाद मेरा अन्तिम संस्कार धार्मिक रीति से पूरे विधि-विधान से करना, अन्यथा मरने के बाद मेरी आत्मा भटकती रहेगी।'' आलोचक जी भड़क गये, ''अमृतेश्वर की इतनी हिम्मत? जीते जी वह बेवकूफ बनाता रहा मुझे? हम लोगों को बरगलाता रहा? कोई बात नहीं। मैंने हिन्दी साहित्य का जो इतिहास लिखा है, उसके अगले संस्करण में उसका नाम हटा दूँगा। मटियामेट कर दूँगा उसे। उसने समझा क्या अपने आपको?''

सारनाथ

चन्दन यादव की उम्र थी, पैंतीस साल। राजनीति के मँजे हुए खिलाड़ी थे। बदलापुर क्षेत्र से वे लगातार दो बार से विधायक थे और इस समय प्रदेश सरकार में राज्य मंत्री थे।

चन्दन बदलापुर क्षेत्र के नहीं थे। पार्टी हाईकमान के आदेश पर उन्होंने बदलापुर से चुनाव लड़ा और अपनी मेहनत के बल पर जीत गये। फिर तो उन्होंने बदलापुर को अपनी कर्मभूमि बना लिया। क्षेत्र में इतना काम करवाया और लोगों की इतनी व्यक्तिगत समस्याएँ हल कीं कि वे बहुत लोकप्रिय हो गये। वे बहुत मिलनसार थे और क्षेत्र के लोग आसानी से उन तक पहुँच सकते थे। क्षेत्र में एक व्यक्ति थे, रघुनन्दन। रघुनन्दन चन्दन यादव के बहुत विश्वस्त और खास बन गये थे। एक ढंग से वे चन्दन यादव के आँख और कान का काम करते थे।

बदलापुर क्षेत्र के ही एक घर में चन्दन यादव की शादी तय हो गयी। रघुनन्दन ने बहुत शानदार व्यवस्था करवायी। खूब धूमधाम से शादी हुई। अब बदलापुर चंदन यादव की ससुराल हो गयी। बदलापुर में रहने के लिए चन्दन को एक स्थायी ठिकाना मिल गया। इसके पहले वे रघुनन्दन के यहाँ रुकते थे। अब अपनी ससुराल में रुकने लगे।

कुछ साल बाद फिर विधानसभा का चुनाव आ गया। चन्दन यादव चुनाव की तैयारियों में लग गये। अबकी बार उनकी ससुरालवाले भी जी-जान से चन्दन के समर्थन में जुट गये। धीरे-धीरे चुनावी मौसम जोर पकड़ने लगा और माहौल में चुनावी गर्माहट घुलने लगी।

एक दिन चन्दन ने रघुनन्दन से पूछा, "इस बार के चुनाव के बारे में तुम्हारा क्या आकलन है?" रघुनन्दन बोले, "छपरा से दुर्ग तक एक रेलगाड़ी चलती है। नाम है, सारनाथ एक्सप्रेस। इस बार आपकी कुंडली में उसी सारनाथ एक्सप्रेस की छाया पड़ रही है। आप चुनाव बुरी तरह हारेंगे।" चन्दन को बड़ा क्रोध आया, "तुम्हारे कहने का मतलब क्या है? साफ-साफ बताओ।" "साफ-साफ मैं चुनाव

के बाद बताऊँगा। अभी बताऊँगा तो आपको बहुत बुरा लगेगा।'' चन्दन खून का घूँट पीकर रह गये। ऐन चुनाव के वक्त रघुनन्दन से दुर्व्यवहार करना राजनीतिक दृष्टि से उचित नहीं था।

चुनाव का परिणाम आया। चन्दन की पार्टी हारकार प्रदेश की सत्ता से बाहर हो गयी। चन्दन बहुत बुरी तरह चुनाव हारे। चन्दन अपनी हार का कारण समझ नहीं पा रहे थे।

एक दिन चन्दन रघुनन्दन से पूछने लगे, ''यार, मैं इतनी बुरी तरह कैसे हार गया?'' रघुनन्दन बोले, ''ऐसा है नेता जी, जिस घर में सारनाथ एक्सप्रेस दौड़ने लगती है, उस घर का इसी तरह बंटाढार होता है। आपके घर में भी सारनाथ एक्सप्रेस बहुत तेजी से दौड़ रही थी।'' चन्दन झल्ला गये, ''पहेलियाँ न बुझाओ! साफ-साफ बताओ!'' रघुनन्दन ने कहा, ''सारनाथ अर्थात् साले साहब! सारनाथ एक्सप्रेस ने धृतराष्ट्र के घर में दौड़कर महाभारत का युद्ध करवा दिया था। अपने इकलौते साले प्रशांत के कारण आप चुनाव हारे। पूरे क्षेत्र में किसी को चढ़ाना, किसी को गिराना, किसी को धौंस देना, किसी को अर्दब में लेना; यही सब कर रहे थे आपके साले साहब। हम लोग भी किनारे लगा दिये गये थे। आपके साले साहब जिसको चाहते थे, वही आपसे मिल पाता था...आपको चुनाव तो हारना ही था।'' चन्दन भले चुनाव हार गये थे, लेकिन अपने सारनाथ की बुराई सुनकर उनको अच्छा नहीं लगा।

□□